妖獣バニヤップの歴史　オーストラリア先住民と白人侵略者のあいだで

刀水歴史全書 91

妖獣バニヤップの歴史

オーストラリア先住民と白人侵略者のあいだで

藤川隆男 著

刀水書房

服部しほり作　バニヤップ
水の怪物ですが，服部さんの凄さはやはり赤色です。もちろん，いつものように線の力がバニヤップの秘められた力を躍動的に表現しています

湊智瑛作　バニヤップ
エミュータイプのバニヤップです。複数のバニヤップを描いた絵を，私はこれまで見たことがありません。何匹いるでしょう？（⇒本文 148 頁）

服部しほり作　もののけ
バニヤップと河童が相撲をとる絵です。河童は，現在知られているような一般化した緑の河童ではなく，古い時代のイメージです（⇒本文 56 頁）

吉田哲也作　バニヤップ

吉田さんは非現実的な現実を描く方で，そうしたバニヤップを描いてもらいました。昔見た先住民が作ったムルヤウォンクの人形に似ている気がします（⇒本文 201 頁）

是永麻貴作　モハ・モハ
カメトカゲが現実にいると想定して，バニヤップを再現。今まで見たどの合成動物よりもリアルなので，この絵であれば19世紀の人は新種の動物の存在を信じたでしょう（⇒本文227頁）

松平莉奈作　バニヤップ
赤い目のバニヤップです。構図と爪が特徴的で，最初は上下がすぐにわかりませんでした。ところで，すべてのバニヤップ画（相撲を除く）に共通点があります。それは何でしょう？（⇒本文 54 頁）

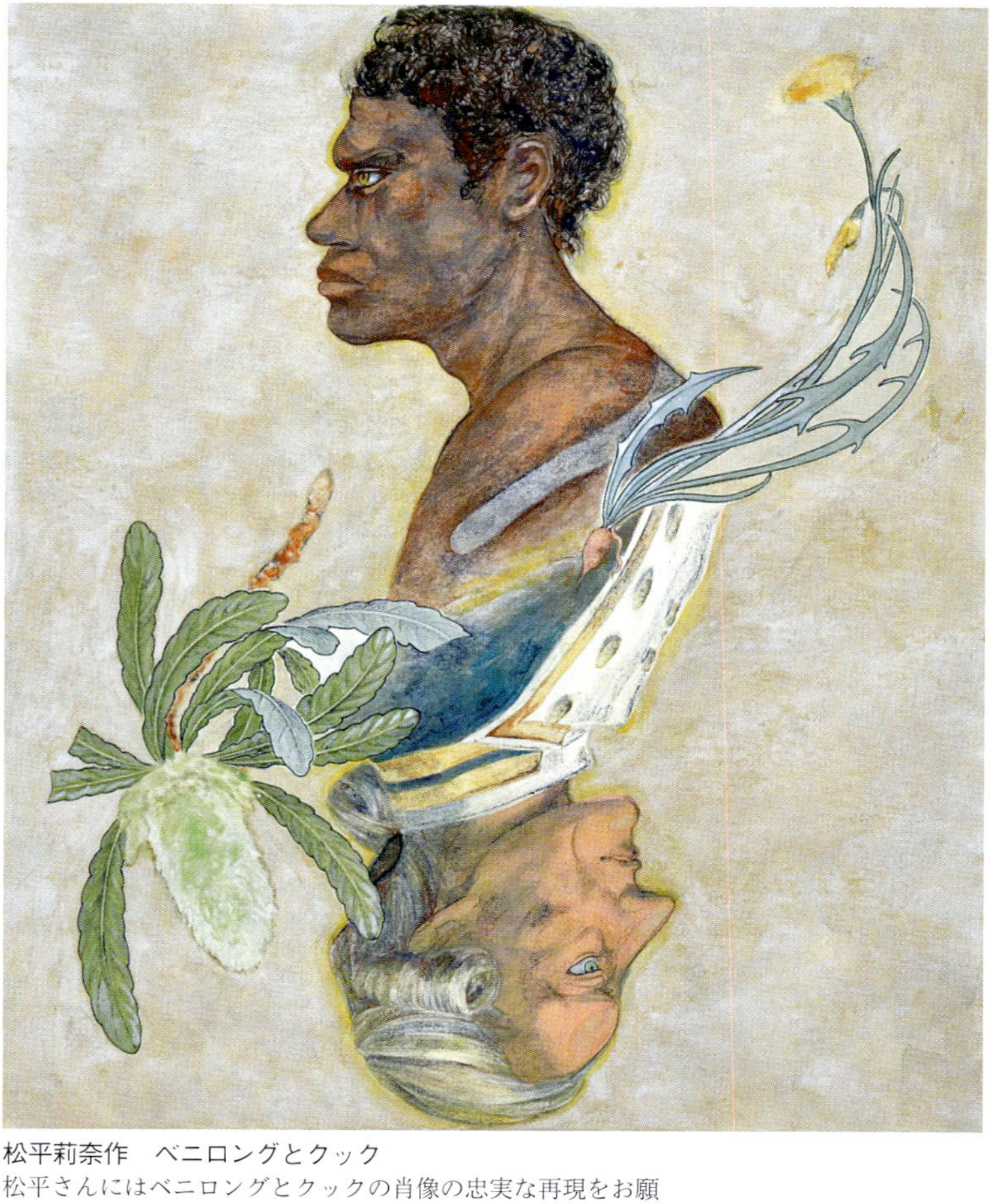

松平莉奈作　ベニロングとクック

松平さんにはベニロングとクックの肖像の忠実な再現をお願いしました。ただしベニロングを上に置くことで，型にはまった植民地史の拒否を暗示しています（⇒本文 99 頁）

松平莉奈作　彼岸の訪問者
川向うに白人，あるいは蘇った先祖の霊が出現しました。先住民の心象風景でしょうか。松平さんは勉強家で，民俗学の本まで熱心に読みあさり，要求に応えてくれました（⇒本文 104 頁）

刀水歴史全書91　妖獣バニヤップの歴史　目次

装丁　的井圭

妖獣バニヤップの歴史　オーストラリア先住民と白人侵略者のあいだで

幕開

1　ぼくは何者なんだ？

「夜も遅く、とりたてて理由もないのに、バークリーズ川の底にある黒い泥のなかで、何かが蠢いた」。物語はこうして始まります。

よく見ると、とても巨大で泥だらけの**もの**が、「ぼくは何者なんだ？」「ぼくは何者なのか？」とつぶやいています。「吾輩はバニヤップである。名前は」みたいに始まると、わかりやすいのですが、多重的アイデンティティの現代には、向いていません。

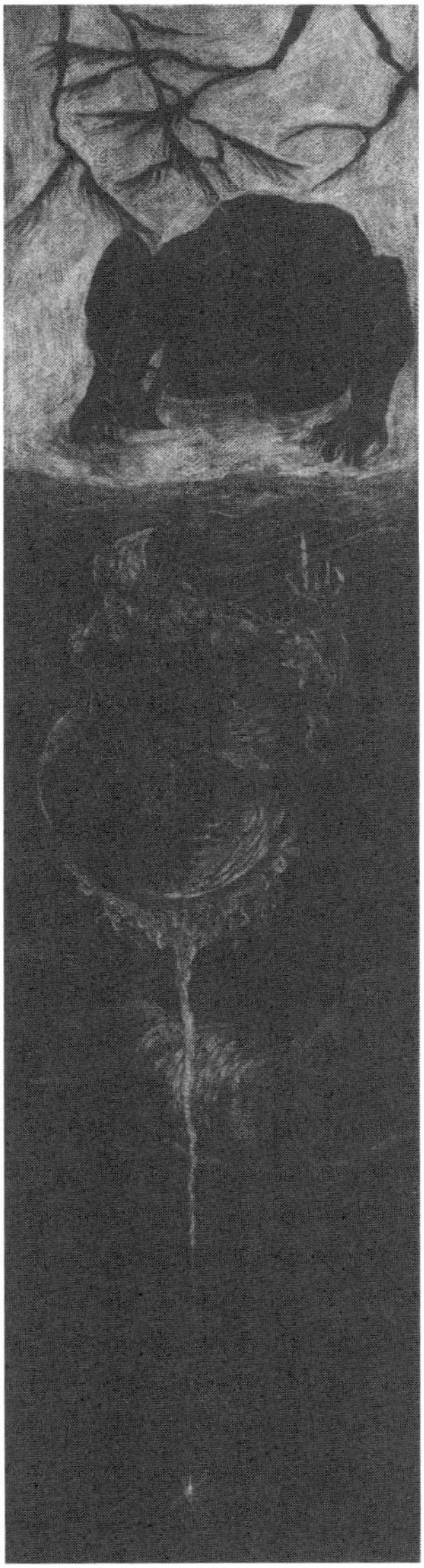

鳥彦作　mimic
水に映る自分の姿を見るもの。
これこそバニヤップです

翌朝、通りかかったカモノハシが、バニヤップだと教えてくれました。ところが、これで「めでたしめでたし」とは問屋が卸しません。

このバニヤップは、今度は「バニヤップってどんな姿をしているの」と繰り返し尋ねます。ワラビー、つまり小型のカンガルーが、気味が悪い羽毛があると答えます。次に出会ったエミューも気味悪い姿だと答えます。さんざんですね。

バニヤップは、最後に出会った人間にも尋ねますが、空想上の生き物なので「バニヤップなんていない」と言われてしまいます。

落胆したバニヤップは、自分が思いどおりのハンサムでいられる場所を探して旅立ちます。そしてどうなったかは、原作で。

ジェニー・ヴァグナー作の『バークリーズ・クリークのバニヤップ』は、"What am I? What am I?"（ぼくは何者なんだ?）、というセリフを聞けば、多くのオーストラリア人がすぐにこの作品を思い浮かべるほど、広く知られた児童文学の傑作です。またロン・ブルックスの挿絵は、オーストラリアの原風景とさえ言われます。一九九四年にブルックスの挿絵の一つを含む四枚セットのバニヤップ切手が発行されています。オーストラリアが多文化主義政策を採用し始めた一九七〇年代に、自分探しの旅に出かけるバニヤップの話は、時代背景にもとてもマッチしていました(1)。

水陸両生の幻の生き物、バニヤップは、先住民の伝説から生まれました。ヨーロッパからの入植者は、これをオーストラリア生まれの貴重なキャラとして受け継ぎ、育ててきました。このバニヤップの歴史が本書のテーマです。タイトルの「妖獣」バニヤップの「妖」は、神秘的で人間に恐怖を与えるという意味で、妖怪的・霊的存在を示し、「獣」は奇妙な動物としてのバニヤップを示しているつもりです。妖・獣バニヤップのほうがいい？　しかし、間が抜けたように感じるのでこうしました。それから、**もの**という表記は、もののけや化け物、魔物の「もの」の意味で、明瞭には知られていない「もの」の意味で使っています。

バニヤップ自身が“What am I?”と問う、このバニヤップとはいったい何者なのでしょうか。その前に、私は何者なのでしょうか。この本『妖獣バニヤップの歴史』の作者は、歴史、主にオーストラリアの研究者で、社会史的な歴史や研究が好きな**もの**です。歴史のガイドとよく自己紹介します。

ところで、オーストラリア史は、国民国家の発展としても、今はやりのグローバルヒストリーとしても示せます。つまり、一つの対象をさまざまな形で伝えることが可能です。グレグ・デニングという歴史家は、それをパフォーマンスと表現しています。それぞれの歴史がパフォーマンスであって、事実であり、空想の産物。今回は、オーストラリアの歴史を、バニヤップの物語で紹介します。ついでに、私は大阪大学で西洋史を教える教授で、国立民族学博物館の客員教授だったことがあるというと、少しは本当らしく聞こえるかもしれません(2)。

2　鳥＋ワニ＝バニヤップ

バニヤップは、一般にオーストラリアの「内陸の川や湖に棲むとされる水陸両生の伝説上の怪物」で、鳥とワニの特徴を併せ持つとされます。ちょっと想像がつきませんね。先住民はこの怪物が実際にいると思って、地域によっていろいろな姿で描くだけでなく、さまざまな名前で呼びました。例えば、一九世紀半ばに、マリー川の沿岸の牧場主だったピーター・ベヴァリジは、次のように記しています。「先住民はコニカトニー

Konikatonie と呼ばれる精霊についても、盲目的に信じている。このものは湖や淵の底深く、あるいは川の暗く深い渦の中に潜み、そこから時おり現れるが、それは何か邪悪な使命を帯びているときに限られる。黒人の視界をただ横切るだけで、祈禱師でなければ、突然の死が訪れる。それゆえ祈禱師以外には、個人の経験からこのものについて語ることはできない」(3)。湖沼や川に潜む悪霊の秘密の一端がわかりますね。こうした水の悪霊の名前として最も広く使われているのがバニヤップ、またはバニャップです。オーストラリアにイギリス人が入植して以来、バニヤップが本当にいるのかどうか喧々諤々。けれども、バニヤップが実在するという主張は、一九世紀の半ばには、非科学的だという烙印を押され、この言葉は、詐欺師、偽りのものを示す形容詞として広まります。そうこうするうちに、バニヤップは空想上のおとぎ話として、入植者の子供たちの童話の世界に生まれ変わりました。バニヤップは、オーストラリア生まれの数少ない民話の一つです。

イギリスによるオーストラリア侵略によって、バニヤップを語り継いできた先住民の社会は大きな打撃を受けました。先住民の人口は、おそらく五〇万以上から六万くらいまで激減し、その過程で多くの先住民集団が滅び、生き残った集団も劇的に変わりました。社会・経済的な変化と入植者による「文明化」に直面しました(4)。

最初の打撃は、天然痘などの伝染病です。天然痘の流行だけでも先住民人口は半減したと思われます。さらに牧羊や農業に利用するための土地の略奪と武力攻撃が、先住民の社会を破壊しました。その後、先住民の抵抗が少なくなると、キリスト教の宣教師が運営するミッションや政府の居留地が残った先住民を吸収し、「平和的」に先住民の文化を作り変えます。しかも、一九世紀末からは多くの混血の子供たちが、先住民の親から切り離されて、施設や白人の家庭でヨーロッパ風の文化を教え込まれました。こうした子供たちは、「盗まれた子供たち」と呼ばれて、現在でも補償を求める動きが続いています。『裸足の一五〇〇マイル』はこうした子供たちを描いた名作です。バニヤップはこの激動の歴史の証人でした(5)。

北西部オーストラリアを中心に、現在も「伝統的な生活を志向する」先住民が残っていますが、昔ながらの生活をする集団はいません。かつて二〇〇以上あった言語集団のうち、一九九六年に一〇〇人以上の話者がいるのは三九だけで、二〇ほどの主要な言語を除けば、多くの言語は生きた言語として残れるかどうか危ぶまれています。二〇〇六年の国勢調査によれば、七三パーセントの先住民がキリスト教を信じていると答え、伝統的な宗教を信じていると答えた先住民は一パーセントにすぎません。統計上の宗教を見る限り、先住民は表面上、イギリスからの移民と見分けがつかないほどです。一方向的な文化変容が、少なくとも一九六〇年代まで続いてきたなかで、先住民からヨーロッパ人入植者に伝わったバニヤップは、文化の逆方向への伝播のとても貴重な例外でした。

「想像上」の動物、バニヤップの歴史は、単にバニヤップという**もの**あるいは生物の歴史なのではなく、この**もの**を信じた人びとや想像した人びと、つまり入植者たちと先住民の歴史です。言い換えると、妖獣バニヤップの歴史は、やはり人の歴史です。しかもそれは、当時世界で最も進歩しているといわれたイギリス人の文化と、近年まで「今日に生きる原始人」といわれてきた人たちの文化の間で展開した歴史です。

3　岩絵の具

さあ、これからバニヤップ観光に出発します。グローバルな時代にもかかわらず、逆に時間的に遠くなっ

メルボルン州立博物館前にある
ロン・ブルックス作のバニヤップ像　著者撮影

たオーストラリアですが、二〇一四年四月に成田から就航したメルボルン直行便に乗れば、一〇時間と少しです。空港では、麻薬探索犬に嗅ぎまわられることを除けば、とくに問題なし。市内にはスカイバスで三〇分です。

ただし着くのは真夜中。犯罪が起こりやすい時間帯ですから、ホテルに直行し、まずは睡眠を取りましょう。ちなみに、飛行機の到着時間は当てにならないので、最初の日は二四時間営業のシティ北側のホテルがお勧め。メルボルンは、人口四〇〇万を超すオーストラリア第二の都会で、ヴィクトリア州の州都です。ちなみにグルメの町としても有名で、私はいつも北京ダックを友人と広東料理店のタイパン（二〇一五年閉店）に食べに行きます。このヴィクトリア州を中心とするオーストラリア南東部、そこがバニヤップの聖地です。けれども、悲しいことに先住民の文化の痕跡が最も残っていない地域でもあります。

ホテルから目的地までは徒歩で。シティの中心部を通るスワンストン通りに面した州立図書館の正面に、バークリーズ・クリークのバニヤップの像があります。オーストラリアの児童文学の最も著名なキャラクターの一人は、何を思ってそこに佇んでいるのでしょうか。さあ、これから多くのバニヤップたちに会う旅に出かけましょう。

「相棒」の杉下右京のように、あと「もう一つ」言っておきたいことがあります。表紙絵を描いていただいた服部しほりさんをはじめ、関西の若い日本画家のみなさんに挿絵となるバニヤップの絵を描いてもらいました。オーストラリア先住民の絵としては、ドットアートが知られていますが、それはアクリル画というヨーロッパの技術との出会いが生んだ産物です。この絵画様式は、生まれて五〇年も経たない、ある意味まったく新しい芸術です。ただしその対象の多くは、ドリーミングと呼ばれる天地創造の物語なので、悠久のものと言ってもよいでしょう。この芸術の空間に、五〇年前にはすでに先住民社会の崩壊が進んでいた東南部オーストラリアに棲み、ドリーミングからもはみ出していたバニヤップが入り込む余地は、ほとんどありませんでした。先住民は驚くほどバニヤップの絵を描いていません（⇩「13　ドリーミング」参照）。

最近は変わってきていますが、アクリル画が代表する先住民絵画という状況にも、少し違和感を持っていました。伝統的に先住民は、洞窟や岩肌に、岩を砕いて獣脂や血などを混ぜて作ったオーカーと呼ばれる顔料で絵を描きました（自分の体にも）。良質のオーカーは、一〇〇〇キロ以上運んででも交換されるほど、貴重でした。強引ですが岩絵の具つながりで、日本画が伝統的に用いる岩絵の具を使って、現代のアボリジナルアートの世界からはみ出したバニヤップを描いてもらう。バニヤップの姿には、日本の天狗や河童のように、すでに決まった形があるわけではない点も、絵を依頼するうえでの大きな魅力でした。それがバニヤップの表紙絵を三年くらい前に服部しほりさん（今では若手随一の日本画家）にお願いした動機です(6)。

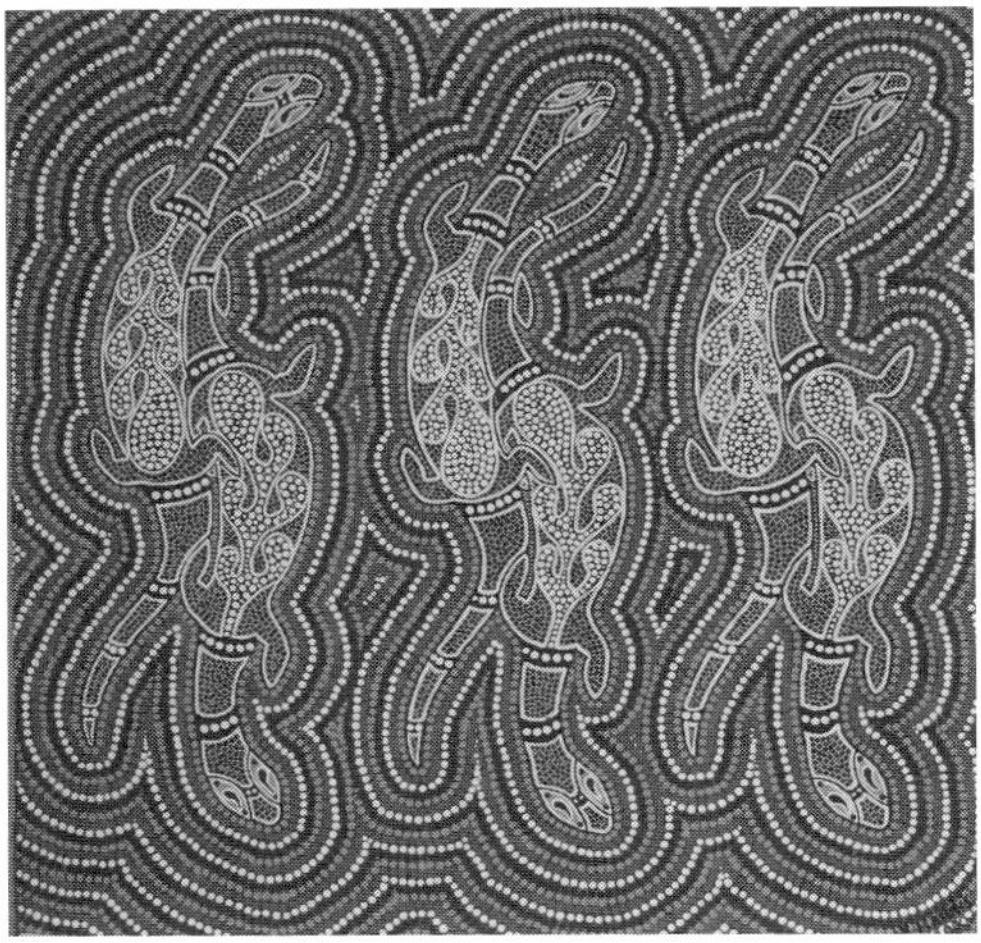

ゴアナ（オオトカゲ）を描いたドットアート
V. ハリス作（ウィルカンヤ生まれの女性）　著者所蔵

その後、この本をガイドする方針が固まったときに、他の日本画家の方たち、湊智瑛さん、松平莉奈さん(7)、是永麻貴さんにも依頼しました。その方針とは、柳田國男の『遠野物語』の世界とバニヤップの世界を比較。つまり河童とバニヤップに相撲をとらせるという方針です。このわけのわからない方針が決まる前に、刀水書房の中村さんに宣言した当初の方針は「本屋大賞を目指す」でした。あほでしょう。ともかく本の世界観を日本画でつなぐ。こうした奇妙な試みに関心を抱いてもらった画家の人たちには、感謝しています。また、洋画家の吉田哲也さんや版画家の鳥彦さんにも特別に加わってもらっています。

さてガイドなどと名乗っていますが、実は「自分の、自分による、自分のための」本かもしれません。「素人か」という良心の突っ込みを抑えつつ。しかし、「あほこそ文化」と答えておきます。

4　魔術が支配する世界

私たちは合理主義が支配する社会に生きていると思っています。それが魔術、いや美学の一つにすぎないと言えば、疑いの目で見られるかもしれません。合理主義の美学が支配する世界では、その美学の規則にしたがって行動するのが合理的です。トマ・ピケティも言っているように、たぶん「白熱教室」だったと思いますが。ちなみに私の授業は省エネＬＥＤ教室です。新自由主義の世界で成功体験を重ねてきた経済学者が、新自由主義の経済理論が正しいと信じ込むように、単なる美学であるはずのものが合理的法則になります。この規則に従わない人は、不適合者、昔の言葉で言えば、私の母のように精神分裂病者ということになるでしょうか。

私たちの世界では多くの人が統計数値を凝視し、株価はそれによって上下します。現実世界では何も変わらないのに、人びとが命よりも大事にする資産が大幅に減ったり、増えたりします。ときにその数値が修正されると、再び大慌てになります。数字という神のお告げを理解するために、多くの経済学者やアナリストという魔術師が徘徊しています。彼らはこの世の神秘を解き明かしたでしょうか。祈禱師や魔術師が精霊の棲む世界を人びとに解き明かしたのと同じ程度には、活躍しているかもしれません。こう言うと、株式に批判的な古代魚シーラカンスのように思われてしまうかもしれませんが、実は私は一九九九年に株式の手数料が自由化された当初からのネットトレーダーだにゃん（ジバニャン風）。投資社会の魔術にどっぷりとつかっているだけでなく、しかもけっこうお気に入りです。

リーマンショックのような経済危機が来ると、人びとは魔術から一瞬醒めます。それを元に戻すのに世界じゅうの政府は湯水のように紙幣を刷ります。ついにはバズーカを撃つ総裁が現れて、知らないうちに信用システムの土台に弾を命中させたりします。オーストラリアの先住民の魔術は、その世界を数万年間も存続させてきました。科学技術も、十分な富や食料の蓄えもなかったにもかかわらず、社会は魔術で生き延びてきました。私たちの誇る魔術やバズーカにはそうした威力が宿っているのでしょうか。

精霊と魔物や怪物とバニヤップが同居し、魔術が幅を利かせる先住民の世界を少しは身近に感じてもらえるようになったでしょうか。それは難しい。表面上、ネットトレーダーの世界とバニヤップが闊歩する世界はずいぶん違って見えますから。

私たちは、人間の置かれた環境を合理的に理解し、解釈し、支配しようとしますが、そうした合理性の根本には非合理が潜んでいます。なぜなら、結局「うちは誰なん?」という問いには答えられないからです。この矛盾は人間を非合理的なもの、矛盾に満ちたものへと向かわせるのかもしれません。

むだ話はこれくらいにして、話を戻すと、バニヤップが歴史に登場するのは一九世紀です。オーストラリアの先住民は文字を持ちませんでしたから、その世界観が伝わりはじめるのは、暴力的な植民活動が落ち着き、一部の入植者が先住民のことに関心を抱くようになった頃からです。バニヤップという言葉が、入植者たちに知れわたるのは、一八四〇年代の半ばでした。一九世紀の先住民の世界と私たちの世界との間には、理解をつなぐ共通点があるのでしょうか。それは後ほど。まずは発見。

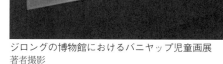

登場

ジロングの博物館におけるバニヤップ児童画展
著者撮影

5　バニヤップ発見

メルボルンの南西に車を一時間ほど走らせると、ヴィクトリア州第二の都市ジロングに着きます。二〇一三年八月に、たぶん四度目だと思いますが、町の中心部から北寄りにある国立羊毛博物館を訪れた時のことでした。いつもながらの羊毛産業の展示とともに、地域の博物館の行事として子供たちが描いたバニヤップ画が公開されていました。この出会いが、バニヤップを研究しようと思ったきっかけです。日本に戻ってさっそく関係する本を、全国の大学図書館の本を検索するサイニィで探すと、ありました。ロバート・ホールデンの『バニヤップ・オーストラリアの恐怖の民話』を二館が所蔵。どこにあるかと見ると、追手門学院大学。「オーストラリア研究所のあった大阪の大学や。よし」。もう一館は、大阪大学。ここで悪い予感。文学部西洋史、さらに研究室。と言えば、私の部屋。予感的中。部屋の書棚に本を発見。こうして研究が順調に（?）始まったのです。「サイニィ」すごい。ちなみにCiNiiを「サイニィ」と読むと知ったのは一年ほど前のことです。

　バニヤップの存在を入植者たちに最初に報じた新聞は、この町の『ジロング・アドヴァタイザー』です。ジロングへの入植は一八三七年、メルボルンに続いてすぐに始まりました。この新聞は、一八四〇年一一月二一日に創刊された、現存するヴィクトリア州の新聞のなかで最も古い朝刊紙です。当時、人口四〇〇人ばかりの町に新聞が創刊されたのも驚きですが、それは江戸時代に日本語の新聞が初めて発行される二〇年以上も前のことでした。天保の改革の始まる一年前です。白人オーストラリアはとても新しい社会ですが、とても長い近代史があります。

　一八四五年六月二八日付けの『ジロング・アドヴァタイザー』は、メルボルンから西に一二〇キロほどの位置にあるティンブーン湖、現在のコロングラグ湖の岸で、脛骨の先端部、すなわち膝の関節に接合する部分の骨が見つかったと報じました。この骨はとても巨大で横幅が二五センチもあり、現存する動物にこのように大きな骨を持つものがいるのかどうか、はっきりと答えることができないと述べています。しかも、「黒人たちはこの地域に棲む巨大な動物に関して言い伝えているが、その証言はまったく信用ならない」らしく、骨はメルボルンに運ばれて、専門家の意見を求めることになったと結ばれています。

　一八四五年七月二日、ついに「バニヤップ」登場。

新しい動物の大発見――前号で巨大な動物の関節の一部が見つかったと報告したが、このような動物がオーストラリアにいるとは思われなかったので、古い時代の化石だと考えていた。しかしながら、新たな情報とその骨がとてもいい状態でまったく「最近の」外観を持つという事実と合わせて、意見を変えるに至った。

見つかった骨を知性のある黒人の一人に見せると、彼は言下に、彼が以前見たことがあると主張する「バニヤップ」のものだと答えた。その絵を描いてほしいと頼むと、何のためらいもなくそれを描いた。次に、お互いに話をする機会を持たなかったさまざまな黒人たちに、この骨と絵をばらばらに見せたところ、誰もがこの骨と絵のことを「バニヤップ」のものだとすぐに認識し、その名前を異口同音に繰返した。ある者は、この動物の全骨格がどこにあるかを知っていると断言し、別の一人は、自分の母親がジロングから数キロしか離れていないバーワン湖でバニヤップに殺され、もう一人の女性も南ジロングのバーワン川の渡しがある場所で殺されたと証言した。なかでも最も直接的な証拠は、マンボウランのもので、この動物が胸につけた複数の深い爪痕を示した。別の証言によると、ファーロング氏の雌馬が約六年前にリトル川の堤でこの動物に襲われ、足を一本折ってかろうじて助かったということである。白人がこの生き物をこれまで見なかったのは、彼らによれば、それが水陸両生で、ものすごく暑い日に岸辺で陽に当たる以外には、陸上にほとんど姿を見せないだけでなく、ほんの小さな音や声がしただけでも、さざ波さえほとんど立てることもなく、静かに回転し水の中へと消えるからだ。

読者諸兄がすべての話が絵空事だとすぐに決めてかかることを懸念したからだ。バニヤップの姿は、鳥と動物の描写をする前に、こうした証言をまず引用したのは、その奇妙で、異様で、漠然とした姿から、とアリゲーター(8)の特徴を組み合わせたようだといわれている。エミューに似た頭を持ち、長いくちばしがある。くちばしの端は両側に飛び出しており、その縁はアカエイの骨のようなノコギリ状になっている。その胴体と足は、アリゲーターのようだ。後ろ脚は驚くほど太くて力強い。前脚ははるかに長

エミューが棲息するヴィクトリア州タワー・ヒル自然公園　ここにある火口湖にバニヤップが棲むとの言い伝えがあった　著者撮影

いが、それでも頑丈である。その先端には長い爪がついているけれども、黒人が言うところでは、ふつうは獲物を抱えて絞め殺すらしい。水中では蛙のように泳ぎ、陸上では頭を立てて後ろ足で直立し、その場合の背丈は三・六メートルから四メートル近くになる。胸はさまざまな色の毛で覆われていると言われるが、実際のところ、黒人はこの外見が毛なのか鱗なのかを確かめられるほど、十分に近づいたことがないと思われる。黒人たちは、この生き物が薄い青色の、エミューの卵の大きさの二倍くらいの卵を産むと言っている。こうした卵をしばしば見かけるが、「食べるのには適さない」ので、黒人の少年たちはそれを的にして、石を投げるらしい。

二、三日のうちに黒人が描いた絵のリソグラフによる複写をお届けして、未開地に住む読者が近くに住む黒人たちに質問できるようにしたい。さらに、新しい事実を聞き出すことに成功した場合には、その内容を送っていただければ、好意的に扱うつもりである(9)。

これが「バニヤップ」が歴史に登場した最初の瞬間です。この二つの記事は、直接的にはバニヤップに関するものですが、入植した人びとつまり「白人」の、「黒人」つまり先住民に対する意識をよく表しています。先住民は信用ならないこと。ある程度信用するには「知性のある先住民」の複数の独立した証言が必要だと思われていたことです。先住民の知性そのものへの疑いと、その誠実さ・正直さへの疑い。これは長く続く、文明の押し付けの前提でした。そうした疑いにもかかわらず、新しい動物の大発見を報じたジャーナリズムの精神は、今でいうワイドショー的な関心に基づいていたのでしょうか。これには当時のヨーロッパ人、とりわけ入植者たちの意識が深く関係していると思われますが、この点についても後ほど。

残念ながら、この記事の続報も、したがってリソグラフも読者の手に届きませんでした。バニヤップの姿は漂流し始めます。

6　言葉の起源

記事が掲載された翌年、一八四六年のジロングの人口は一三七〇人でした。創刊時の四〇〇人よりは増えていました。しかし、この記事だけでは、バニヤップという言葉がオーストラリア全体に広まることはなかったでしょう。それがなぜ普及したのかを理解するには、当時の社会を少し知る必要があります(10)。

時代が下りますが、一八八三年にジャーナリストのトゥーペニーは『オーストラリアの都市生活』のなかで「この国は本質的に新聞の国である。……新聞を買うことができる人口の比率はイギリスの一〇倍にもなる。したがって、発行される新聞の部数は人口比でいうとイギリスをはるかに凌駕している。すべての地方都市が週刊新聞か週二回刊行の新聞を持っている。ヴィクトリアだけでも発行されている新聞は二〇〇以上にのぼる。しかし、量に較べて質が劣るということもない。それどころか、オーストラリア人が誇る機関を一つあげるとすれば、それは彼らの新聞である」と述べています。オーストラリアでは、一九世紀後半に小さな町でも新聞を持つようになります。新聞は、町で起こった事件や日常の出来事を詳しく報じました。節酒協会のような小さな会合の内容、教会での説教、入荷した商品の情報、スポーツなど、雑多な情報が無秩序に詰め込まれた「歴史家の宝石箱」でした。また、著作権が考慮されなかった時代なので、本国の主要な新聞が手に入ると、オーストラリアの新聞は、それをそのまま転載しました(11)。

オーストラリアの開拓は、流刑囚を用いて始められましたが、一八三〇年代末からは渡航費をもらった自由な移民を中心とする社会に生まれ変わります。一九世紀のオーストラリアは、まだ政治的に統一されておらず、ニューサウスウェールズ、ヴァンディーメンズランド（タスマニア）、南オーストラリアなどの植民地に分かれて、それぞれが本国イギリスと直接連絡を持っていました。ヴィクトリアとクィーンズランドは、まだニューサウスウェールズの一部でしたが、それぞれ一八五一年と五九年に自立した植民地になります。本国だけでなく、こうした他の植民地から来るニュースもしばしば転載されました。植民地は情報に飢えており、新聞は回し読みされ、ときには文字の読めない人のために読み上げられることもありました。バニヤップの発見のような面白い記事は、当然転載されていきます。この記事は、七月一二日の『シドニー・モーニング・ヘラルド』に転載されたのを皮切りに、七月一六日には『モーニング・クロニクル』（シドニー）、七月一八日には『オブザーヴァー』（タスマニアのホバート）、八月三〇日には『コーンウォール・クロニクル』（タスマニアのロンセストン）、九月二日には『サウス・オーストラリアン』（南オーストラリアのアデレイド）、

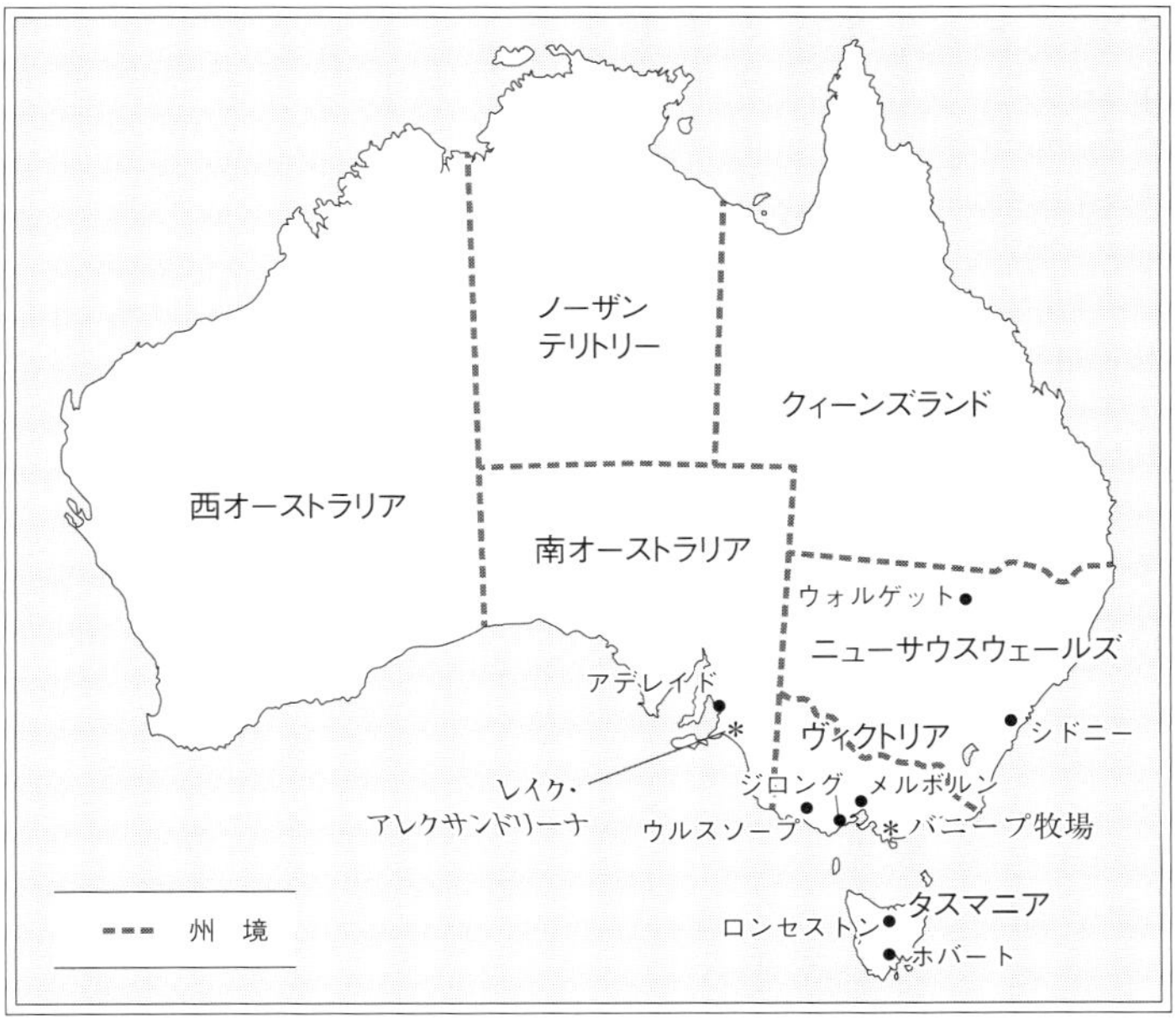

地図1　オーストラリア全図（現在の州と1840年代の主要な町と関連地名）

九月三〇日には『アデレイド・オブザーヴァー』と転載され、バニヤップの名前はオーストラリアじゅうに知れ渡りました。

バニヤップ bunyip という言葉は、ホールデンによると、ヴィクトリア州北西部ウィメラ地方の、ワーガイア Wergaia という先住民の方言に由来します。「黒鳥のように長い首を持つ」という意味のバニブ bunib が語源だそうです。しかし、これは、この言葉をジロングから三〇〇キロ近く離れた先住民が使っていたことを示すだけです。例えば、ジロングからポートフィリップ湾を挟んで東側にバニヤップという町があります。最初ここはバニープ・バニープ Buneep Buneep と呼ばれていました。初めてバニープが記録に現れるのは一八四七年ですが、この地域の先住民の言葉が直接の語源になっていたと考えるのが自然です。

バニヤップ
作者不明（nla.obj-136519237, National Library of Australiaより）

ちなみに町名の由来となったバニープ牧場は、牧場主のW・W・ウォーラーが先住民の伝説から名づけたとされています。その後一八六〇年代に、一般に広まっていた綴りと名称のバニヤップが、正式な町と川の名称として定着しました(12)。

語源は特定できませんが、伝説の生き物あるいは悪霊を意味する言葉として用いられていたバニヤップという名称は、「カンガルー」と同様の経過をたどって使われるようになったと考えられます。つまり入植者たちは、実際には一部の先住民しか使っていないバニヤップという語を、広く先住民たちが用いる言葉だと勘違いして先住民に対して用い、逆にそれを初めて聞く先住民は英語だと勘違いして、これを両者の会話に使ったのだと思われます。バニヤップは先住民の言葉に由来するかもしれませんが、それが広まり定着したのは、先住民と入植者がお互いにこの語を他者の語として理解し、コミュニケーションの手段として積極的に使ったからでしょう。人びとは異なる文化を持つ人間との接触で、積極的に見知らぬ人間の言葉を使って、意思の疎通を図ってきました。

7 民話に登場するバニヤップ

ジェームズ・ドーソンは、スコットランド生まれのオーストラリアの開拓者で、一八四〇年にポートフィリップ、つまり現在のヴィクトリアに移住します。先住民に対する軽蔑と無理解が支配的な時代に、彼とその娘のイザベラは、先住民文化の価値を認め、先住民を手助けしようとした数少ない入植者でした。ドーソンは晩年、バニヤップとされる骨が見つかったティンブーン湖の近くに定住し、フラムリンガムの居留地の先住民から話を集めました。これから紹介するバニヤップの話はその一つです(13)。

以下の物語は年老いた首長、モーポックが、彼の娘とその夫に話したものです。

昔二人の兄弟がいました。一人はとても背が高くあらゆる人を見下ろしていました。もう一人は普通の背丈で、二人はいっしょにマウント・ウィリアムの近くの沼に、黒鳥の卵を採りに行きました。二人はたくさんの卵を見つけました。池のほとりで卵を焼いていたとき、兄弟のうちの低い方が沼でもっと卵を見つけてくるぞと言いました。背の高い方の兄弟は一人で行くのは止めるように諫めましたが、背の低い方は行ってしまいました。彼は沼の真ん中に巣を見つけ、その卵を集めました。岸に戻ろうとしたとき、後ろから激しい水の音がして、彼の前では水鳥が何かに驚いたかのように水面を走ります。同時に沼の底がとても柔らかくなって、足が抜けなくなり、進むことさえままならなくなりました。そこに巨大な波が彼を襲い、巣のあった場所へと一気に引き戻されます。巣には巨大なバニヤップが待ち受けていて、彼を口にくわえました。バニヤップは彼を高く持ち上げたので、もう一人はその様子を目撃できました。数時間すると、水面は穏やかになりました。背の高い方の兄弟は木の皮を剝いで、

バニヤップ
J. マクファーレン作
（*the Illustrated Australian News*, 1 Oct 1890 より）

その上に火を置いて、巣を目指します。すると目の前にはバニヤップにくわえられた兄弟の姿が現れました。バニヤップに向かって彼は言いました。「静かにしろ。私の兄弟を返せ」。バニヤップは歯ぎしりをして、くわえた体を放り出しました。しかし、彼は死んでいました。その内臓は貪り食われていました。背の高い方は死体を陸にあげ、火のそばに置いて、泣きました。それから友達を呼びに行って、いっしょに遺体をキャンプに運びました。遺体を二日間見守った後で、親族はそれを木の中に一つの月の間置き、それから燃やしました。手と腕の骨はこれとは別にされて、死者の友達に与えられました(14)。兄弟を貪り食ったバニヤップとの静かなやり取り、この淡々とした妖獣とのやり取りが奇妙に感じられます。兄弟のために復讐することもなく、黙って死体を受け取り、埋葬します。また、遺体の処理の仕方も不思議です。先住民の精神世界はどうなっているのでしょうか。バニヤップは、先住民にとってどういう存在だったのでしょう。ドーソンの話は、バニヤップの民話のなかでは、最も古いものの一つです。『ジロング・アドヴァタイザー』の報告と較べると、バニヤップ自体の描写がまったく行われていないのが特徴的です。

8 恐怖の沼

キャサリン・ストウは、南オーストラリアで生まれた先住民の民話の収集家です。彼女が集めた先住民の物語は、児童文学として子供たちに紹介されました。次の話は『ウォグヒーガイ・オーストラリアのアボリジナルの伝説』(アボリジナルはオーストラリア先住民のことです)に収められた作品です。先住民の語りの忠実な再現を試みた彼女の手法は高く評価されています。ストウはニューサウスウェールズのウォルゲットの近くにあった、バンゲイト牧場付近の先住民から多くの民話を集めました。ウォルゲットはダーリング川の上流域、クィーンズランドに近い内陸の町です。対象になったユーワーラーイ Yuwalaraay の人びとは、牧場の中にキャンプを作り、季節労働者あるいは家事手伝いとして牧場で働いていました。

入植者の侵略による先住民社会の破壊と暴力的な排除が終わった後、ゴールドラッシュで白人労働者の賃金が高騰すると、牧場主たちは生き残った先住民を広大な牧場の一部に住まわせて、必要なときに労働者として雇いました。牧場主たちは、先住民が労働者として利用できる限り、その他の面で伝統的な生活を送るのを認めていました。

歴史家ヘザー・グドールによると、「こうした牧場のキャンプでの生活を、広くアボリジナルの人びとは、きわめて頻繁に平和な共同生活の経験として記憶している。当時は、自分たちの国をしばしば旅行し、伝統的儀式や社会的伝統を維持し、ヨーロッパの食物だけでなく健康的な在来の食べ物を摂取し、自分たちの言語を話し、子供たちに大地や伝統と近年の歴史について教えることができたとされる。先住民の人びとは当時のことを、アボリジナルの伝統的知識が牧場労働に役立つと白人にも認められていた時代、アボリジナルの家畜を飼う技量や、馬を乗りこなし、牧場を運営する技術が広く尊敬されていた時代として記憶している」(15)。このような状況にあった先住民から聞き取られた物語の一つが、「バンイー・バンイーあるいはバニヤップ」です。

長い間、黒人たちは、部族の多くの若者が、狩猟に独りで出かけては戻って来ないので、何が起こったのかと非常に不思議に思っていました。大きな池の縁まで若者の足跡がついていましたが、そこで足跡は消えます。彼らはこの池をとても恐れていたので、池では怖くて魚を獲らず、この池とその周囲に無数にいる多くの獲物も捕まえようとはしませんでした。彼らは、カリア、つまりクロコダイルが池にいるに違いないと信じていました。

一人の年老いた魔術師が、カリアなど恐れるには足りない。武器を手に取り、あの池の秘密を解き明かしに行くぞと言いました。(以下要約)……彼は池に行きましたが、そこでカリアに出くわし、命からがら逃げ延びます。助かったのは、バンブル・ツリーがあったからです。バンブルはカリアの義理の母でした。あらゆる部族に共通する法によって、いかなる男も義理の母には近づけないのでした。しかし、

カリアからバンブル・ツリーに逃れる
ノラ・ヘイゼン作（*Woggheeguy: Australian Aboriginal Legends*, 1930 より）

カリアの出現は池の秘密とは関係ありません。なぜなら、彼が見た足跡はカリアのものではなかったからです。……

キャンプに戻ると、彼は聖なる水晶を覗き込みました。そこには池の岸にある洞穴に行方不明の男たちが捕えられているのが見えました。それを奇妙な動物が見張っていましたが、魔術師が前に見た足跡を残しそうな感じの動物でした。彼はこの話をすべてもう一人の魔術師に伝え、彼がいないときにすることを指示しました。それから特別に強力な芋ほり棒を腰紐に差し、出発しました。バンブル・ツリーの横に差しかかると、今度はその枝を折って、腰紐に通しました。さらに額のヘアバンドのところにも刺しました。こうしておけばカリアを恐れる必要はありません。池に着くと飛び込んで泳ぎました。水から上がると、魔術師は、この前不思議な足跡を見かけた池の縁に沿って歩きました。するとほどなく、これまでに見たこともないような動物が二匹現れました。動物は一番大きな犬の四倍くらいで、灰色の毛に覆われていて、馬の蹄のような四本の足を持ち、短くて太い尾と犬のような歯を持っていましたが、口の両側にはイノシシのような牙がついていました。

二匹の動物は彼を水の中に落とそうとしますが、彼は土手にできるだけ近づいて池に沿って走り続けました。そこには行方不明になった友人の足跡がまだ残っていました。魔術師は軽快に進み、二匹の獣が後を追いました。

沼の反対側には高い土手があり、そこまで行方不明の人の足跡が続いているように見えました。二匹の獣バンイー・バンイーはここへ魔術師を追い込んでから、さらに土手から沼に落とそうとしました。土手の下には入り口があり、二匹はその中に彼を追い込みました。入り口を通ると水の中を進み、登りになって乾いた土地の上に出ました。さらにもう一つの入り口を通って、二匹の獣は、魔術師を二～三〇〇メートルもある乾いた洞窟に押し込みました。ここに彼を入れると、バンイー・バンイーは、牙で魔術師に触れただけで、踵を返して、離れていきました。

彼は謎を解くことに成功したのです。彼の目の前には行方不明になった部族の男たちがいました。……魔術師は芋ほり棒を握りしめ、横になっている人びとのところに進みました。そして、棒に触れながら、次のように言いました。「この助けを借りてみんなを救って見せよう」。人びとは彼を疑いの目で見ましたが、なかには有名な魔術師だとわかった者もいました。

彼は続けました。「もう一人の魔術師に、しばらくして私が戻って来なければ、部族のなかで最も屈強なものを連れて私の足跡を追うように指示してある。……私が洞窟を見つけたら、彼が聞きつけるまで天井をこの棒でたたくから、その音を聞いたら、人が通れるくらいの大きさの穴を掘るように伝えてある。木の梯子、つまり木の幹に足がかかるように切り込みを入れたものを用意しているから、穴が開いて梯子が降ろされたら、私たちはみな登って逃げるのだ」。

囚人たちは飛び上がって喜び、すぐに天井をたたき始めるように頼みました。洞窟の一番高い場所を選んで、魔術師は始めました。……間もなく芋ほり棒でたたく音に対して、掘るような鋭く早い音で返答が還ってきました。

じっと上の方を凝視しながら待っている囚人たちは、気が気ではありません。ついに一筋の光が差し込みました。地上の黒人たちは穴が十分に大きくなるまで作業を続けました。彼らはそれから梯子を降ろしました。人びとは梯子に殺到しましたが、魔術師は梯子が壊れるといけないので、一人ずつ行くように命じました。彼自身は最後まで待っていました。ちょうど彼が梯子に足をかけたとき、水が跳ねる音がしました。バンイー・バンイーが戻ってきます。

二匹の獣は囚人がいないことを嗅ぎつけて、飛んできました。魔術師が梯子を登りきろうとした瞬間、一匹のバンイー・バンイーが跳びあがって、彼を捕まえようとします。しかし、足に触れただけで、どっと落ちました。もう一度跳びかかる前に、魔術師は地上に出て、梯子は引き上げられました。

長い間どこに行ったかわからなかった男たちが戻ったキャンプでは、人びとは大喜びでしたが、魔術師たちは満足していませんでした。（以下要約）……彼らは集会を開き、魔術で池の水を干上がらせました。死んだカリアの骨は見つかりましたが、バンイー・バンイーの骨はけっして見つかりませんでした。逃げてどこかで生きているにちがいありません。その後、魔術師たちは、雨の歌によって池を再び水で

洞窟へ導くバンイー・バンイー
ノラ・ヘイゼン作（*Woggheeguy: Australian Aboriginal Legends*, 1930 より）

満たし、豊かな魚と獲物を手に入れました……(16)。

この物語は、先住民がバニヤップを駆逐した点で先の物語とは異なっています。しかし、バニヤップが先住民の生活圏にある池や沼の主で、人間が近づくことをゆるさない点は共通しています。また、カリアも人間と同じように親族関係を規定する規則、つまり「法」に縛られているのは面白い点です。人間とカリアは同じ社会に属しているわけです。もう一つ異なっているのは、一般のユーワーラライの人びとが、人が消えるという不思議な現象の原因がバニヤップだということを知らない点です。それを知るのは魔術師だけです。この点は重要なポイントです。

9　魔牛

研究者のなかには、バニヤップとは、先住民が初めて出会った外来の生物を、恐怖のあまり人食いの生物として伝説化したものだと主張する人もいます。ありそうな話です。その真偽については定かではありませんが、ドーソンは次のような物語も記録しています。

先住民たちが初めて牛を見たのは、スプリング・クリークのウーロング・ユリングの水場で野営していたときです。そこは現在ウルスソープの村がある場所に近いところで、先住民はちょうど魚を獲っていました。その動物には、横道にそれないようにブリキの薄い板が顔につけてあり、明らかにどこかの探検隊の荷車を曳いていた荷牛が逃げたものでした。牛は水を飲みに水場にやって来たのです。先住民たちは、これほど大きな動物を見たことも聞いたこともなかったので、一目散に逃げだしました。夜になると牛はキャンプにまで入りこんで、大声で啼いて歩き回ります。その声はあまりにも恐ろしく、人びとは夜明けまで毛布にくるまって震えるばかりでした。朝になると、彼らがムーループ、つまり悪霊だと信じこんだものの頭に、二本の斧が刺さっていました。この異様で迷惑な客人が去るやいなや、戦争の評議会が招集されました。勇敢な男たちは、妻や子供たちとともに、追跡を始めます。こういう危機的な状況では、妻や子供を残してはおけません。動物の足跡を追うのはたやすいことでした。というのは、これまでに見たこともない足跡を残していったからです。北東方向に七～八キロ足跡をたどると、ついに森の陽だまりに草を食む牛がいました。最も勇敢な戦士たちが前線へ進み、全部族がその後について動物に近づきます。彼らは「おまえは白人か」と尋ねて、頭にのせて運んでいる斧を手渡すように頼みました。これに驚いた牛は、前脚で地面をけり、唸り声をあげて、頭を振り、突進してきました。「勇者たち」は縮み上がってしまい、慌てふためいて逃げ出しました。あまりにあわてて逃げたので、これに続く男も女も子供も大混乱し、槍を折ってしまったということです。先住民たちは、後にこの話を大喜びで語りました。

先住民のンナウイースは、この話をユーモアたっぷりに語るとき、男たちをだしに使って女たちから大いに笑いを取ったそうです。また、別の先住民のウイーラト・クーユートによれば、クーユートが結婚した頃に起こったことなので、ドーソンは、事件が一八二一〜二二年に起こったと推測しています(17)。恐怖の人食いバニヤップの物語とユーモアあふれる外来動物との出会い。かなりの距離がありそうですが、どう思われますか。江戸川コナンであれば、「真実はいつも一つ」ときっと解決してくれるでしょう。

杉下右京ではありませんが、最後にもう一つだけ。キャサリン・ストウは、バニヤップの民話を集録した本の他にも、一八九〇年代にケイティ・ラングロー・パーカーという名前で、オーストラリア先住民の民話の本を二冊出版しています。また、一九〇五年には民俗学的な研究も出版しました。彼女の研究は、先駆的な民俗学的研究として認められてもよかったわけですが、男性が支配的な学界では、彼女の地位はアマチュアの民俗学者に留まり、彼女が伝える物語は子供っぽい話として、あまり真剣に紹介されませんでした。ストウ自身がアマチュアだと自認していたからでもありますが、時代環境のなせる業だったと思われます。

10　野生の白人

ウイリアム・バックリーは、一九八センチの大男です。「野生の白人」とも呼ばれたバックリーは、イングランドで農夫の子として生まれ、窃盗で流刑になり一八〇三年にオーストラリアに送られました。しかし、船がポートフィリップ湾に着いたとき、仲間の囚人といっしょに逃亡します。ポートフィリップ湾とは、後にジロングやメルボルンが建設される内湾です。仲間は船に戻ろうとして行方不明になりました。残されたバックリーは、先住民ワザロング Wathaurung の人びとに受け入れられてともに暮らしました。ワザロングの人びとは、バックリーのことを、自分たちの死んだ酋長が蘇ってきたと思ったようです。三二年後の一八三五年、この地域に入植を始めた白人と出会い、子供と妻がいたにもかかわらず、バックリーは家族を捨てて白人の世界に戻ります。『ウイリアム・バックリーの生活と冒険』は、バックリーがタスマニアのロンセストンに移住した後に、その話をジャーナリストでもあり企業家でもあるジョン・モーガンが書き写したものです。先住民の世界と白人の世界の間に生きたバックリーの証言に進みます。

バックリーは、他の部族との戦いや黒鳥やその卵がふんだんにある湖での経験を経て、キロナマートという場所のそばにある湖でたらふくエビを食べた後に、モデウォリという湖に着きます。この湖は、二〇一五年に私が訪れたときには干上がっていましたが、ジロングから車で西に三〇キロほどの距離にあります。また、北岸にはバックリーという集落もあります。付近にはバーワン川（⇩15頁参照）が流れていますが、湖と接続していません。ただし、洪水のときにはつながったことは容易に想像できます。

湖の岸に到着しました。その水は完全に淡水で、大きなウナギが無数にいたので、それを私たちは大量に捕まえました。この湖には、他の内陸の大部分の湖や深い川でもよく見られますが、とても異様な水陸両生の動物が棲んでいます。それを先住民はバニヤップと呼んでいます。私自身は背中だけしか見たことがありませんが、黒みがかった灰色の羽毛に覆われていたと思います。それは十分成長した子牛、もしくはそれよりも大きいようでした。この生き物は、天気がとても穏やかで、水面が静かなときだけ現れます。先住民の誰からも頭や尾を見たという話を聞いたことがありません。したがって、その正確な大きさも、どのような姿をしているのかもわかりません。

バックリーは、その後採集狩猟の生活に慣れ、一人でも生活していけるほどになりました。老人が率いるある家族と行動をともにしていたとき、バーワン川の水源となっている一連の湖の一つ、ジェリンゴットに到着します。それは先住民のワザロングの言葉で沼だらけの土地という意味です。現在、ジェリンゴット湿地帯は、ジロングの南方、バーワン川を渡ったところにあって、水鳥の宝庫です。

ここであの異様な動物、私が前に触れたバニヤップが先住民にしばしば目撃されています。先住民たちは、バニヤップをとても恐れていて、死や病、伝染病やさまざまな不幸な出来事などを起こす神秘的な力を持つ、と信じています。彼らはまた、バニヤップが棲む沼のいくつかに多数いるウナギは、その食べ物として定められているという迷信を抱いています。したがって、もしバニヤップを見たら、その周囲に長くいることはめったにありません。

一人の女性がバニヤップに殺された話を耳にしたことがあります。それは次のような話です。ある日、一つの家族が驚くほど大量のウナギを獲りました。夫がウナギを小屋まで運んで行くか行かないうちに、妻は沼からさらにウナギを引き上げました。しかし、これはバニヤップの巧妙な策略で、彼女に安全だと勘違いさせておいて、夫がいないときに捕まえて食べようとしていたのです。それがどうであれ、夫がしばらく留守にした後に小屋に戻ると、彼の妻は消えており、二度とその姿を見ることはありませんでした。先住民はバニヤップをひどく恐れていましたから、それを見つけるやいなや、跳ぶようにして顔を地面につけて伏せて、わけのわからない呪文を唱えるか、まるで野獣に追われているかのように、池や川の周囲から一目散に逃げてしまいます。

私は独りでいたときに、何度かバニヤップを槍で刺そうとしました。しかし、もし先住民がその姿を見れば、激怒したでしょう。そして、もしも殺すのに成功したり、あるいは傷つけただけでも、おそらく私の命で償いをする必要があったでしょう。すでに述べましたが、先住民たちはこの生き物を神聖なものと信じているからです。

バックリーが入植者の世界に戻ったのが一八三五年ですから、この話が事実だとすると、『ジロング・アドヴァタイザー』による発見よりずっと前に、バニヤップを目撃し、捕えようとしていたことになります。しかも、それは神話上の生き物のように、神秘的な力を持っているけれども、実際にも生きている動物です。歴史上に登場するバニヤップは、こうした矛盾に満ちた姿で立ち現れます。それは単なる古代の神話的存在ではなく、現在の生物でもなく、ちょうどその狭間で生きたものなのです(18)。

呼称

11　センター試験に落ちるぞ

　ここまですっ飛ばしてきた話があります。そろそろ限界です。これまでオーストラリアの先住民とだいたい書いてきました。でも先住民という語は世界中で使われていて、誰を指すかはっきりしませんね。日本の北海道ではアイヌ、合衆国ではネイティヴ・アメリカンとか、アメリカン・インディアンとか固有の名称があります。ちょっと遠慮がちに私も、アボリジナルという言葉を使いましたが、この表現は日本ではあまり使われていません。例えば、日本の教科書には、オーストラリアの先住民「アボリジニ」って書いてありますし、学者さんたちもマスコミもほぼそう書いています。なんで、この本ではアボリジニって書かないのか、それが問題です。

　オーストラリアの先住民という場合、現在、すべての先住民という意味で使う場合には、「アボリジナルとトレス海峡諸島の諸民族 Aboriginal and Torres

Strait Islander peoples」と呼ぶのが正式の名前で、政府や行政機関ではこれが使われています。ピープルズと複数形になっているのは、多数の民族の集合体という意味です。たくさんの民族が集まっているんだぞという表示で、この「s」は大事です。また、「先住諸民族 Indigenous peoples」「先住オーストラリア人 Indigenous Australians」とも呼ばれますし、本土の先住民だけを指す場合には、「アボリジナル・ピープルズ」とも呼ばれます。そういうわけで、公的な場で「アボリジニ（ーズ）Aborigine(s)」と呼ばれることはまれです。とりわけ首相や大臣の演説には使われません。アボリジニーズという複数形はまだ許容範囲ですが、アボリジニという単数形は、差別的なニュアンスがとりわけ強いという批判があるので使用が避けられています。一般的にオーストラリアのメディアや学校教育でも同じように、先住民の一部を指す場合、「アボリジニ」ではなく、「アボリジナルの人びと」「アボリジナルの女性たち」「アボリジナルの男」のように表現します。あるいは「アボリジナル」に代えて「先住民の」という表現も使われます。どうです。ややこしいでしょう。

　これに対して、世界の報道機関、イギリスのＢＢＣやアメリカのＣＮＮには、こうした感覚がないので、平気で「アボリジニ」と使っており、英語のネット世界には「アボリジニ」という引用があふれていますが、それはオーストラリアには当てはまりません。ネットをぼっと眺めているだけでは気づきませんね。

　ところで二〇一五年のセンター試験。その世界史Ｂで、オリンピックに関連して、先住民は「二〇〇〇年のシドニー大会が開催されたオーストラリアでは、アボリジニ（アボリジニー）と呼ばれている」という文の正誤問題が出題されました。この文は正しく、予備校の意見では楽勝問題ということで、日本中が納得しています。さて困った、私。この大会は、私が論文にも取り上げた、先住民の陸上ランナー、キャシー・フリーマンが聖火を点火したことでよく知られています。当時、オーストラリアのテレビでみんなが「アボリジナル・ピープル」と繰り返していました。「アボリジニ」というのは、私の記憶にはありません。
それではなぜ、センター試験では「先住民がオーストラリアでは、アボリジニと呼ばれている」のが正しいのでしょうか。私の記憶違い？　実際よくあります。そこで偉い人に確認してみました。センター試験の研究統括官の方のご返事です。

「アボリジニ」にあたるAborigineという呼称が使われなくなっている事情はご指摘の通りであり、そのことについては了知しています。一方で、日本の世界史教科書では、「アボリジニ（アボリジニー）」という用語は「オーストラリアの先住民」を指す用語として記述され、すでに浸透してしまっています。今回の出題は、そうした教科書の記述に基づいたものであり、受験者に馴染みのない用語を使用することは控えました。

要するに教科書に書いてあるから、ということです。お前ら「小学生か」と「小さいおじさん」が言っていました。日本では文化人類学者などが、おそらく昔のオーストラリアの一般的な用語法に従って、オーストラリアの先住民のことを「アボリジニ」と表現し、それが定着しました。教科書は、偉い人の言うことを聞くので、それにならうのは仕方がないのかもしれません。
小学生の相手はこれくらいにして、呼び方の問題に戻りましょう。

12　アボリジナルとなぜ書くのか？

この本では、現代に関すること、あるいは私自身に発する発言では、「先住民」「アボリジナル」という表現を用います。ただし、歴史的な表現、引用の場合には、「アボリジニ」「黒人」（ブラックやブラックフェロウの訳）なども用います。さらに、アボリジナルというのは、入植者の白人あるいはイギリス人（ヨーロッパ人）と対立する総称であって、実際には多数の個別の民族でしたから、特定できる場合には民族あるいは言語集団の名称をできるだけ使います。すでにユーワーラーイやワザロングというような名称を使っています。こうしたやり方は、オーストラリアでは一般的な記述方法です。

部族という用語は、一部の民族だけに用いられてきました。例えば、スペイン人や韓国人というのに対して、ワザロング族やシャイアン族のように言うことで、部族と表現された民族の後進性が強調されます。したがって、これも私が主体となる場合は用いませんが、歴史的用語や引用としての場合は、とくに断らずに使っています。先住民自身が部族 tribe と表現することも多いので、その場合も同様です。

こうした用語法に対して、一部の先住民の人たちはアボリジニと自称している、アボリジニでもアボリジナルでもどちらでもいいと多くの先住民は言っているという理由で、アボリジニという表現を使うという立場もあります。前者に対しては、そう確認できる人びとにはアボリジニと呼べばよいでしょう。後者については、確かにそういう状況はあると思います。過半数、とりわけ遠隔地の先住民の大多数は貧困状態にあり、アボリジニと呼ばれようが、アボリジナルと呼ばれようが、その状態が変わることもないし、差別を受けている事実も同じです。こうした呼び名にどれだけ意味があるのでしょうか。また、アボリジニという名前で差別を受けてきた人たちは、呼び名だけ変えていい気になっている人びとに我慢がならない場合もあるでしょう。

話はそれますが、私の母は精神分裂病になって、精神分裂病を患いながら死んでいきましたが、最近では病名が統合失調症と言い換えられています。これは精神の病を患った患者への偏見を和らげるためのもので、これに反対する気はさらさらありません。しかし、私にとっては、私の母は今でもやっぱり精神分裂病であったので、今さら言い換えることはできません。ただし、学生さんたちには統合失調症というように指導します。先生ですからね。こうした呼び方の採用は、先生的解決にすぎませんし、専制的にならないように気をつけましょう。ただし、少なくともここに書いたくらいのことは考えてから、中学生以上は自ら決定。

用語によって現実の差別はすぐには変わりません。起こってしまった差別もなしにはできません。それでもいくつかの選択肢があって、統合失調症のようにその呼び方を望む人がいるのであれば、それを採用したほうがよいと思います。

付け加えますと、複数形の場合には「アボリジニーズ」を認めている例もあり、地域や機関によっては「アボリジニーズ」と「アボリジナルズ」を同等に互換的に使えるとしているところがあります。しかし、名詞の単数形としてのアボリジニとアボリジナルはいずれも極力避けたほうがよいというのは一般的です。所属する集団名か、アボリジナルの人（男、女）などを使います。

日本語のアボリジニと、英語のAborigineの発音が近すぎること。これが日本で広まっている「アボリジニ」を使わずに「アボリジナル」を使うもう一つの理由です。また、現在のオーストラリアの人びとがアボリジニとアボリジナルを意識的に使い分けている場合、両方をアボリジニという単一の日本語で間に合わせると、そうした意図はまったく伝わらなくなります。私など、ただでさえ翻訳でニュアンスを伝えるのが下手なのに、のっけから鈍感翻訳となるのは、どうなんでしょう。

13 ドリーミング

人類学は、アボリジナルの社会構造、親族関係、生活様式、神話などにもっぱら関心を払ってきました。「原始的な」採集狩猟民が持っている社会様式や精神構造は、人間という種が共通して持つ性質を最もわかりやすい形で表しているという考え方が、こうなった土台にあります。白人との接触以前のありのままの先住民の社会が重要で、現実の先住民は二の次、三の次でした。人びとが語る純粋な過去の姿こそ大切でした。

もちろん、今や状況は一変。現在のアボリジナルの社会、家族、共同体が主な研究対象になっています。都市先住民の研究は流行です。現在に残る過去にめぼしいものがなくなったから、というと失礼でしょうか。過去の残りかすさえまれになったわけです。また、記録される対象のはずの先住民が自分でしゃべりだし、先住民にとって必要な知識の生産が求められるようになったのも重要です。先住民の権利の回復に必要な知識の生産に、努力が向けられています(19)。

ところが、こうした研究の流れは、知識の空白地帯を生みます。過去の先住民社会に関係する知識のほとんどは、伝統社会が近年まであった北部や砂漠地帯の先住民、しかも特定の集団を基にしていました(20)。また、現代の先住民に関係する研究は、オーストラリア東南部の都市の先住民も巻き込み、もしくはそれを中心に進みます。しかし、バニヤップの時代は、研究の対象から見事にはずれています。

残念なことには、神話、すなわち「ドリーミング」の研究も、事態の改善には無用の長物です。ドリーミングというのは、伝統的な先住民社会を理解するためのキー概念であると同時に、日常的世界を理解するのにも用いられる、ありふれた言葉でもあります。抽象的な話ばかりもよくないので、まず実例を紹介します。

太古の昔、大地はすべて眠り、動くものは何もありませんでした。何も動かず、何も育ちませんでした。ある日、虹ヘビが眠りから覚めて、土の中から出てきました。彼女は遠く広く旅をして、疲れてとぐろを巻いて眠りました。彼女が眠った跡と通った跡には型がついていました。それから彼女は最初に現れた場所に戻りました。そこでカエルに出てくるように促します。カエルは腹が水でいっぱいでしたから、ゆっくり出てきました。虹ヘビがお腹をくすぐると、カエルは大笑い。水が大地全体に広がって、虹ヘビの通った跡を満たしました。こうして湖や川ができました。

草木が成長し、すべての動物が目覚め、虹ヘビを追うようにして広がりました。地上のすべてのものは幸福で、それぞれが自分の仲間の部族と生活し、食物を集めました。ある動物は岩山に、あるものは平原に、あるものは森に、あるものは空に棲みました。虹ヘビはすべてのものが従う法を作りました。しかし、これに従わないものがでてきたので、虹ヘビは、法を守るものには褒美として人間の姿を与え、法を破るものは罰として石に変えると言いました。

法を破ったものは石や山や丘になりました。法を守ったものは人間の姿になりました。虹ヘビはそれぞれの人に、人間になる前にその姿をしていた動物、獣、鳥、爬虫類を独自のトーテムとして与えました。諸部族は、カンガルー、エミュー、カーペットスネイクなど、トーテムで自分を見分けるようになります。虹ヘビは誰も飢えることがないように、誰も自分のトーテムを食べてはならない。他のトーテムだけを食べるように命じました。このようにしてみんなに食べ物が行き渡ったのです。

諸部族は虹ヘビ、つまり生命の母が与えた土地でともに暮らしました。また、諸部族は大地がこれからも自分たちのものであり続けることを知っています(21)。

虹ヘビによる天地創造の物語です。ドリーミングの物語の感じはつかめるでしょう。

人類学者のバーント夫妻は、次のようにドリーミングを説明しています。

アボリジニは「自然環境の中にあるすべての種や要素と同じ生命の本質を共有していると信じていた。先住民の社会世界は自然世界を含むように拡大されていた。逆に言うと、先住民の自然世界は人間化され、それは土地自体についても当てはまった」。この考え方は、ドリーミングという概念によって示される。「ド

ねぐらへ犠牲者をくわえて帰るフーウィー
先住民の伝説の怪物，フーウィーは恐竜のような巨大なトカゲで，口に人間をくわえている
（*Myths & Legends of the Australian Aboriginals,* compiled by Ramsay Smith, New York, 1930, p.148より）

リーミングの偉大な神秘的な存在が人間の社会経済的な基盤を確立した。偉大な存在たちはまた自然環境にも働きかけ、多くの場合はそれを形成する役割も果たした。彼らは人間や他の自然の種を創造し、国の特定の場所に配置した。……すべての土地が記号で満たされた。また今でも満たされている。そして、彼らがしたこと、彼らが残したことは、現在にとっても非常に重大な意味があると考えられている。しかし、これだけにとどまらず、昔と同じように今でも彼らは精霊として生きていると信じられている。彼らは永遠であり、大地に見える彼らの物質的な姿も永遠であり、不可侵であると信じられている」(22)。

先住民にとって大地は最初からありました。偉大な精霊は大地の上に人間とすべての生物と環境を創りました。人間と環境の創造とそれにまつわる信仰と物語が「ドリーミング」です。偉大な精霊が活動することで大地は人間化され、その精霊の一部は今でも大地の一部として留まっています。さまざまな遺跡には、神秘的な存在に通じる精霊が宿り、その精霊が個々の人間の誕生をもたらします。個々の人間は精霊を媒介にして土地を所有し、土地に所有されます。人間はドリーミングの世界と一体であって、こうして生まれてきた世界を持続し、再生するように、さまざまな儀式を行います。

民俗学的研究はふつう、対象とする民族や集団のさまざまな文化活動を記録しようとします。しかし、ドリーミングの意義が強調されると、創造の物語と常に繰り返される再生に関わる儀式や物語、神聖で秘密の物語に研究の焦点は絞られます。パーカーが集めたような物語は、子供っぽいものとしてドリーミングの人類学的世界から排除され、童話の世界に追いやられました。バニヤップの運命は決まったのです。白人世界では、童話のキャラクターになりました。

戦争のない世界を目指して

刀水書房最新ベスト

〒101-0065 千代田区西神田2-4-1東方学会本館 tel 03-3261-6190 fax 03-3261-2234 tousuishobou@nifty.com（価格は税込）

刀水歴史全書103

古代ギリシア人の歴史

桜井万里子 著

古代ギリシア史研究の泰斗が描く，現代日本最先端の古代ギリシア史

ヨーロッパ文化の基盤古代ギリシアはいつ頃から始まったのか？　新発掘の文書が語る［ポリスの誕生］とは？

四六上製　430頁　￥4,400

刀水歴史全書104

古代ギリシアのいとなみ

都市国家の経済と暮らし

L.ミジョット著　佐藤 昇 訳

古代ギリシア都市（ポリス）の経済と暮らしを鮮やかに解き明かす一冊

大学生・一般の知的読者向けの手引書

四六上製　270頁　￥3,52

石は叫ぶ

靖国反対から始まった平和運動50年

キリスト者遺族の会 編

1969年6月靖国神社国家護持を求める靖国法案が国会に。神社への合祀を拒否して運動，廃案後平和運動へ。キリスト者遺族の会の記録

A5判　275頁　￥2,750

オーストラリアの世論と社会

ドデジタル・ヒストリーで紐解く公開集会の歴史

藤川隆男 著

「35年にわたる史料読み込み」と「ビック・データを利用した史料の定量分析」で，茫漠たるテーマ「世論」の客体化に見事成功

A5並製　280頁　￥3,630

第二次世界大戦期東中欧の強制移動のメカニズム

山本明代 著

連行・追放・逃亡・住民交換と生存への試み

なぜ生まれ育った国で生きる権利を奪われ国を追われたのか，これからの課題を探る

A5上製　430頁　￥5,830

欧人異聞

樺山紘一 著

西洋史家で、ヨーロッパをこよなく愛し、歴史の中を豊かに生きる著者が贈るヨーロッパの偉人121人のエピソード。日本経済新聞文化欄の大好評連載コラムが刀水新書に！

新書判　256頁　￥1,21

刀水歴史全書101

トルコの歴史〈上〉〈下〉

永田雄三 著

世界でも傑士のトルコ史研究者渾身の通史完成

一洋の東西が融合した文化複合世界の結実を果たしたトルコ。日本人がもつ西洋中心主義の世界史ひいては世界認識の歪みをその歴史から覆す

四六上製（上下巻）

〈上〉304頁〈下〉336頁

各巻￥2,970

刀水歴史全書102

封建制の多面鏡

「封」と「家臣制」の結合

シュテフェン・パツォルト 著／甚野尚志 訳

わが国ではまだ十分に知られていない欧米最新の封建制概念を理解する決定版

四六上製　200頁　￥2,970

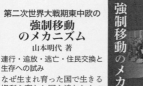

悪霊

14　霊たち

研究者のなかにも、こうした状況を問題視した人がいます。フィリップ・クラークです。「人類学的な文献では、神話とその土地との関係の研究は、しばしば「ドリーミング」と呼ばれる創造の時代の、きわめて宗教的な諸側面に一般的に限られていた。オーストラリアの人類学にとって、これがもたらした結果の一つは、アボリジナルの人びとが「ドリーミング」の祖先とは別だと思っていた霊的な存在に関わる、伝説的な信仰の軽視である。神話では、これらの精霊は大地の「創造者」ではない。創造者と同じ時代に生きていた場合があるかもしれないが、むしろアボリジナルの人びとと景観を分かち合う共存者である」。バニヤップはまさしく、クラークの言うところの創造者ではない精霊、共存者にあたります。

南オーストラリアのマリー川下流域の先住民、ナリンジェリーの人びとの大部分は、クラークによると、一九八〇年代には、「ドリーミング」と呼ばれている知識の体系に関する詳しい情報をもはや持っていませんでした。霊的な存在に関する知識が「ドリーミング」に関する知識を圧倒的に上回るようになり、日常生活にも大きな影響を与えていました(23)。

さらにクラークは、ドリーミングに属さない精霊、あるいは霊的な存在の一般的な特徴をあげ、その具体的例を示しています。バニヤップを理解するために、それを紹介したいと思います。まずは一般的な特徴から。

（1）神話的な創造の時代に活躍した存在とも、現に生きているアボリジナルの人びととも異なる存在。
（2）先住民や他の精霊と同じ景観を共有している。
（3）この霊的な存在とそれに関連する場所は、文化的景観の中で独自の場を持つ。
（4）ドリーミングの精霊と異なり、アボリジナルと同時代を生きている。
（5）大部分の霊的な存在は非常に恐れられているか、あるいは少なくとも有害または不快な存在と考えられている。
（6）その多くは人間的な特徴を持っている(24)。

こうした特徴に当てはまるものは、日本の伝統社会でいえば化け物や今風にいうと妖怪でしょうか。まさにタイトルの妖獣の「妖」の部分ですね。ただしよく似たところもあれば、異なっている点も当然あるでしょう。しかし、比較研究の対象とするのに十分な共通性もあると思われます。以下では、オーストラリアの霊的な存在を、まとめて妖獣と呼ぶことにします。次に主にクラークの研究に従い実例を紹介します。

15 小さいおじさん

小さいおじさんは、人間によく似た生き物である点で、霊的人間と表現される。その特徴は、先住民とちがい黒以外の色の膚をしている点と悪戯をすることで、ふつうは特定の場所に現れる。人類に属しているようであるが、小さな体と色のためにアボリジナルの人びととは区別されている。その色は一般的に赤であるが、黄色や緑という目撃例もある。尖った耳をした白い小人という例もある。キンティという名前で呼ばれることもあり、赤い小人を見たものは麻痺して動けなくなったという話が伝わっている。これに類する言葉でキンチラという言葉が報告されているが、それは死んだ人間の霊を西の地に連れて行く精霊のことだという。一九八〇年代に、アデレイドから南東に車で二時間近くのところにあるメニンギーの付近で、体じゅうが薄い灰色の小人を見たという証言があり、肩まで髪があり、長い首をしていて、黒い目だったという。目が黒かったのは幸運で、これが赤色であれば、キンチラは何か悪さを企てていたといわれる。

目撃情報に共通する点は、目撃されるのは一人か二人で、ふつう場所は沼や湖だという点だ。こういう場所でアボリジナルの人びとはカモ猟をしたり、黒鳥の卵を集めたりする。例えば、マリー川河口のペリカン・ポイントで、二〇世紀初めに霊的人間に関する戒めを無視したアボリジナルの男が、カモを数羽撃ち落とし、落ちたと思しき場所を探していると、赤い男がカモを拾い上げているのが見えた。アボリジナルの男は銃を持って、一目散に逃げたという。さらに南オーストラリア南端に近い海岸部の町、キングストンの男性のアルフ・ワトソンは、ライフルを持ってカモ猟をしていたとき、スゲの草むらにキンティの男を見た。すると金縛りにあって仰向けに倒れた。次にキンティの男が近づき、アルフの上に座り、興味深そうに顔をなでた。というのは、このタイプの霊的人間は髭を生やしており、アルフは髭を生やしていなかったからである。アルフは、フランネルのシャツを通して、キンティの男のお尻の冷たさを胸で感じたという。赤い男が棲むといわれる場所でカモ猟をするとき、かつてマリー川河口の人びとは一、二羽の獲物を残しておいたものらしい(25)。

16　魔術師やバット・バット

遠隔地から来るアボリジナルの人びとは、しばしば魔術師だとか野生の黒人として恐れられた。おそらくヨーロッパ人による入植によって、「文明化した」先住民と「野蛮な」先住民というカテゴリーが生まれるにともなって、野生の黒人に対する恐怖が高まったようだ。マリー川下流域の先住民は、月や星の特殊な動きが野生の黒人が来る前触れだと信じていた。魔術師は、生命や自然に働きかける力を持つもので、一九八〇年代のマリー川下流域では、もはや死んだ人間とも生きている人間とも関係がない霊的存在と思われていた。魔術師はクラティ（羽根の足）と呼ばれ、恐れられており、ウッズ・ウェルという場所に実際に現れたといわれている。ゴキブリがつぶされていたのと、人間の糞の臭いがしたことがその出現の証拠だとされる。かつてアボリジナルのミッションがあったポイント・マクレイでは、現在アボリジナル評議会の運営する農場の一角にクラティが潜んでいると考えられており、そこに近づくときアボリジナルの労働者は、自分の小便（発音がクラティに似ている）や顔を注意深く隠していたといわれる。

霊的存在の一部は、かつては人間であったと考えられている。リヴァーランド、つまりマリー川の中流

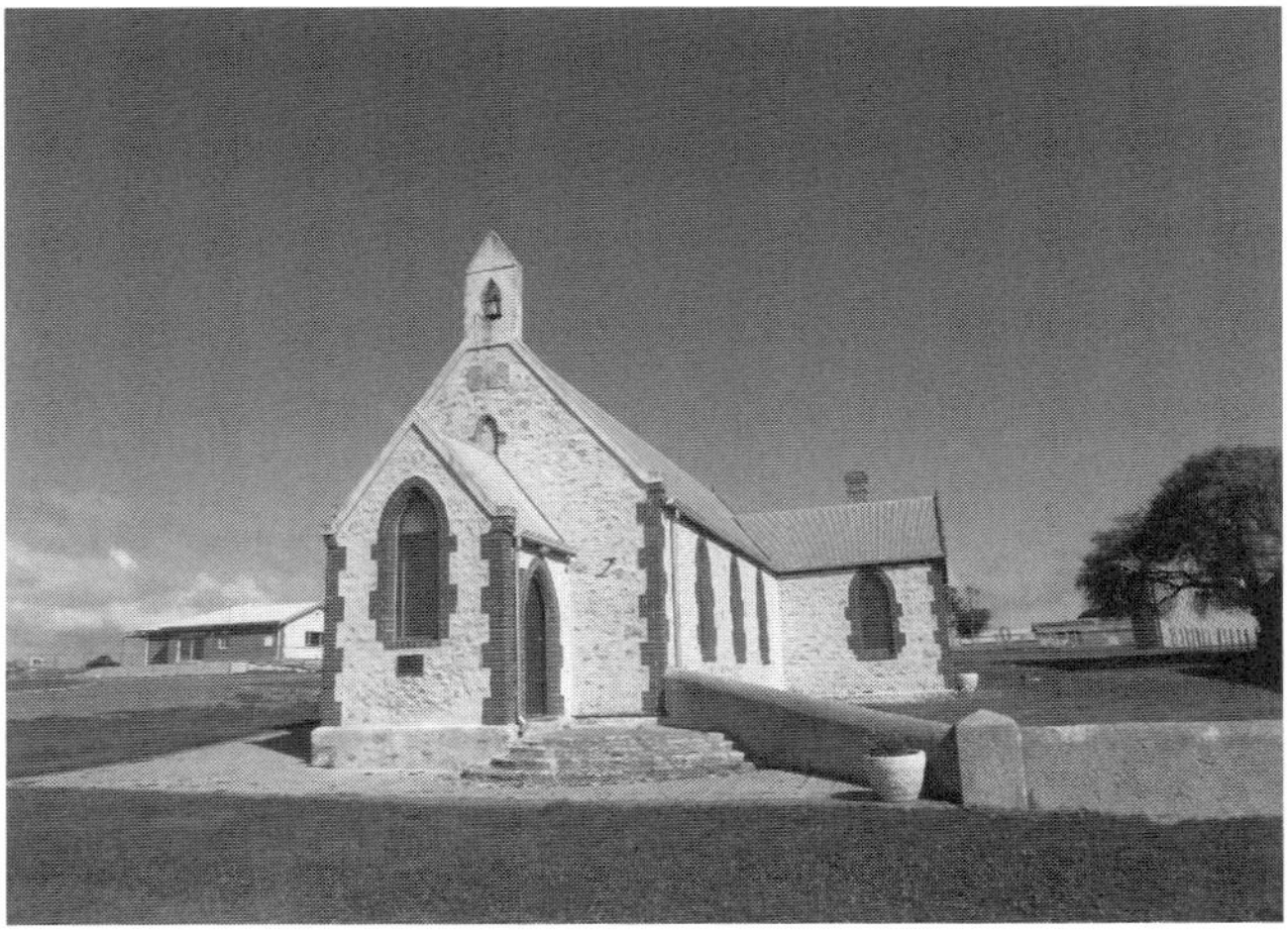

ポイント・マクレイの教会
タプリンのミッションが置かれた場所で，現在はアボリジナル・コミュニティの中心部に位置する　著者撮影

域に潜むウィト・ウィトはその好例である。それは女の悪霊で、狩人から獲物を遠ざけて妨害するといわれる。レイク・アレクサンドリーナに面するビッグ・ヒルの崖の洞窟には魔女が棲んでいるといわれる。ポイント・マクレイの親たちは、ビッグ・ヒルから魔女がやって来てさらっていくぞ、と子供を怖がらせるという。

バット・バットは、危険だけれども間抜けな悪霊で、腕と足が一本ずつしかないとされる。昔の人びとは、バット・バットが現れるのに備えて、蛆虫を袋に入れて持ち歩いていた。バット・バットに出くわすと、人びとは横たわって、目と口に蛆虫を入れるのだそうだ。そうすると、バット・バットは騙されて、死んだと勘違いして通り過ぎるのだという。この悪霊は特定の場所に現れるのではない。それは間抜けだという評判と関係しているのかもしれない(26)。

マリー・ブリッジのバニヤップ
1ドル硬貨を入れると緑色のバニヤップが水の中から姿を現す　著者撮影

17　水の霊・ムルヤウォンク

クラークによると、一般的にバニヤップと呼ばれる水の悪霊は、動物的な特徴を持つとされる場合もあるし、人間的な特徴を持つとされることもある。アデレイドの東方、車で二時間くらいのところにあるスワン・リーチの近辺の人びとは、一九世紀中頃、マリー川に棲む水の悪霊を恐れていた。しばしば目撃されているが、姿ははっきりせず、巨大なヒトデのようだといわれている。マリー川下流域の先住民は、それよりももっと人間に近いものを想像しており、ムルヤウォンク Mulgyewonk と呼ばれている。一九世紀の宣教師で、先住民について多くの記録を残したジョージ・タプリンによれば、「先住民たちはまたムルヤウォンク Mulgewanke と呼ばれる水の悪霊を恐れていた。レイク・アレクサンドリーナでしばしば耳にする轟きわたる音はこの悪霊の仕業だとされる。これを聞いたものはリューマチになるといわれている。それは半分人間、半分魚の奇妙な姿をしており、髪の毛の代わりに短く切った水草がからまっている」。タプリンの一八六〇年の日記では、「黒人たちによると、ムルヤウォンクは男にも女にも魔法をかける力がある。轟くような音を立てることで、人びとを病気にする。私は今やこの音が湖から来ることに確信がある。彼らはメイソン氏がポモントでこの動物を一匹撃ち、その力のためにその後病気になったと噂している。それはとてもアザラシに似ているが人間のようなあごひげを持っている」。タプリンは、この他に先住民が水の中の動物を見てムルヤウォンクだと騒いだけれども、実際は馬だったという例も記録しています。

タプリンはこうも述べています。「先住民は湖にムルヤウォンクがいることを固く信じている。彼らは、その姿を見たと主張し、一匹が死んで、ランキンの渡しを下った湖岸近くで腐っていたと言っている。彼らによると、はるか昔、湖のそばで遊んでいた少年がムルヤウォンクにさらわれた。その父親はまじないの呪文を唱え、油を体じゅうに塗って、ロープを持って湖の底に降りて行った。彼が周りを見渡すと、そこかしこにいるムルヤウォンクはすべて眠っていた。そのなかに彼の子供もいた。彼は近づいて子供にロープを結び付け、水面に浮きあがってから、子供を引き上げた」。

ヤラルディのマーク・ウィルソンによると、ムルヤウォンクは浅瀬で人間を待ちうけている。その長い髪の毛は水草のように見え、魚やカモの脂、とりわけ食後に子供が湖で手を洗うと、ムルヤウォンクを引き寄せる。クラークによると、ムルヤウォンクは特定の場所によく出現する。最もよく知られた場所は、マリー川がレイク・アレクサンドリーナに注ぎ込むあたりの東岸の土手で、ジョージ・メイソンというアボリジニ副保護官の補給処がかつてあった辺りである。ここはマラゴンと呼ばれており、水に見える泡がそこにムルヤウォンクがいる証拠だとされる。アボリジニの言によると、マラゴンの崖の下の水底には岩穴があり、そこにこれらの悪霊が棲みついているという。この他にもマラゴンから南に八キロに位置するポモント（ポマンダ）は、ムルヤウォンクの巣窟だとされており、この地域の人びとは夜ここをカヌーで通らないようにしている。さらに一九八〇年代になっても、レイク・アレクサンドリーナ自体もムルヤウォンクの棲みかだと思われていた。ムルヤウォンク以外にも水の悪霊は存在する。レイク・アレクサンドリーナには邪悪な三姉妹が棲んでいる。ボートがこの三人に近づくと、最初の波がボートを押し、誤った方角に向かわせる。次に来る波はボートの端を水で浸す。そして、第三の波がボートを水浸しにして、転覆させるという。マリー川の河口あたりがとくに危険だとされている(27)。

18　鳥の悪霊・ミンカ

一九世紀半ばの入植者のリチャード・ペニーによると、「ムルダウビー Muldaubie は悪霊の名前で、かなり我われのサタンと似ている。先住民が語るその姿は古典的なカトリックの悪魔の描写にそっくりだ。悪霊は月がのぼった夜、夕暮れ時か、夜明けの直前に、時には他の姿をしていることもあるが、ふつうは甲高い声で鳴くフクロウの姿で現れる。夢にこのフクロウを見た者、あるいは直接見た者は必ず死ぬ」。日本でもかはたれ時に妖怪がよく現れます。ロックバンドの「たま」によれば夕間暮れの空には電車が走り、体のない子供たちが現れます。この時間帯はバニヤップがよく目撃される時間でもあります。先に引用したドーソンは次のように書いています。「先住民たちは夜になると悪霊を大いに恐れる。先住民は悪霊がフクロウに見張らせているのだという。不運にもキャンプからはぐれた者に出くわすと、フクロウはそれを悪霊に知らせるのだ。それゆえ先住民は、悪しき兆しの鳥としてフクロウを忌み嫌う」(28)。ここでクラークに戻ります。

松平莉奈作　ミンカ鳥
背景は19世紀後半のアデレイドの鳥瞰図で，下部に見えるのがシティで背景にバーカー山に連なる山が描かれている
（A Supplement to *the Illustrated Sydney News*, July 1876より）

一九八〇年代に信じられていた悪霊の鳥はミンカ鳥 mingka である。ミンカ鳥は、アデレイドの南東のマウント・バーカーの洞窟に棲み、毎晩そこに戻るという。スフィンクスのような鳥もいて、人間のような顔をしている（『魔法使いサリー』のカブを思い出します）。夜に家の付近に来て、赤子のような声、あるいはキツネのような声を出すともいう。ある若者は次のように言っている。「ミンカ鳥を殺したら、羽をすべて焼かなければならない。なぜなら、羽の一つ一つがミンカ鳥になるからだ。フェニックスのようなのだ」。ミンカ鳥は悪いことをした人間に罰を与える鳥とも考えられている。ある人は部族の法を破ったために、二人を残してすべての子供をミンカ鳥のために失ったという。ミンカ鳥は死を告げる鳥でもある。その鳥との出会いは誰かの死につながる。ほとんどの場合、ミンカ鳥は完全に邪悪な存在だと理解されており、泣く赤ん坊の霊を吸い取るとされる。マウント・バーカーが棲みかとされるが、

マリー川下流域で広く見られる。また、オーストラリア・イシチドリも死の前兆だと、オーストラリア南部で広く信じられていた。

鳥の悪霊はミンカ以外にも、メランビ、コウクとも呼ばれる。さらに、ミンカはタカ、ワシ、犬、フクロウ、カエルの口をしたフクロウのような形で現れるともいわれる。巨大な猛禽類が死者の霊を運ぶというのは先住民に広く見られる信仰である。また、人間の生霊や死霊が鳥となって空を飛ぶという話も残されている。ナウト・ナウトは、もとはナリンジェリーの女性であったが、部族の掟を破り追放された。追放した長老を恨み、死後もその霊は地上に留まった。彼女はナリンジェリーへの復讐のために花になって子供の関心を引き、じょじょに森の奥に引き込む。子供が飽きてくると今度は鳥になり、子供が完全に道に迷うようにするのだ。ヨコフリオウギビタキのような昼間ふつうに見られる鳥も、ミンカ鳥のように不吉な出来事の前兆だと見なされている。例えば、この鳥が誰かの家の近辺で執拗に奇妙な動きを繰り返すと、人が死んだ印だといわれている。一九世紀、南オーストラリア植民地の創設者の一人ジョージ・アンガスは、黒い色をした鳥のヒタキについて次のように述べている。ヒタキは「先住民によって悪霊と見なされて、ムールドサープ、つまり悪魔と呼ばれている。それを見つけるとすぐに木切れや石を投げつける。ただし、非常に恐れているので、それに触れたり殺したりはしない。地震や大渦もこの名で呼ばれている」。現在も、ヒタキは不吉な知らせをもたらすと広く信じられている。この他、おそらく個人のトーテムなどと関係して、ツバメやペリカンなどが死を知らせた例がある(29)。

19　死者の霊

アボリジナルの世界には、人間と同じ環境でいっしょに暮らしているさまざまな霊がいたこと、いることを理解していただいたと思います。もう一つ忘れてはならないのが人間の霊です。すでに人間の霊が悪霊となった例としてナウト・ナウトを取りあげましたが、次は人間の精霊です。

伝統的な先住民の人びとにとって、精霊は不滅です。死によって、肉体は滅んでも精霊は生き続けます。今回は、研究会でいっしょに活動した松山利夫先生。アボリジナルの長老のような感じの方ですが、松山先生の力をお借りします。

松山先生によれば、「アーネムランドのアボリジナルは、二つの魂をもっている。「影の魂」と「真の魂」の二つである。影の魂は日中にできる影のように人の背後につきまとい、けっして離れることはない。一方、真の魂は心に宿っている。人が死ぬと影の魂はフクロウとともに森に暮らし、幽霊のようにさまようメルレとなる。メルレは寂しくなると親族や生前に親しくしていた人を訪ねたり、恨みをもっていた人にはときに危害を加えたり、原因不明の病気にかからせたりする。これに対して真の魂は、血と汗に導かれて祖先の精霊が暮らす土地ブラウイリへいたり、そこにすみつづける」。ブラウイリとは、死者の魂が帰るべき土地です。例えば天国のように単なる観念上の存在ではなく、実際の具体的な場であって、先住民の環境の一部をなしています。ブラウイリと他の土地の境界は、「視覚的にはたとえばヤシ科の数本の樹木や、まばらに生えるソテツ、小さな凹地といったきわめて微細な特徴によって確認される」だけです。

アーネムランドはオーストラリア北辺ですが、よく似た考え方は、オーストラリア南東部、すなわちバニ

松平莉奈作　バニヤップ

ヤップ・オーストラリアでも広く見られたようです。一般的に死者の魂は分裂して、一つは天国へ、一つは地底国へ行きます。天国は地上とよく似た姿をしており、それがある場所は、天空ではなく木の上とか丘の上あたりから始まり、ロープで人を引き上げられるくらいの高さにあると思われていました。地底国は、地底にあるかどうか証言が分かれますが、西の方にあるのは確かです。死者の霊はすぐにこれらの国に行くのではなく、鄭重な埋葬をへて時間をかけて旅立ちます。現在でも先住民のなかには死者の名前を唱えない、名前を見ることもしないという慣習を守っている人びとがいますが、名前を呼ぶことで霊が死者の世界に向かうのを妨げると考えられたからだと思われます。

クラークによれば、「南オーストラリア南部一帯で、グパはいろいろな文化的背景を持つ者の死後の霊だと考えられており、一般的に夜に建物や他の人工的構造物の付近に現れる。また、グパは人間の影の形あるいは霊の光として現れる」。グパはしたがって、人間とはまったく異なるアイデンティティを持つムルダウビーのような悪霊とは、同一視することはできません。現在でも「南オーストラリア南部では、グパの霊を恐れて、アボリジナルのコミュニティは日暮れから夜明けまで、墓地を訪れることを禁止している。それは夜に墓地の上空を飛びかう霊が、人間の訪問者の後について人間の居住地に来て、問題を引き起こすと信じられているからだ」。たとえ生前は好かれていた人の霊であっても、死後は禍をもたらす可能性のあるグパとして扱われるのです(30)。

これで夏目ならぬ「クラーク友人帳」はおしまいです。少しまとめましょう。アボリジナルの人びとは、採集狩猟を行ないながら暮らしている環境をドリーミングの精霊たちが創り出した世界だと信じていました。また山や川や湖沼、岩や木にもそうした精霊の一部が残っているとも信じていました。アボリジナルが生きる自然環境は人間化された、文化的な世界でした。さまざまな獣や鳥や爬虫類などの現実の生き物、これらもトーテムなどとして人間化されていましたが、人間はこれらの生き物とこの世界を分かち合うだけでなく、悪霊たちとも共有していました。バニヤップは実在するものとして、アボリジナルの生活世界の一部を占めていました。アボリジナルの人びとはさらに、死者の霊とも共存していました。死者の世界は遠く離れた異次元にあるわけではなく、すぐ近くに、しばしば特定の場所にあって、その霊がこの世界を彷徨していました。原始的で自然に近い生活をしていたといわれるアボリジナルの人びとの世界は、きわめて文化的で、人間化された自然環境でした。こうした生活世界は特殊なのでしょうか？

服部しほり作　もののけ

遠野

20　柳田國男

日本は農耕社会で、米作りは日本文化の基盤だといわれます。しかし、『遠野物語』を読むとオーストラリア先住民の社会と日本の伝統的な農村社会に、文化的に人間化された環境という面で、多くの共通点が見受けられます。使い古された表現ですが、両者ともに、『となりのトトロ』や『もののけ姫』のような、アニミズム的な世界観が大きな力を持っていました。

そこで唐突に、『遠野物語』の世界を紹介します。『遠野物語』は、日本民俗学の父、柳田國男の代表作で、多くの批判があるにもかかわらず、日本の民俗学の発展に大きく貢献した作品なのは間違いありません。その内容を深化させる形ですでに多くの研究が行われていますが、伝統的な日本の共同体の一つの理念型として、『遠野物語』は、先住民社会との比較に有用だと思われます。もちろん、この後の展開を狙うガイドの悪巧みともいえます。

遠野は岩手県の内陸にあり、沿岸部の釜石と北上川にある花巻との中間に位置する盆地の町です。稲作などの農業を行っており、交通の要衝にあったことから馬を使った荷役なども盛んな場所でした。柳田は、作中の百あまりの話はすべて、「遠野の人佐々木境石君から聞いたままを書き写したものだ」と述べています。これらの話から読み取れる世界は、アボリジナルの世界と同じように、人間が霊や妖怪と同じ空間を共有する世界です。つまり、自然が人間化され、文化的な景観としてある世界でした。作品の出版は、明治四三年つまり一九一〇年ですから、すでに二〇世紀に入っていました。物語の舞台はそれよりも前で、バニヤップがオーストラリア各地で目撃された時代とほぼ同時代です（⇩44頁参照）。

クラークの示した基準を少し変えて、遠野における霊的な**もの**を一般化すると次のようになります。

（1）長年崇拝されてきた神とも、遠野の人びととも異なる**もの**。
（2）遠野の人びとと同じ景観を共有している。
（3）この霊的な**もの**とそれに関連する場所は、文化的景観の中で独自の場を持つ。
（4）遠野の人びとと同時代を生きている。
（5）大部分の霊的な**もの**は恐れられているか、あるいは少なくとも有害または不快な**もの**とみなされている。
（6）その多くは人間的な特徴を持っている。

先住民を遠野の人びとに代え、存在を**もの**とする以外はほとんど変えていませんが、この定義は化け物とか妖怪にうまく当てはまります。この他に、先住民のドリーミングの精霊にあたるような神仏や、人間の死後に見られる死者の霊についても、よく似ているように感じます。この本はバニヤップを主な対象とするので、主に化け物を検討しますが、死者の霊などについても併せて見ていきます（31）。

21　ザシキワラシや猿の経立《フッタチ》

遠野では路傍に、山の神、田の神、塞《さえ》の神の名前を彫った石がしばしば立っていて、オコマサマやコンセサマと呼ばれる石神もいました。カクラサマと呼ばれる粗末な木像の神様や、火の用心に役立つゴンゲサマ、部落の旧家で祀られるオクナイサマやオシラサマ、また幸運をもたらすといわれるザシキワラシも、多くの家にいたのです。ザシキワラシは、現在でもお昼のワイドショーなどでときどき取り上げられていますね。物語には高等女学校に通う娘がザシキワラシを目撃したという話もあり、ずいぶん最近まで信じられていたことがわかります。ザシキワラシが立ち去った山口の孫左衛門の一家は、七歳の少女を残して一家二〇数人がキノコにあたって死に絶えたそうです。また御蔵ボッコが現れる家もあって、足跡を残したり、糸車を回す音を立てたりするといわれていました。

遠野を取り囲む山々は神と妖怪の棲む領域であった。山には大男がいて、里の娘をさらい自分の子を食べたりする。大きな特徴は目の色が違うという点である。山の神はこれに似ており、丈高く赤い顔をして、目が輝いているという。山の神の領域をいたずらに侵した人間は死に至る場合もある。また、山の神によって占いの力を得るという事例がある。山女は丈高く、長い黒髪をしており、中空を走る。それを見た者が恐ろしさのために病気になり死んだといわれる。笠の通《かよう》という山にはキヤシヤがいて、死人を掘り起こして食うという。捕まえようとすると体が麻痺して動けなくなる。また、人を食う山姥の伝説も多く伝えられている。もちろん山には天狗も現れる。天狗は大男で眼光鋭く、遠い距離を素早く移動する。僧形で赤

い衣を用いて羽ばたくように空を飛ぶという。天狗は人と親しくなり酒をともに飲んでは、礼に小銭や衣を置いていくともいう。この他、小正月と冬の満月の夜は雪女が出るといわれているが、それを見た者は少ないらしい。人の知らない山奥にはマヨヒガという不思議な家がある。この家の食器などを持ち帰ると、その人の家は幸運に恵まれ栄えるといわれている。

猿の経立《フッタチ》は人によく似ていて、女色を好んで里の婦人をしばしば盗み去った。松脂を毛に塗って、その上に砂を付けているので、毛皮は鎧のようで鉄砲の弾も通さない。栃内村の林崎に住む男が一〇年あまり前に、六角牛山《ロッコウシ》で目撃している。このあたりは経立が多い場所だといわれている。経立とは非常に長く生きて妖怪になった動物をいう。御犬つまりオオカミの経立も恐れられていた。他方でオオカミの神もいて、三峰様といって、悪事災難の原因を明らかにする力を持つといわれる。もちろんキツネや狸が変化したり、人をばかしたりするという話も数多くある。

22 河童

さて水の妖怪といえばカッパです。遠野の河童は有名で今や観光のキャラになっていますが、このものの話はたくさんあります。

川には河童が多く棲み、猿ケ石川にとくに多い。川の岸には河童の足跡を見ることも珍しくなく、雨の日の翌日にはなおさら多い。猿の足と同じように親指が離れて人間の手に似ている。長さは九センチにもならないで、指の先の跡ははっきりと見えない。他の地域では河童の顔は青いらしいが、遠野の河童の面は赤色である。佐々木氏の曾祖母が、クルミの木の間から真っ赤な顔をした男の子を見たが、これが河童だという（今風の河童キャラの顔は緑です）。松崎村の川端の家では、二代続けて河童の子を産んだ者がいる。むこのいる女のところに河童が通い、子を産ませたという。手には水かきがあり、その形はきわめて醜怪だった。上郷村でも河童の子を産んだ例がある。全身真っ赤で口が大きく、気味悪い子であった。他に次のような話もある。小烏瀬川《コガラセガワ》の姥子淵《オバコフチ》に、ある日馬曳きの子が馬を連れて行って、それを放置していたところ、河童が現れて、淵に引き込もうとした。ところが逆に引っ張られて厩《うまや》の前に来た。河童は飼い葉桶に隠れていたが見つかってしまい、村中の人が集まってきて殺すべきか許すべきかと協議したが、結局今後は村中の馬に悪戯をしないと固く約束させて放した。この河童は村を離れて相沢の滝の淵に棲むという。これと同種の話では、五郎兵衛淵で同じようなことがあり、そのときは河童が詫証文を書いている。

橋野川には水神が宿ると信じられており、その祭礼には水浴を慎むだけでなく、水さえ飲まない。また、橋野の中村という場所の沼には大蛇が棲み、村人を取って食っていた。田村麿将軍がこれを退治したが、祟りを恐れた村人が建てた祠《やしろ》が熊野神社の起源である。この他女が蛇に変化したという話がいくつか伝わっている。淵には主がいて、霊験を持つとか、祟りを与えるという話もある。青笹村の御前の沼は病気を癒す力があると信じられており、そこにある祠を足蹴にした巡査は死んだという。

村々にはあちこちに子供が恐れて近寄らない場所がある。土淵村の竜ノ森もそうで、柵に囲まれた古い栃の樹が数本あって、鉄の鏃《やじり》が根元に突き立ててある。昼なお暗く薄気味悪いところで、一切殺生をしてはならぬ、草花も採ってはならぬと言い伝えられていた。人はなるべく通らぬようにするが、通る場合には栃の樹に向かって拝むのである。ここには死んだ女が生前の姿で現れる。こうした魔所と呼ばれるところが他にも少なくない。

23　オマク

人間の霊に関しては、死んだ者が生前の姿のままで、葬儀に現れる例もあれば、今にも息を引き取ろうとしている病人が、下栃内という場所に健康な姿で現れて家の普請を手伝った例も伝わっている。あるいは寺に現れて和尚と世間話をして帰ったという例もある。別の話で常堅寺という寺に長患いの老人が訪ねてきて、元気そうにお茶を飲んだが、その日に死んだという話もある。菊池松之丞という人は、呼吸が止まったとき、人の頭ほどの高さを飛びながら菩提寺へと向かったという。寺の門には人が集まり、中に入ると一面に紅のケシの花が咲いていた。この花の間に亡くなった父が立ち、お前も来たのかと言う。続いて亡くなった子供に会うと今来てはいけないと言われた。この時、寺の門のあたりで自分の名を騒がしく呼ぶ声がして戻ってみると、息を吹き返し、周りでは親族の者が生き返らせようとしていた。この話とよく似たものに、知り合いがある子供を墓地から追い返すと、自宅で死んでいた子が蘇った話もある。この他、大津波で亡くなった妻と一年後に会い、長く患ったという話も伝えられている。また幽霊が出る話はいくつも伝わっている。墓地に死者が立っており、その者からもらった金はいつまでもなくならないという話があり、死んだ父親が毎晩娘のところにやって来たという話もある。一般的に、生者や死者の霊が幻として見えるのをこの地方ではオマクと呼んでいた。

生まれ変わることもしばしばある。上郷村に生まれた子供は手に、北上の太郎爺の生まれ変わりだという紙切れを固く握っていた。太郎爺の家族は、俺の家の爺様は死んで一年も経たずに生まれ変わったと喜んだという。また、墓場の土に樹木が自然に生えると、その墓の主はもうどこかで生まれ変わったのだと

——いわれる。

24　比較分析

言いっぱなしもどうかと思いますので、研究者のまね事を少しだけ。退屈でしょうが、我慢を。分析をするまでもなく、「分析しなくてもええのん」と小さいおじさんが言っていますが、アボリジナルの世界と遠野の世界には共通する多くの要素があります。いずれも『蟲師』が活躍し、トトロが現れるような世界で、動植物や景観の至るところに霊が宿るだけでなく、死者の霊が生きている人間のすぐ近くをさまよい、死後の世界が身近にあります。アボリジナルの場合には、例えばブラウイリという場所や木の上にある死後の世界が、生きている人間の世界の一部としてあり、人間の霊あるいは死霊はその間を行き来します。遠野では、死者の世界が現実世界の寺と重なるようにあり、少し中空に飛び上がって寺の門をくぐれば、死者たちに出会えました。

さらに人間は、バニヤップや河童のような、人間とは異なる超越的な存在、妖獣や妖怪とも同じ空間を分かち合っていました。細かい点まで含めれば、人間に近い妖怪や霊は、目の色が違うところに特徴があるとか、妖怪や霊が占いや特別の力を授けるとか、逆に病気や死をもたらすとか、避けなければならない神聖な領域やタブー視される領域があるなど、たくさんの共通点が見つけられます。そういう点では、二つの世界は同じような文化的景観を持っていました。いずれも似かよった共通幻想を抱く共同体的世界だったと言い換えてもよいと思います。では何が異なっていたのでしょうか？

アボリジナルの世界では、霊（精霊）の自立性が高いように思われます。肉体を失った霊は、ドリーミングの霊やさまざまな霊と混淆し、そのなかから新たな霊がさまざまな生命に宿ります。霊を通して一つの世界にあるすべてのものが結ばれています。アボリジナルの人びとと他の生き物は、霊を介して緊密に結びついています。アボリジナルにとっての自然は、遠野の人びとにとっての自然よりも、霊を介してもっと人間に身近になり、社会化あるいは人間化されています。盆地の農民や商人や荷役夫として生きる遠野の人びとにとって、周囲の自然、とりわけ周囲の山はある意味では異界であって敵対的領域です。したがって、人間的な領域と非人間的な領域の境界がより鮮明になっていたのでしょう。

少し違う形で考えてみましょう。現在の妖怪学の第一人者の小松和彦によれば、人間は「のっぺらな漠然とした空間を分割し、安全な空間と危険な空間に分類」します。この空間分類は、自分を中心になされます。「ここでいうその「中心」とは自分の身体であり、自分の家であり、自分の住むムラやマチ」で、中心から遠いところ、物理的、社会的あるいは心理的に遠方にある空間は暗く、あいまいで妖怪の出現する空間とされます。夜になるとほとんどの空間が暗闇に包まれるので、すべての空間が、妖怪が跋扈する世界に変わってしまうのです。中村禎里は『狸とその世界』のなかで、仏教と本地垂迹の思想が広まるなか、日本人の信仰における域外がほとんど消え失せても、妖怪が存在する空間としての域外を設定する必要があり、「それはいかなる神・仏にもぞくさない山の暗闇に凝縮していく」と述べています(32)。

こうした議論は、遠野にはよく当てはまります。家や村には種々の神が宿るのに対して、山々は山男や山女、山姥、天狗、経立や恐ろしい獣の領域で、この二つの領域の境界には神を祀って、その影響を封じ込めようとしました。これに対して、採集狩猟民のアボリジナルの世界には、固定した自分の家、自分の住むムラやマチがありません。観念的にも、現実的にも、中心と周辺という棲み分けを用いた空間の分割によって、恐怖を封じ込めるのは不可能でした。アボリジナルにとっては、恐怖の空間が見渡すかぎりまだらに広がっていたので、これに対処するには、全環境をすべて精霊によって人間化する必要があったのではないでしょうか。アボリジナルの世界では、例えばフクロウやミンカ鳥のような空からの脅威は、どこにいようが逃れることはできません。いつも変わらない中心と周縁のような区別もありません。キャンプが中心となるでしょうが、キャンプ自体が季節とともに移動していきます。したがって、夜になれば、先住民が安心していられるのはキャンプの中だけになり、周囲に広がる暗闇の空間はすべて悪霊が跳梁する恐怖の空間に変貌します。アンガス（⇩52頁参照）によれば「彼らは絶えず、夜に歩き回るとされる悪霊あるいは邪悪な人間を恐れている。彼らは日が暮れるとほとんどキャンプから出ようとしない。水を取りに行くときさえ、悪霊を払いのける力があると信じられている火のついた棒を必ず手に持っている」(33)。アボリジナルの世界と較べると、遠野物語の世界には、空からの脅威への恐れがほとんど見られないのが大きな特徴です。もちろん、遠野にも天狗のように比較的自由に往来する妖怪や、キツネやタヌキのように人間世界に入ってきて化かすものはいますが、空からの攻撃に較べればはるかに限定的だと言えるでしょう。

ただし遠野でも、河童の現れる川や沼は、人間が面的に支配している空間にあって、例外的に制御できない場だったと思われます。水の事故、洪水や日照りなど、生活の基盤を揺るがしかねない出来事の起こる場として、妖怪の力が及んでいました。オーストラリアの先住民にとっても川や沼は生活基盤であるとともに、容易に防ぐことのできない危険が待ち構える場所でした。そういう点で、川や沼には妖怪や妖獣の支配する領域としての共通性があるようです。

柳田はかつて、河童を例にして、妖怪を神が権威を失い零落していったものだと考えました。それには三段階あるという説を披露しており、この説は後ほど紹介します。これに対して小松和彦は、「神」とは人に祀り上げられる超越的存在で、「妖怪」とは祀り上げられていない超越的存在だという区別をしています。神と妖怪は同じ超越的存在であって、マイナスの側面を妖怪的なもの、プラスの側面を神的なものとし、両者はいずれの方向にも転化しうる可能性を持つというわけです(34)。人間に役に立つと発酵、役に立たないと腐敗と微生物の分解作用を分類するのと同じ、ですよね。いちゃもんをつけようとしているのではありません。そう見える?

アボリジナルの世界では、ドリーミングの精霊たちも人間にとってためになることも、ためにならないこともする**もの**たちでしたから、一つの存在がプラスとマイナスの二つの属性を持つのはごくふつうです。ところが、遠野の妖怪との比較では、遠野の神や妖怪の方が二面性を多く持つように思われます。例えば、山の神と天狗、山男の境界はあいまいですし、ザシキワラシは神に近い感じですが、御蔵ボッコは妖怪的です。しかし、その境界はあやふやです。これに対して、バニヤップ、キンティやバット・バットなど、アボリジナルの妖獣はまったくといってよいほどプラスの属性、神的なものを備えておらず、まさしく悪霊です。霊を通した全自然との結合と妖獣の極端なマイナスへの偏向を、アボリジナル世界は兼ね備えています。この相矛盾するかのように見える特徴をどう考えればよいか。個人的な思い込みをいえば、植民地主義（便利すぎる言葉で、使うのは気がひけます）がこうした傾向を少なくとも強めたと思います。

最後にもう一つだけ。山姥、砂かけ婆（見た人もいないのに婆）、子泣き爺など、日本の妖怪は老醜を妖怪化する例が多く見られますが、アボリジナルの人びとは、老いを悪霊化する習慣はないみたいです。年老いていく者にとっては、「日本は住みにくい社会だにゃん。あ゛あ゛」。

巨人

25 博物学と怪物

黒人たちの「証言はまったく信用ならない」というヨーロッパ人入植者の世界は、どのようなものだったのでしょうか。「アボリジナルの世界」とも「遠野の世界」とも違うのは確かでしょう。しかし、そこに共通性はないのでしょうか。一八世紀、ヨーロッパでは啓蒙思想が発達しました。『人種差別の世界史』（刀水書房）でも説明しましたが、啓蒙思想は理性の役割、つまり人間の合理的な思想を重視します。「ニーチェ先生」のように「神は死んだ」とは言わないまでも、神に頼らずに合理的に考えるには、経験的な知識を集積する必要がありました。新たな情報を求めて、大航海時代以来下火になっていた未知の世界への探検が再び活発になります。ジェームズ・クックはその代表で、オーストラリアを含む太平洋を三度探検しました。

ヨーロッパ人は、知らない世界への興味を背景に、玉石混淆の知識や標本を世界じゅうから集めました。

博物学が発展し、動植物の系統的分類が試みられます。江戸時代の日本では中国の影響を受けて本草学が発達します。本草学もそうですが、博物学は、今では子供だましとしか思われないような未知の生物でも一概に否定せずに、一部はその分類体系に組み込みます。判明かつ明晰な真理の規準が欠けているので、ヨーロッパでは見かけないが、その存在を否定するのに十分な根拠がないものも、分類に組み込みました。

カール・フォン・リンネは、スウェーデンの博物学者で、分類学の父と呼ばれています。一八世紀の博物学者としては、その著作がおそらく最も広くヨーロッパの知識人に読まれていた人物でした。オーストラリアとの関係でも、リンネの弟子のダニエル・ソランダーが、クックの探検に参加し、航海のパトロンだったジョゼフ・バンクスに協力して、膨大な動植物を収集しました。関係は大です。

リンネはその著書『自然の体系』第一〇版で人類を六つの亜種に分けました。アメリカ人、ヨーロッパ人、アジア人などと並んで、その亜種の一つになったのが奇形人（怪物）monstrosusです。この奇形人にはパタゴニアの巨人、アルプスの小人、ホッテントットの単睾丸人などが含まれていました。ここで巨人に注目。奇形人（怪物）という言葉からは、ギリシア神話の怪物が思い浮かびますが、浮かばない人がいてもかまいませんが、ともかくリンネはこうした伝説的怪物を否定する合理主義者でもありました。この点少し矛盾していますね(35)。

これについては、『人種差別の世界史』でもお世話になった、お世話になったといっても知り合いでもなんでもないですが、岡崎勝世さんの説明を借用させてもらいます。

リンネは『自然の体系』の初版では、「疑問群（モンスター）」という欄を設け、七つの首を持ち翼のないヒドラとして展示された怪物は、イタチを加工した人工物だとか、サチュルスは一種のエイプだとか、ドラゴンはカナヘビの一種またはエイを加工したものだという具合に、怪物の存在を否定しています。重要なのは、リンネが結論に達した根拠です。それを示す二つの記述があります。「一つは、ヒドラについて「常にそれ自身真実である自然」を理由に、七つの首を持つ動物はあり得ないとしている記述」で、もう一つは、「自然はある属から他の綱への転換を決して認めない」という理由から、カエルが転換して生まれるとされていた「カエル魚」を否定した」記述です。これらの記述からは、「その正体を暴露できたものは別として、彼は「自然・不自然」という判断を根本とし、具体的には種や属、綱で隔てられた動物同士を混合したモンスターについて、その存在を否定したといえる」でしょう。これに対し「奇形人」はホモ・サピエンスの一種で、一つの種に属していて、種の内部では、自然なものか不自然なものかという規準しかないので、自然だという説明ができる限り、その存在が受け入れられることになります。生殖が可能で、しかも再生産ができることも重要ですが、それはまた別の機会に(36)。

奇形人という亜種は、一八世紀末に至って、人類学の父ブルーメンバッハによって否定されますが、亜種としては否定されても、そうしたものがいないと断定されたわけではありません。また、フランスを代表する博物学者ジョルジュ・ビュフォンも、シャム双生児などを扱った怪物（奇形）についてという項目を執筆していますし、巨人が人類としての偏差の内にあるとみなしています(37)。

26　巨人族と入植者

歴史家のコニシ・シホは、一八〇三年のフランス探検隊と先住民との遭遇を取り上げています。彼女によると、この事件を詳しく検討すれば、啓蒙主義の時代の探検家たちが、徹底して近代的で、合理的な科学的人間で、前近代的な人間が抱いた伝説的な想像とは距離を置いていたという主張への反駁となるらしいです。博物学者を見てもわかりますが、啓蒙主義者にそんな一面的なイメージを抱いている人も少ないと思いますが、巨人が話題となっているので、この事件を見てみましょう。執筆中アマゾンを見ているとエレンのブーツを売っていましたが、これから書くことは残念ながら『進撃の巨人』とは関係がありません。

一八〇〇～〇四年、ニコラ・ボーダン率いるジェオグラフ号とナチュラリスト号が、フランスからオーストラリアへ科学的調査に向かいます。それは、当時としてはヨーロッパ最大の科学調査隊で、オーストラリアに関する最も多くの海洋生物と自然史の標本を集めるのに成功しました。一八〇三年三月、帰国の途上で、調査隊は補給のためにオーストラリア西海岸のシャーク・ベイに錨を下ろします。三月一七日、ウミガメ漁に出ていた二隻のボートが戻ると、大騒ぎになります。

強力で異様に巨大な人びとが彼らの上陸を妨げにきた。これらの巨人族は、百人あるいはそれ以上で、大きな盾と巨大な槍を持ち、黒く長い髭が胸の半ばまで達していた。彼らは、武器を振り回しながら、凶暴に浜辺を駆け、長く大きな叫び声をあげて脅したので、漁に来たものは一目散に船に逃げ帰った(38)。

からです。ボーダンは、その真偽を確かめようと、動物学者フランソワ・ペロンを含む一隊を派遣します。第一日目、上陸した調査隊は先住民の月並みなキャンプを発見しただけで、何事もなく戻ります。翌日もペロンを含む調査隊が上陸しました。このときアボリジナルの男たちの一団が接近してきます。しかし、何事もなく終わりました。ペロンたちは出会った人びとが普通の背丈だったことから、南の新しい巨人という神話を打ち砕くことに成功したと確信しました(39)。

コニシは、この事件からいろいろ教訓を引き出していますが、ついていけないところも半分くらいあるので、横に置いておきます。この事件から私が引き出す教訓は、一つには、ほぼ確実に巨人はいなかったけれども、船員たちが巨人を見たということ。つまり、船員は、先住民や遠野の人たちと比較的似かよった文化的世界に生きていたと思われることです。

もう一つは、ペロンのような学者、とはいえ一般的な知識人のことですが、つまり中・上流層の人びとは、巨人を見た話をすぐに信じずに、調査に出かけて、確認の結果これを否定したということです。まさしく、これはリンネ的な啓蒙思想に親しんだ人間の典型的行動です。啓蒙思想のもとで発達した博物学は、ギリシア神話に登場する上半身が女性、下半身が蛇で、他の多くの怪物の母でもある、エキドナのような怪物の存在を認めませんでしたが、一つの種に属する未知の生物には門戸を開いていました。自信家で好奇心の強いペロンは、近代に移り変わる過渡的思想としての啓蒙思想の申し子でした。余談ですが、彼は「ドクターX」のように、「御意」と言わずに「いたしません」と言う奴で、ボーダンには嫌がられていました。

現在という高見から俯瞰すれば、エキドナも巨人も同じ空想上の怪物かもしれません。しかし、一八世紀の博物学者にとっては、前者は単なる迷信であっても、後者は未知の生物あるいは集団的に継承された奇形の一種という可能性があり、そのように扱われました。また、空想上の生物に対する意識や態度には、信じるか信じないかの二者択一的な分断が、近代以前と近代の間にあったのではなく、畏敬の念から全否定までの間にさまざまな中途半端な信仰のあり方があったと思われます。巨人がいるかいないか、つまり巨人を想像するかしないかで、既知と未知、文明と未開の領域が截然と分かれていたと思うのは、「幼稚すぎる」と小さいおじさんは言っています。「ぼくもいるやん」と言いながら。

27 妖怪の段階

突然ですが、柳田國男に戻ります。柳田は化け物思想の進化過程、すなわち人が彼らに対する態度には、三段階の展開があったことが窺い知れると言います。

第一段階は、敬して遠ざけるもので、出会えばじぇじぇじぇと驚き、向こうが近づくと逃げ、夜分はその辺をけっして通らない。そうしていると安全ですが、その代わりいつも不安が絶えず、一定の領域を長く妖怪の支配に委ねなくてはならない段階です。第二段階は、妖怪をできるだけ否認しようとし、今時そのような馬鹿げたものがあるものかと、正体を暴こうとするのですが、まだ内心は気味が悪いという態度です。天狗を小馬鹿にしていた勇士が、天狗に腕をつかまれて腰を抜かしたというようなのは好例で、人にはさまざまな考え方があっても、社会としては半信半疑の状態でした。第三段階は、神の威徳や仏の慈悲、ないしは知恵に富む者の計略によって、化け物が兜を脱ぎ正体を現して、悪戯をしないと誓うか、滅びてしまう段階が来ます。それが誇張されていくとしまいには、これは第四段階と言ってもいいと思いますが、馬鹿げて弱く愚鈍な者だけが妖怪を見る段階に達し、それを最後に消えてしまいます。

こうした段階論を歴史的過程にそのまま適用すると、小松和彦が指摘するようにさまざま矛盾が生じますが、特定の時代の、特定の人びとの態度を測る目安としては有用です。ウミガメ漁に出かけて巨人を見て、驚いて逃げ帰った水夫たちは、さしずめ第一段階にいました。伝聞でしか聞いたことがない未知の世界に恐れを抱き、巨人の武装集団を目撃したのですから。小型でも「進撃の巨人」が百体もいると、跳んで逃げるのも仕方ないでしょう。これに対してペロンは、第四段階にいたのではないでしょうか。ペロンはもはや巨人を目撃していませんし、愚鈍な船員たちの話が誤っているのを証明したのですからね(40)。

以上、伝説の生き物たちへの態度には階層によって大きな違いがあったこと。知識人は伝説の怪物と未知の生物を分けて考えていたことを確認しましたが、さらにもう少し巨人の歴史について考えます。民衆の巨人に対する観念ははっきりとわかりませんが、航海記ではもう少し遊べます。

28　パタゴニア人

リンネの奇形人に含まれるパタゴニアの巨人について最初に言及したのは、フェルナン・デ・マガリャンイス、つまり世界一周で有名なマゼランです。イギリスの海賊で提督でもあるフランシス・ドレークもこの巨人について述べていますし、パタゴニアの巨人はヨーロッパ近世の人びとにとっては、慣れ親しんだ驚異譚でした。神話的な怪物が消える一方で、一七六四～六六年にドルフィン号での世界一周に成功したジョン・バイロンの航海は、この巨人への関心を一挙に高めます(41)。

公式の航海記録の出版が遅れるなか、ドルフィン号がイギリスに到着すると間もなく、船員たちの巨人族に関する証言が新聞や雑誌に登場します。『ジェントルマンズ・マガジン』は巨人を約二メートル五〇センチ、『ロンドン・クロニクル』は約二メートル五〇センチから三メートルあまりと描写しました。ドルフィン号の士官の一人のチャールズ・クラークは、ロンドンのロイアル・ソサエティで航海の報告をしています。五〇〇人以上の巨人族に囲まれた臨場感あふれる描写をしたのち、パタゴニア人は「銅褐色で、長い黒髪をしており、なかには二メートル七〇センチを超えないにしても、確かにその背丈に達する者がいた。提督は約一メートル八〇センチの身長だが、彼らの頭のてっぺんに触ろうとして、爪先立ってようやく手が届くらいだった」と語り、さらに「二メートル四〇センチ以下の男はほとんどおらず、女でも二メートル二五センチから二メートル四〇センチあまりの間くらいだと思う」と述べています。一七六七年には匿名の士官が航海記を出版し、そこでも巨人の身長は平均二メートル四〇センチあまり、最大では二メートル七〇センチ以上と記されていました。ただし、『バニヤップ・オーストラリアの恐怖の民話』の著者ホールデンの主張とは異なり、科学者も知識人も一般人もすべてが巨人伝説を真に受けたのではありません(42)。

一七七三年にジョン・ホークスワースが編集したバイロンの公式の航海日誌が出版されます。そこでバイロンは、酋長は非常に背が高く「人間の姿をした怪物という話を裏書きするかのようだ……私は計測しなかったけれども、自分の身長との比で考えて彼の身長を判断すると、二メートル一〇センチを大きくは下回

上：船員がパタゴニア女性の子供のためにビスケットを与える　下：バイロンがパタゴニア人にプレゼントを渡す
(*A Voyage Round the World*, 1767より)

らなかったであろう」と述べると同時に、他の男性がそれよりも低かったと証言しています。背の高い人びとではありましたが、パタゴニア人を巨人族と呼ぶことはできないでしょう。バイロンは背の高さよりも、筋肉質の頑丈な体に驚き、この点こそが巨人族の所以としてふさわしいとも述べています(43)。

ところでホークスワースは、前書きで巨人について長広舌をふるっています。ここからも巨人がイギリス人の一番の関心事だったことがわかります。文章は、巨人の存在という問題は彼が編纂した三篇の航海日誌によって解決されるだろうという内容で結ばれています。バイロンに続いてこの地域を調査したサミュエル・ウォーリスの日誌が三篇の一つで、ウォーリスは「最も背が高そうな数人の背丈を計測した。そのうちの一人は二メートルあまりで、数人は一メートル九五センチから九八センチくらいであったが、大部分の人の身長は一メートル七七センチから一メートル八三センチの間であった」と述べています。こうした記録は、巨人伝説を葬り去ったとしてもおかしくはなかったのですが、挿絵が巨人の存在を裏書きするかのようでもあり、ホークスワース自身が、バイロンが記してもいない身長を書き足し、「恐ろしい巨人」などの言葉を付け加えたためもあって、パタゴニアの巨人伝説はすぐに消えませんでした(44)。

しかし、一七六六～六九年にフランス人として初めて世界周航を成し遂げたルイ・ブーガンヴィルの航海日誌が、早くも一七七二年には英語に翻訳され、パタゴニアに巨人族がいるという伝説は打ち砕かれます。ブーガンヴィルによれば、「我われが見た人のなかには、一メートル七六～七八センチ以下の人はおらず、一メートル八七～九〇センチ以上の人もいなかった」。確かに背が高く、しかも頑丈な体つきをした人びとでしたが、巨人とは呼べないのは明白で、巨人熱は急速に冷めたとされています。とはいえ、その後も匿名の士官によるバイロンの航海日誌に版を重ねているので、「巨人」神話が消え去ったとは言えないでしょう。

これは日本でジャイアンツ熱がすぐには消えて無くならないのと同じではないでしょうか。ちなみにちょっと言ってみただけです(45)。

29 ボタニー湾の野生人

日本からシドニーに向かうと、ボタニーに面したキングスフォード・スミス国際空港に到着します。昔は我が町大阪から直行便がありましたが、当時と較べると、乗換の待ち時間を加えると一・五倍もかかります。じぇじぇじぇ、進歩の神話は崩れました。年も取ってきたので、最近オーストラリアに行くのがおっくうになっているのも頷けます。でしょう？

関係があるのはボタニー湾。一七七〇年、クックはエンデヴァー号の航海でここに立ち寄り、同行していた航海のパトロン、バンクス（見返しの植物バンクシアは彼の名に由来します）とソランダーが植物を多数採集したことから、植物学者湾、つまりボタニスト湾と名づけ、これがさらにボタニー湾となりました。一七八八年、最初の囚人を乗せた第一船団はボタニー湾を目指しますが、十分な飲み水がなく、総督はその北にあるポート・ジャクソンに入植地を移しました。ちなみにイギリスの人びとにとっては、ボタニー湾という名前が、流刑地のイメージと結びつき、半世紀近くオーストラリアの通称として残ります。

このボタニー湾からイギリスに来たと称されるのが、「ボタニー湾から来た毛だらけの野生人」です。一八〇二年のパンフレットには、鎖につながれ、全身毛に覆われた、獰猛な人間の姿が描かれていて、右手には棍棒を、左手には大腿骨を持っています。実は一八世紀の初めから、こうした毛むくじゃらの野生人がイギリスでは見世物にされています。一七一〇年には東インド、現在のインドネシアから来たおそらくオラ

ボタニー湾から連れてこられた野生の巨人
1790年頃のチラシより（ミッチェル博物館所蔵）

ンウータンについての記載があります。また一八世紀末には、二メートル五四センチもあったというアイルランド人、チャールズ・バーンが見世物となり、その死後も外科医のジョン・ハンターが死体を購入し、彼の博物館に陳列しました。ちなみにバンクスが持ち帰った骨と皮から再現されたカンガルーの標本も、ハンターのコレクションに加えられました。こうした見世物の伝統は一九世紀後半になると、ゴリラの展示や、各種の博覧会における先住民村の展示につながるのかもしれません(46)。

植民地の創設の頃に戻ると、「驚異の巨大な野生人、すなわちボタニー湾から来た奇怪な巨人」というブロードサイド、つまり現在のポスターかちらしのようなものですが、それが残っているので、検討してみましょう。

この野生人は、一七八九年一一月二九日、イギリスの南西端の港プリマスにロウヴァー号によって運ばれてきました。最初の入植船団がボタニー湾に着いたのが一七八八年一月ですので、すでにボタニー湾から船が戻っていても不思議ではありません。実際、入植船団のなかで一番早くイギリスに戻ったのは、プリンス・オヴ・ウェールズ号とボロウデイル号で、プリマスに近いファルマスに一七八九年三月二二日に到着しています。本当らしく見えますね。このブロードサイドには別のヴァージョンがあって、それには一七九〇年四月二四日到着と記されています。また、書かれた文章の内容はほぼ同じですが、描かれた木版画は少し違い、たぶん女性の姿が描かれています。ブロードサイドには次のように書かれていました。

この奇怪で驚くべき巨人は、水夫たちがボタニー湾で飲料水を入手するために上陸したときに捕えたものである。水夫たちが上陸すると、驚いたことに、我われの時代に記憶されているなかで最も驚異的に背が高くて大きい三人の裸の男が遠くにおり、船員の方に向かってきた。船員たちは怯えきって、急いで船へと命からがら逃げ帰った。陸には水を入れた大樽と、一杯飲んで楽しもうと小樽に入れてあった古くて良質のラム酒を残してきた。

三人の野生人の一人がラム酒を飲んで泥酔し、独り取り残されたところを、戻って来た水夫たちが鎖で縛り、イギリスに連れ帰りました。野生人はイングランドで最も珍しい見せ物として何千人もの観客を集めたので、リー船長がロンドンに連れてきたと書かれています。

身長は二メートル九二センチ、横幅は一メートル四七センチ、著しく巨大な頭と大きな顔、恐ろしい眼、黒人のように平たい鼻と厚い唇を持ち、大きな歯と太い眉、馬のたてがみよりも硬い毛をしており、体と手足は黒くかたい毛に覆われていた。手足の爪は鷲爪と言ってもよいくらいで、鷹のくちばしのように曲がり、角のように固かった。要するに非常に大きいので、見れば驚き、感心せずにはいられない。

ボタニー湾の毛だらけの野生人
（*Australian Folklore* 17, 2002, p.142より）

船長が望遠鏡で、他の巨人をじっくり観察したときには、「体と手足にさまざまな赤い丸や点や模様が見えた」。そして、この巨人は、「人間を捕まえることができれば、その肉を喜んで食べる。しかし、彼は長い間口枷をはめられていたので、今は心境が変わったようである」(47)。

内容はバイロンの航海日誌を誇張した感じで、原始的な先住民イメージが表現されています。先に触れたブーガンヴィルの航海は、タヒチをヨーロッパに紹介することで、高貴な野蛮人というイメージを知識人の間に広めたのですが、イギリスの大衆は、少なくともその一部は、野生の巨人の方がお気に入りでした。

30　見せ物として

ただし、いわゆる大衆について考えるにしても、怪物を信じるにことに関して、やはり程度というか、段階があるように思われます。日本の妖怪研究を参考にして、想像力を使ってみましょう。柳田の研究が抱えていた大きな問題点は、それが基本的に農村を対象として、伝統的な妖怪観念を理解したところにあります。江戸時代の日本では、都市を中心に新しい妖怪が生まれ、妖怪観念も大きく変化しました。ここで妖怪画を通じて妖怪研究に新たな展望を与えた香川雅信の主張を紹介します。

妖怪は未知のもの、不可解なものに対する恐れを種として、民俗社会の共同幻想のなかに胚胎したものであり、また人間にはコントロールできない「自然」の荒ぶる力が具現化したものであった。そうした第一義的な妖怪は、確かに恐怖の対象であり、神秘性をまとった存在であったのだ。中世までの妖怪はそのようなものであったし、近世でも自然に囲まれ、自然とともに生きる人びとの共同体のなかで語り継がれる妖怪たちもまた、そのようなものであった。ところが——近世の都市においては、そうしたものとはまったく異なる、新たな妖怪観が出現していた。それが、人間を楽しませる、娯楽の対象としての妖怪である(48)。

一八世紀末、ロンドンに現れたボタニー湾の野生人は、民俗社会の共同幻想とは明らかに異なります。それはホールデンやコニシのように、この野生人を過去の巨人神話の延長として考えることの危うさを示しています。見市雅俊によれば、一七世紀のイギリスではすでに、怪物というような驚異への観念が、感嘆や畏怖という受け身的なものから、「好奇心」すなわち積極的に対象の正体を知ろうとする態度へと変化していきます。そのうえ一八世紀末のロンドンは、単なる都市ではなく、世界最大級のメトロポリスでした。また世界の知識と情報が集積する結節点でもありました。まさしく人間を楽しませる、娯楽の対象としての巨人がここにいても不思議ではありません。ロンドンで見せ物にされたアフリカ人の女性を描いた『ホッテントット・ヴィーナス』の監訳者の井野瀬久美惠が記しているように、当時のロンドンは見せ物娯楽の中心で、世界各地から好奇でグロテスクなものが集まり、博物館の寄せ集めのような様相を呈していました。もちろん、江戸とロンドンでは違いもあります。江戸では妖怪の滑稽さが強調されましたが、ロンドンでは恐怖とグロテスクが誇張されます。

香川は、変化の背景として、合理的・現実的な思考法の普及と妖怪の視覚化をあげています（百鬼夜行のような妖怪画の人気が最近復活しています）。合理的な思考法といえば、啓蒙思想や合理主義はヨーロッパが本家ですし、版画文化に較べればちゃちなものですが、航海日誌に基づいて書かれた旅行記や冒険譚は、ブロードサイドとともに巨人を視覚化しました。ロンドンの大衆は、柳田の三段階という範疇にはうまく当てはまらないわけで、香川が概念化した都市的な妖怪の娯楽化の段階にあったように思われます。香川は妖怪を楽しむ文化は、多くの種類の妖怪を見たい、知りたいという博物学的な知の快楽へと発展したことも指摘しています。すでに見たように、外科医と書きましたが、ジョン・ハンターはまさしく膨大な標本を収集する博物学者でしたし、彼が巨人チャールズ・バーンの死体を購入し、カンガルーの標本をバンクスから手に入れたことはすでに述べました(49)。

ここまでの議論はいかがですか。「私、失敗しないので」と、言ってみたいものです。

倒錯

31　逆さまの世界

ここまで断絶を強調してきましたが、それも一面的にすぎます。船員たちは、自分の眼で確かに巨人を見たのですから。そこで、水夫たちの世界も少しのぞいてみます。その前に再びアニメです。なぜなら、最近『アニメで読む世界史2』という本を出版したからです。

本ではディズニーの『ノートルダムの鐘』が解説されています。主人公はカジモドという鐘つき男で、俗にいうノートルダムのせむし男です。片目の上が膨れあがり、鼻や口が歪んだ顔を持ち、湾曲した背中を揺らして歩くカジモドの姿は、まさに怪物的です。物語は一四九二年のキリスト教の公現祭の日に始まります。この日、パリのノートルダム大聖堂の前で「道化の祭り」が開かれました。最大のイベントは「道化の王様」コンテストで、パリで最も醜い者が一日限りの王様に選ばれます。カジモドは難なくこの王様になりました。

「道化の祭り」は、若い聖職者たちが、ふだんの厳しい戒律から解き放たれて、上下関係や戒律をひっくり返して、日常のストレスを発散する場でした。祭りでは教会の儀式がパロディー化されます。身分の低い聖職者が大司教になり、通常の方法を逆転するミサを行い、身分の下の者が上に、昼は夜になりました。説教はでたらめ。教会内で乱痴気騒ぎを繰り広げました。しまいには仮装した聖職者たちが街に出て、行列を作って練り歩きます。一三世紀には一般市民も参加し、祭りは広く浸透していきます。騒乱状態を恐れた教会や国王は、一五世紀から取り締りに乗り出しました(50)。

道化の祭りは、ミハイル・バフチンの言うカーニバル的な祝祭です。こうした祝祭では、ふだんの社会秩序が逆転し、逆さまの世界が生み出されます。中世では教会文化が支配的でした。キリスト教以前から続く民衆文化も残っていましたが、日常の空間では公式の支配力の影に隠れていました。祝祭の期間中に、こうした民衆文化が顔を出し、日常的なストレスでたまった膨大なエネルギーを吐き出しました。一八世紀から一九世紀初めの船乗りたちの世界には、この中世的世界、逆さまの世界がいまだに健在でした。それが赤道祭りです。赤道を越えた経験者が、未経験者に「野蛮な」洗礼を行う儀式です。

32　赤道祭り

初めの方に登場したパフォーマンスの歴史家、グレグ・デニングに赤道祭りを説明してもらいましょう。

第一に赤道祭りは逆転の世界を演じ切るものであった。しばらくの間、船の真の支配権は、任官権や任命状の権利を有する者が持つのではなく、赤道を越えたことがある者の手に落ちる。例えば、バイロンやウォーリスと世界を二周したジョン・ゴアは、エンデヴァー号による最初の航海でクックを未熟者扱いした。クックは、彼の世界がいまだに小さいということを痛感した。第二の特徴は、儀式の劇場がいつも権力の機構や役割に対するグロテスクな風刺だったことである。……一八世紀末のイギリス船では、風刺は王権と生死を握る権力に向けられた。……赤道祭りの「一般的な儀式」は、すでに洗礼を受けた者たちが、とても仰々しく密やかに、後甲板に仕切りをした背後で準備をすることから始まる。普通ならば排他的なこの場所に、正当な権利として居ることへのうぬぼれのあらゆる徴候を疑いなく発散させながら、赤道を越えた経験のある乗組員たちは、ネプチューンの衣装、つまりイルカの皮、王冠、三つ又の槍、そのカツラ（甲板用モップ）、ロープのあごひげ、その妻（アンピトリテ）のナイトガウン、途方もない宝石や化粧品、桶いっぱいのタール、厨房の脂、塩水、鶏小屋のふん、松脂、ネプチューンの秘書官と床屋の衣装を整える。バウンティ号よりも大きな船で、もっと巧妙な仮装が行われる場合には、悪魔あるいはデイヴィ・ジョーンズ、マーメイド、托鉢僧、道化師、仕立屋、放浪のユダヤ人や農夫も加わることがある。さらに帆柱と交差する横棒に人を水に落とすための椅子が吊るされる(51)。

後甲板は、船の中では特権の空間で、ふだんは船長や士官しか入れませんでした。「ネプチューン」はお笑い芸人ではなく、ギリシアでいえば海神ポセイドンです。また、デイヴィ・ジョーンズは、映画『パイレーツ・オブ・カリビアン』に登場する、伝説の幽霊船フライング・ダッチマンのイカ顔の船長でしたね。ジョーンズは、現実の船乗りたちに広く知られた伝説の怪物で、多くの者が、実際に彼が操る幽霊船を目撃したと証言しています。椅子が吊るされる場所は、軍船上で軍紀を犯した者の処刑に使われる場所と同じです。ダッキングと呼ばれる水に落とす儀式は、縛り首を模倣し、風刺する儀式でした。

ネプチューンはふつう、儀式の行われる前日に船を訪れ、キャプテンのテーブルで酒を飲み、船長と同輩なことを示します。当日は、後甲板に自分の部下を引き連れて行進。そこで上官たちの航海術のものまねを皮肉たっぷりに演じ、この船が自分の領域を侵したと宣言します。続いて領域侵犯の裁判が行われます。裁判では、赤道を越えたことのない被告たちを侮辱し、恥をかかせ、からかい、さらに彼らに卑猥な誓いをさせました。また、「神よ王を助けたまえ」と宣誓させておいて、ひげそりのクリームを口に流し込みます。そして最後がダッキングです。新米は椅子にしばられて海に放り込まれました。士官たちは直前に酒で保釈金を払い解放されますが、一般の水夫は酒の配給の一部を払って解放されるまで、何度も繰り返し海に投げ入れられ、その回数が水夫の誇りとなります。ダッキングの場所までは、仲間の水夫に取り囲まれ護送されるのですが、それはまさしく処刑の場面、死刑囚の送りだしと変わりません。水夫の大部分は泳げなかったので、ダッキングは、自分の命が椅子の紐を握る仲間に握られているという、まさに命をかけた戯れでした。

当時の船乗り、とりわけ水夫は中世的な逆転の世界の担い手でした。奇妙な権力の倒錯と仮装と演技の空間は、その生活世界の一部でした。幽霊船を見た。とりわけデイヴィ・ジョーンズのフライング・ダッチマン号を見たというのは、船員たちのお気に入りの話でした。また、大ウミヘビの話も語り継がれていきます。彼らが巨人やバニヤップを見たとしても、どこに不思議があるでしょう。ナチュラリスト号の指揮官の一人のピエール・ベルナール・ミリウスは、一八〇一年六月八日にジェオグラフ湾で上陸したとき、船員たちが古い物語で空想力を膨らませて、先に上陸した者が野蛮人に食べられたと思い込んでいたので、そうではないと説得するのに大変苦労したと述べています。その妄想を払うには、ミリウス自身が武器を持たずに一人で森まで行って、大声で仲間に呼びかける必要がありました(52)。

ただし、船員とオーストラリアの入植者、多くは囚人ですが、その出身階層は似ていたとしても、同じような世界観を持っていたとは言い切れないところがあります。囚人の多くはロンドンとその周辺部で窃盗を繰り返した人びとで、都市社会にどっぷり染まっていました。バックリーのように、恐れられているバニヤップを平気で刺し殺そうとする感性を持っていた人も多数いたにちがいありません。また、一八三〇年代から増える自由移民の多くは、土地を買い、農業経営を行おうとしていた文字通りの資本家でした。そう考えると、怪物バニヤップを容易に信じられない人も、入植者のなかには多かったのではないでしょうか。

ただし、ミリウスが言及したオーストラリアの先住民が「人食い人種」だという説は、入植者の間で広まります(53)。先住民が、すでに野蛮人で、さらに人食い人種であったとしたら、差異化というポストモダン的観点からすれば、彼らをことさら巨人化する必要はなかったように思われます。過ぎたるは及ばざるがごとしとも言いますし。

33　蘇るエキドナ

ゲームやアニメの怪物や妖怪は、やっつけられても簡単には引き下がりませんね。エキドナも同じです。博物学者は、下半身が蛇で上半身が女、多くの怪物の母でもあったエキドナのような合成怪物を否定しました。ところがこのエキドナが一九世紀に復活します（「母は強し」）。

ジョルジュ・キュヴィエは、一九世紀前半のフランスの博物学を代表する学者です。現代でいえば、「ビッグバン・セオリー」のようなコメディーにも登場するスティーヴン・ホーキングでしょうか（喩え「わかりにく」と思ったりして）。このキュヴィエがエキドナという学名を与えた生物が、オーストラリアのハリモグラです。

タスマニアのハリモグラ
ボーダンの探検のスケッチを基にした作品
シャルル・アレクサンドル・ルジュール作（ルアーヴル博物館所蔵）

ハリモグラは、アリクイやハリネズミ、ヤマアラシと形が似ているので、最初はその仲間だと思われていました。ところがハリモグラは、実はカモノハシと同じ単孔目に属する生物で、哺乳類なのに卵を産み、消化管と生殖管が一つになった総排出腔とくちばしを持つ、まさしく神話のエキドナのような、はちゃめちゃな生物でした。残念ながら、すでにウナギの一種にエキドナが使われていたので、学名としては残りませんでしたが、一般名としては今でも使われています。ただし、「エ」と「キドナ」の間に少し間をいれます。ヨーロッパの博物学者たちは、オーストラリアから送られてくる、想像を絶する奇妙な生物の標本に直面することになります。

ホークスワースが編集した航海日誌は、パタゴニアの巨人伝説が滅ぶきっかけでしたが、それは同時にヨーロッパ人の想像を超える、現実のオーストラリアの生物への関心を掻き立てました。日本では博物学的あるいは本草学的関心が妖怪に向かったかもしれませんが、ヨーロッパでは次々に発見される新種の生物に、こうした関心は向かいました。それはヨーロッパの貴族や君主、さらには中流階級の男性のみならず女性にまで広く浸透していきます。進化論で有名なチャールズ・ダーウィンは、オーストラリアの動物を見て、「確かに、二人の造物主がいたに違いない」と形容しています(54)。

クックの航海日誌は、カンガルーという生物を、その挿絵とともにヨーロッパに広く紹介しました。それ以前にも、南アメリカの有袋類や、オーストラリアの有袋類の報告がありましたが、ヨーロッパ人の関心を引きませんでした。ところが今や、ヨーロッパでは、学者だけでなく王侯貴族までもがカンガルーを入手しようと必死になります。クックの航海では、カンガルーの皮と頭蓋骨が持ち帰られましたが、ちゃんとした標本はありませんでした。バンクスは、「これまで見た動物と似たところがまったくないので、ヨーロッパの動物と較べようがない」カンガルーを、捕えた翌日に食べてしまいます。しかもその感想は「上等の肉だった」の一言で、あとはヨーロッパのウミガメの肉より、オーストラリアのウミガメがずっとうまいという長広舌です。そういえば映画『バベットの晩餐会』でも生きたウミガメが料理されていましたね。バンクスが食べてしまったのは一七七〇年七月一五日のことです(55)。その後数年でオーストラリアの動物の希少価値は驚くほど高くなります。人間の価値観ほど当てにならないものはないのかもしれません。ビュフォンは当初、『博物誌』でカンガルーを独立した分類にするのを拒みました。なぜなら、オーストラリア原生の哺乳類がすべて有袋類だなどとは想像もつかなかったからです。ここではヨーロッパの非常識が常識でした。

一七九一年には「ボタニー湾から来た素晴らしいカンガルー」が見せ物になり、翌年にはバンクスがリッ

カンガルー
（*The Minerva Journal of John Washingtcn Price 1798-1800,* 2000ed. より）

チモンドの王立庭園でカンガルーを飼育します。一八〇二年には、バンクスがフランスにカンガルーを提供し、パリの植物園に送られました。さらに一八〇四年には、ペロンが皇帝ナポレオンのために、生きたカンガルーを持ち帰ります。カンガルーはナポレオンと妻ジョゼフィーヌの庭園に送られました(56)。

34　水モグラ

オーストラリアの動物には興味深い逸話が満載です。博物学者を最も悩ませ、誤らせた動物がカモノハシです。カモノハシは、ハリモグラと同じく単孔目に属する動物で、全身がモグラのように毛で覆われている獣ですが、くちばしを持ち、水かきの付いた足で水中を泳ぎ、卵を産みます。カモノハシをヨーロッパ人が発見したのは、一七九七年です。標本はすぐに本国に送られました。当時オーストラリアの動物に最も精通していた動物学者の一人、ジョージ・ショウは、くちばしが精巧に作られた偽物だと睨んで調べますが、継ぎ目はなく、新種の動物だという見解に達し、プラティパスと名

水モグラ
（*The Minerva Journal of John Washington Price 1798-1800*, 2000ed. より）

づけます。これが今日の通用名になりましたが、一般的には水モグラと呼ばれていました。ところで、ショウが自説に確信を持てたのは、植民地総督のハンターがさらに二枚の毛皮を送ってきてからでした。続いて毛皮はドイツのブルーメンバッハのところに送られ、一八〇一年彼はこれに「鳥のくちばしを持つ、逆説的獣」という意味の学名をつけました。しかし、この逆説的獣の分類は？

一八〇二年、アルコール浸けの二匹の標本がさらに届くと、謎はいっそう深まります。一匹はメスでしたが乳房がありません。哺乳をしない動物は哺乳類でしょうか。しかも、鳥類や爬虫類と同じ総排出腔を持っています。これを解決するために、翌年、ハリモグラとカモノハシだけが属する単孔目という分類が提案されました。しかし、謎は謎のまま。植民地からはカモノハシが卵を産むという報告が寄せられる一方で、ドイツの動物学者が乳腺を発見します。一八三二年に乳腺から実際にミルクが出ていることが観察されると、カモノハシが卵を産むという説は否定されました。一八六四年に再び植民地からカモノハシが卵を檻の中で生んだという報告があり

カモノハシの剝製（オーストラリア国立博物館）　著者撮影

ましたが、イギリスの動物学の権威、リチャード・オウエン（バニヤップの判定にも登場）は、カモノハシが卵胎生との思い込みから、それは単なる早産だとして、事実を受け入れません。二〇年後、アボリジナルの人びとの助けを借りた科学者たちは、ついにカモノハシが卵を産むことを証明し、長い論争に決着がつきました。しかし、分類が決着したわけではありません。今でも居場所の決まらない謎の生物です(57)。

入植者たちが水辺に潜む「伝説の怪物バニヤップ」を目撃した、見つけたとよくいわれます。しかし、バニヤップという言葉は一八四五年から使われるようになるだけです。それ以前について、未確認の生物の目撃情報をバニヤップとするまとめ方は、後知恵にすぎません。わかっているのは、入植者たちが水辺で見知らぬ**もの**に出会ったことで、それは単なる新種の生物なのかもしれません。突然ですが、日本ではツチノコブームがありました。ツチノコは洪水を起こすといわれる一種の妖怪でしたが、昭和のツチノコブームで人びとが必死で探したのは、妖怪ではなくて、ずんぐりむっくりのトカゲかヘビのような新種の爬虫類でした。入植者たちは、バニヤップというツチノコを探していたのでは？　ただしバニヤップの姿は一般的にもっと異様で、生物学の常識に当てはまりませんが、なんせ超一流の学者さえコケにする水モグラの国です。ありえなくはないでしょう。

一八四八年一一月二一日、メルボルンの『アーガス』は、からかい半分で次のように述べています。

十中八九バニヤップだと思われる未知の動物が、植物園の近くの湖に潜んでいる。そして、数晩にわたり近隣の住民の安眠を、この世のものとも思われぬ叫び声で妨害している。これは狩りの名人にとって稀有のチャンスである。この生物はシティのごく近くにいるので、この怪物の居場所を急襲することは朝飯前だろう。本物のバニヤップを教育施設付属の博物館に提供した人は、不朽の名声という報酬を手にできよう(58)。

バニヤップは恐怖の妖獣でしょうか。それとも新種の生物でしょうか。あるいは。いずれにしても一面的な見方はよくないでしょう。時とともに入植者の間では、新種の生物という観念が強まり、妖獣バニヤップを信じる人の数も減ったと思われますが、それは単なる思い込みかもしれません。

幽霊

35 見えない侵略者

一七八八年の入植開始から、バニヤップ登場までに半世紀以上が経過します。この間、東南部オーストラリア、つまりバニヤップが現れるバニヤップ・オーストラリアは大変動を経験します。とりわけ、アボリジナルの生活と社会は根本的に変わりました。死者と生者の境界が消え去り、見たこともない生物が現れ、言葉の通じない種族が太古からの決まりを踏みにじりました。従来の精霊や悪霊では理解できない**もの**で世界は溢れかえり、ドリーミングでは理解できない事態が生じます。同じプロセスが毎年反復する人間化された自然の領域に、歴史的変化が鎌首をもたげてきました。歴史が必要とされるのは、ある意味で不幸です（歴史家はいないほうが幸福）。グローバリゼーションに直面した国民国家が、おしなべて「正義の過去」という自画像にこだわるのは、流行り病です。先住民の反復的世界に、歴史が暴力的に入り込みました。しかし、その本当の始まりは、一七八八年に来た流刑囚ではなく、ウイルスという侵略者です。天然痘、それがこのものの名です(59)。

天然痘はWHOなどの努力によって、撲滅されました。五〇代の私は肩のところにワクチンの跡が残っていますが、一九七七年を最後にこの世界にもう患者は出ていません。杉下右京が主人公の『相棒 劇場版Ⅲ』では、民兵たちが秘密裏に防衛省が保管している天然痘のウイルスを盗み出しました。しかし、これはフィクションでも何でもなく、テロや細菌戦争の対策のために、今でもアメリカは全国民分の天然痘ワクチンをあらかじめ用意しています。

天然痘は、人類にとって最強の敵で、近代以前には流行が起これば、罹患者の二〇～五〇パーセントくらいが死亡する恐ろしい疫病でした。紀元前一一五七年にエジプトのラムセス五世が天然痘で死んだとされていますから、アフリカ・ユーラシア大陸では古い病です。しかし、この病気から長く隔離され、その伝染を初めて経験した南北アメリカ大陸では、人口の九〇パーセント以上を失ったともいわれています。こうなると、事実上、既存の社会は崩壊します。ここ数年、第一次世界大戦から一世紀ということで、多くの関連出版物が刊行されていますが、戦争の間に流行し始めたスペイン風邪は風のうわさにしか聞きません(60)。

日本では、かつて天然痘は疱瘡神として妖怪化され、恐れられました。それが祀られる場所は、居住域と非居住域の境界が多かったようです。人びとは赤絵というお守でその感染を防ごうとしました。源為朝は、疱瘡神の鬼を追い払うときに、為朝の名を記した家には入らない約束をさせたという言い伝えがあることから、赤絵には為朝が頻繁に描かれました。遠野で河童に詫証文を書かせたのと同じパターンですね。日本の天然痘は妖怪化されることで、文化的な世界に組み込まれていました(61)。

36　天然痘の猛威

続いてオーストラリアです。高温乾燥地域では、トラコーマという眼の病気に感染している先住民が多かったようですが、バニヤップ・オーストラリアでは事情が異なります。例えば、バンクスは、一七七〇年に「その体には、皮膚の病気に関係するようなかさぶた状のものや、できものの跡などはほとんど見られない」と述べ、痩せているけれども健康的な肉体を観察しています。最初の囚人船団を率いたアーサー・フィリップの旗艦シリウス号の船医、ジョージ・ウォーガンも、「彼らは途切れることなく健康を維持しており、かなりの年まで生きるように思われる」と述べています。一七八八年の船団に関しては多くの航海日誌が残っていますが、太ってはいないが活発な民族という見方については一致していました(62)。

しかし、状況は一変します。初代総督フィリップは本国への手紙に、一七八九年の出来事を次のように書いています。

翌年の四月の初めに、この湾のさまざまな場所で多くの先住民が天然痘によって死んでいるのが見つかった。老人と約八歳の少年が病院に連れてこられた。老人は死んだが、少年は回復し、今は船医と暮らしている。別の老人と一一、二歳の少女がそのすぐ後に発見され、連れてこられたが、男には回復の見込みがなく、三日目に亡くなった。少女は回復し、牧師の娘と住んでいる。……この地域に住む人間の半分は死んだと思われる。この病気が現れたところから先住民はいつも移動するので、一部の人間は病気を運んだに違いない(63)。

病人を直接診た医師たちの判断によれば、この病気が天然痘だったことは間違いありません。アボリジナルの人びとはおそらく歴史上初めて天然痘に感染したわけで、フィリップの言うように、その半数が死亡したというのは誇張でも何でもないでしょう。

第一船団の将校で、副総督のデイヴィド・コリンズは、先住民ベニロングとの経験を次のように記しています。

一七八九年に、その特徴や毒性からして天然痘だと思われる疫病が先住民を襲い、猛威を振るった。この疫病によって死亡した人数は、彼らの説明どおりだとすると、とても信じられないほどである。当時、我われと住んでいた先住民を連れて、知り合いを探すために湾を下って行ったときの、彼の表情と苦悩する様子を見た者は、それをけっして忘れることはできない。我われが訪れたいろいろな入り江で彼は周りを必死で探したが、砂の上に足跡一つ残っていなかった。岩の間を掘ってみると、この病気の犠牲となった人びとの腐敗した死体が多数見つかった。生きている人間には一人として出会うことはなかった。伝染病から飛んで逃げようとして、死者に死者の埋葬を任せたかのようだった。彼はしばらくの間、両手をあげて天を仰ぎ見ていたが、ついに「みんな死んだ。みんな死んだ」と叫んで、次にこうべを垂れて沈黙した。……彼の友人のコールビーの部族は、コールビーと少年ナンバーレイと別の一人の三人だけに減り、自分たちの安全を図るのみならず、部族の消滅を防ぐために、他の部族と合併せざるをえなくなったらしい(64)。

この時期、ヨーロッパ人はシドニー周辺にしかいませんでしたから、天然痘の流行を直接観察できたのは、この地域に限られます。けれども、後に入植地が拡大すると痘痕と呼ばれる特有のあばたのある老人が、南オーストラリアやヴィクトリア、とりわけマリー川の沿岸地域とポートフィリップ湾の沿岸、すなわちバニャップが多く出現する地域で、しばしば目撃されています。こうした間接的証拠は、おそらく一七八九〜九〇年にかけて、バニヤップ・オーストラリアでは天然痘が猛威を振るい、先住民社会が大打撃を受けたことを示しています。大量の死者とともに多くのドリーミングが失われたに違いありません。聖なる場所は管理者を失い、放置された死者は、この世に留まり、悪霊となって彷徨し続けます。これほど多数の者がなぜ死んだのでしょうか？　近隣集団の生霊が原因だとされた場合も多いでしょう。先住民集団の争いは激しくなったと思われます。

ところで、先住民のベニロングの名前は、シドニーのオペラ・ハウスのある場所にベネロング・ポイントとして残っています。総督フィリップがここに彼の家を建てたのが、地名の由来です。植物園を通って、ファーム・コウヴを右手に見ながら、北に向かってベネロング・ポイントに至る道は恰好の散歩コースになっています。平和な風景からは天然痘の恐怖は想像もつきません。

コリンズは一八〇三年にポートフィリップ、すなわち現在のヴィクトリア州への入植を試みますが、翌年これを放棄しています。ウイリアム・バックリーが逃亡したのは、この短い入植の試みの期間でした（⇩30頁参照）。本格的な植民が始まるのは一八三五年です。また、南オーストラリアへの植民も一八三六年に始まりました。植民活動は、一八一五年にナポレオン戦争が終わるまでは停滞していました。なぜなら、戦争が開拓に必要な労働力、すなわち囚人を兵士として吸収し、輸送に必要な船も戦争に駆り出されたからです。戦争が終わるとこれが逆になり、解雇された大量の兵士などを基にする囚人労働力と余った船舶を背景に植民地の拡大が進みます。一八二〇年代からは、オーストラリア東岸を南北に縦断する、大分水嶺山脈の西に広がる平原での牧羊業が盛んになりました。これを契機に入植に適した土地を求める探検が始まり、チャー

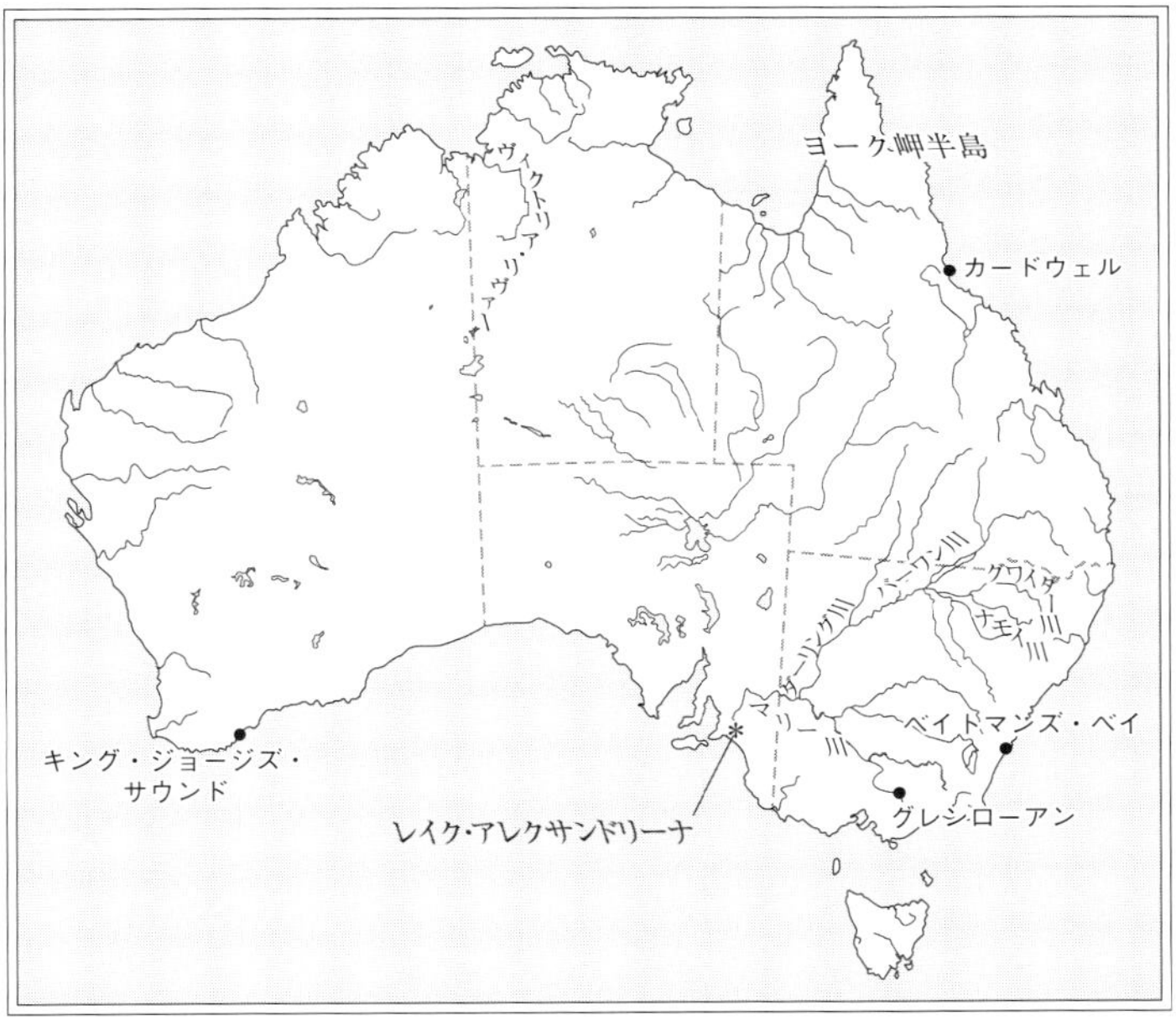

地図2　マリー・ダーリング川流域とクック伝説

ルズ・スタートは、一八二八〜二九年にダーリング川流域を探検し、一八三〇年には二度目の探検でマリー川を下り、河口にあるバニヤップの棲みかレイク・アレクサンドリーナに至りました。

スタートは、両河川に沿った広い地域で疫病が蔓延し、多くの人命が失われたと記しています。スタート自身はそれが天然痘だとは明言していませんが、一八三五年にダーリング川流域を探検した測量長官のトマス・ミッチェルは、天然痘の惨劇を生き延びた人びとが多数いたことを確認しています。また、南オーストラリア植民地が創設されると、探検家で先住民保護官でもあった、エドワード・ジョン・エアをはじめ多くの入植者が、痘痕や先住民の証言から、天然痘の流行で人口が激減したのを確信しています。スタートが最初の探検を行った前後に、東南部オーストラリアで再び大規模な天然痘の流行があり、多数の先住民が死んだのは、ほぼ間違いのないことです。ポートフィリップや南オーストラリアへの植民は、この大惨事が起こって約五年後に始まっており、アボリジナルの社会はこの疫病が残した爪痕にいまだに苦しんでいたと想像できます(65)。

37　白い悪魔ウンダー

ピーター・ベヴァリジによると(⇩5頁参照)、ヴィクトリアのアボリジナルの人びとは、天然痘が猛威を振るい始めた当初は、犠牲者を適切に埋葬していたが、死者の数があまりに多数にのぼり、恐慌に陥ったので埋葬が行われなくなり、「生き残った者はただキャンプを毎日移すだけになった。病気にかかった者は放置して死ぬに任され、死体は太陽のもとただ腐るか、野犬の餌になるか、あるいは死肉を好む鳥を太らせるかであった。ほどなくあたりの空気はすべて、腐っていく死体から生じるおぞましい悪臭で飽和した。かわいそうな人びとは、一人として死を免れることはできないと観念し始め、この残酷な破壊者によって完全に悲嘆の深淵に突き落とされたので、生きるか、死ぬか自体にさえ無関心になった」(66)。

ヴィクトリアの北西部の先住民は、ミンダイと呼ばれる巨大なヘビをあらゆる疫病を引き起こす原因として恐れていましたが、彼らは、天然痘を「ミンダイの埃《ほこり》」と呼び、痘痕を「ミンダイの鱗《うろこ》」と呼びました。また別の史料によると、ヴィクトリアの先住民は、マイネと呼ぶ巨大なヘビに似た生き物を信じていました。マイネは三つに分かれたフォーク状の舌と折れ曲がった尾を持ち、小さな木のてっぺんに横たわり、天然痘を広める力を持っていて、病気のあばたは「マイネの鱗」と呼ばれていました。これに関して興味深い話が

松平莉奈作　ベニロングとクック

残っています。強い魔力を持つといわれていた祈禱師がメルボルンの監獄に入れられたことがあります。その逮捕は、祈禱師がマイネを解き放つかもしれないと恐れたアボリジナルの人びとの間に大恐慌を引き起こし、すべての部族が内陸へ向かったそうです。彼らが戻ったのは、祈禱師が釈放されてからでした(67)。

ケイティ・ラングロー・パーカーは、ユーワーラーイ族について、学術的な本を残していると言いましたが、彼女はそこで次のように述べています。

ダネー・ダネー、すなわち天然痘が先祖たちを虐殺した時代について、黒人たちは身の毛もよだつ伝説を持っている。敵はそれを風にのせて送りつけ、風はそれをキャンプの上にある木の枝に引っかけ、そこからそれは犠牲者へと落ちていった。諸部族は恐怖のあまり、少数の例外を除いて、そこに留まって死者を埋葬することはなかった。埋葬を怠ったために、死につつある者からさえ飛び出して、いつかこの疫病が戻って来るという呪いが人びとにかけられた。疫病を連れ戻すのは、ウンダーつまり白い悪魔である(68)。

38　蘇る死者

先住民と暮らした囚人、バックリーに再登場してもらいましょう。衰弱しきった彼を助けた先住民との出会いを次のように述べています。

彼らは私をムランガークと呼びました。後ほどわかったのですが、それはかつてこの部族にいた男の名で、その時私が手にしていた槍を見つけた場所に、その男は埋葬されていました。彼らは、人は死ぬとどこかの場所に行き、そこで白人に変えられて、この世界に再び戻って別の生を得ると信じていました。彼らは、すべての白人が以前は先住民の部族に属していたと思っていて、膚の色を変えて蘇った者だと信じていました。彼らが白人を殺すのは、白人がもともと敵だったか、敵対している部族に属していると信じたからだと一般的に言えます。……この神の恵みのような迷信のおかげで、このあと私は非常に親切に接してもらえました(69)。

一八世紀には、マカッサルの猟師が多数渡来し、ナマコ漁を行っていたので、北部オーストラリアの人びとは、外部世界との接触には免疫がありました。しかし、その他の地域の先住民にとって、ヨーロッパ人はドリーミングを中心とする世界観では理解できなかったので、しばしば、先祖の霊が蘇ったものとして扱われました。天然痘は、先住民の文化的景観を死霊で満たしましたが、蘇った死者としてのヨーロッパ人もこの空間を満たし始めます。

一九世紀の先住民について、役人であり探検家でもあったA・W・ハウイットは、先住民が白人を幽霊だとみなしており、その信仰がオーストラリア全土に広まっていると指摘しています。実際、オーストラリア中央部を探検したときに、ハウイットは、「クーチ」つまり悪魔や、「ピリウィリ・クーチ」、つまりさまよう幽霊と呼ばれる経験をしました。彼によれば、ヴィクトリアのカーナイの人びとは、白人が超自然的な力を眼に宿していて、一瞥するだけで、川の両岸を引っ付けたり、一瞬にして見ている者を殺すことができると一般に信じているので、白人が近づくと、「見るな」、「殺されるぞ」と互いに叫んで、一目散に逃げてしまうのでした(70)。

クィーンズランドの南東部、ブリスベンから車で三時間くらいのところにあるシャーバーグは、一九〇四年に設立されたアボリジナルの居留地だった場所です。ここでは政府の厳しい管理下で、クィーンズランドのさまざまな先住民が混合し、新しい先住民の集団「シャーバーク族」が誕生したとされます。クラークが南オーストラリアについて述べたように、ここでも伝統的な儀式やドリーミングは失われましたが、幽霊と精霊への強い信仰は残りました。ドゥロレス・オサリヴァンによると、

子供たちは、幽霊すなわち「白人」をとても大きいと信じていた。「彼らの子供は私たちの親くらい大きい」。……とりわけ小さい子供たちの間では、「白人」という概念は、「白人」と呼ばれる先祖の精霊に対する古くからの信仰と、合意のあるなしにかかわらず、長い間近隣の町から夜にやって来て、家々に忍び込み女性と性的交渉を持った現実の白人の物語が混ざり合ったものである(71)。

入植して以来、先住民の女性に対するレイプや彼女たちとの売春は、よく見られた現象で、先住民保護官が監督していた時代にも広まっていました。それがアボリジナルの子供たちの恐怖の対象だったことは、容易に想像できます。ただ、もう一つの点、「白人」が先祖の精霊だという観念が、二〇世紀末近くまで残っ

ていたのは驚きです。死の世界から蘇った先祖が、現実に先祖伝来の法を踏みにじり、世界を壊していくとしたら、現在のテロの恐怖なんて吹っ飛びますね。

しかし、これは驚きでもなんでもないのかもしれません。現在、オーストラリアの先住民社会、とりわけ遠隔地に位置するコミュニティは、オーストラリア国家の福祉政策に依存して生活しています。それは、さまざまな形でアボリジナルの人びとの生活に白人の役人や警察が介入することを意味します。二〇〇七年、自由党のハワード政権が導入した「緊急対応政策」は、人種平等法を棚上げにして、ノーザンテリトリーの先住民コミュニティに介入しました。労働党のラッド政権が政策を受け継いだので、遠隔地の先住民の生活への白人の権力の行使は今も続いています。そうしたなか、悪霊が白人に奇妙にも似てくる例や、その裏返しの姿を取るようになる例が報告されています。悪霊は、先住民には見えないのに、白人だけには見えていて、先住民だけを的に危害を、つまり死をもたらします。現在でもなお、おそらく植民地時代とは別の社会的文脈で、白人の悪霊化、悪霊の白人化というプロセスが進行しています。先住民の力の及ばない、コミュニティの周辺領域から、何の理由もなく突然災厄をもたらす白人は、悪霊の姿と今も重なり続けています(72)。

植民地時代に戻ります。先住民が入植者のことを死んだ先祖が蘇ったものだと見なした例として、最もよく引用されるのはジョージ・グレイの経験です。グレイは、南オーストラリアなどの総督を歴任し、ニュージーランド首相にもなった一九世紀の有力な政治家です。若い頃グレイは西オーストラリアを探検し、その体験を次のように述べています。

ついにその老婦人は私がされるがままになっているのをいいことに、大胆になって私の両ほほにじっくりとキスをした。それはまるでフランスの女性がするかのようだった。それからさらにもう少し泣いて、ようやく私から離れた。さらに私が彼女の息子の幽霊で、槍で受けた胸の傷が元でしばらく前に亡くなったことを納得させせようとした(73)。

これは一八三八年のことで、この地域の入植が始まって一〇年ほど経っています。先住民との通訳を務めていたフランシス・アームストロングもその二年前に、次のように述べています。

彼らは死者の霊、すなわち「グーア・ドゥー・ミット」が、死ぬとすぐに、海の底を通って見知らぬ遠くの国へ行くと信じていた。我われ入植者と接触する前に信じていたところによれば、それ以降はそこが永遠の住まいになる。しかし、後者の点については、白人が来たことで信念に根本的な変化が生じた。というのは、すぐに新しい訪問者のなかに、死んだ親類や友人の多くを見つけたからだ。この妄想は今日に至るまで根強く続いている。彼らは自信を持って、その顔つきや声や古い傷跡などによって何百人もの入植者を見分ける。……彼らは、白人はすべて亡くなった先祖や友達の霊が蘇ったものだという確信をあまりにも頑固に抱いているために、通常は通訳の私をとても信用しているにもかかわらず、それが正しくないと説得することはできなかった。少なくとも老人は納得させられなかった。若者に関しては、この点について信念が揺らぎ始めた者もいる。彼らが、例外なく白人を指すのに用いる名前は、仲間うちで話をする場合には、「ジャンガー」、つまり「死者」である。……彼らは白人の顔の色が変わった原因を、海を通過する死後の旅であまりに大量の水の中を通り過ぎたためだと考えている。彼らは、それぞれの入植者が、前世にその人が属していた部族の領域に住んでいると思っている。先祖や友人だと見なしているのに、なぜ入植者を槍で襲うのかと問うと、全体として、入植者を鄭重に迎

松平莉奈作　彼岸の訪問者

えていると思うと、彼らは答えた。なぜなら、もし見知らぬ「先住民」が同じように彼らの間に住みつこうとしたら、全力をあげて殺そうとしたはずだからだ。未来に対する見方にこのような変化が起こったので、多くの者がはっきりとした利益として死を望むようになっている。死ぬことで、彼らは銃や弾薬、貨幣や食料を持って、戻ってくることができるからだ(74)。

39　白人＝幽霊説の検証

先祖が白人として蘇るという観念はどの程度広まっていたのでしょうか。ほとんどの研究は、北部オーストラリアを除く全域で、こうした観念があったとしています。人類学者のバーント夫妻は、「最初のヨーロッパ人は、ほとんど大陸のすべてで、戻って来た死者の霊だと見なされていた」と述べていますが、十分な証拠は示されていません。バーントを引用したジャーナリストのキース・ウィリーは、さらに現在までこうした観念が持続していると主張していますが、主張を一般化できるかという発想がそもそもありません。ちなみに囚人を最初に運んだ第一船団の乗組員は、多くの日誌を残していますが、「この妄想」については言及がありません。シドニーの先住民イーオーラの最後の男性マールートは、議会の調査委員会への証言で、白人を悪魔だと思ったとは言っていますが、先祖だとは言いませんでした(75)。

おそらく唯一の例外は、歴史家のネヴィル・グリーンです。グリーンはオーストラリア南西部のニャンガーの諸言語における白人を指す用語を列挙し、それが先祖の霊「ジャンガー」と酷似しているのを示して、白人＝蘇った先祖観念の広まりを確認しています(76)。オーストラリアのその他の地域についても、これと同じような一般化が可能なのでしょうか。マクウォーリの先住民諸語の簡易辞典を見てみると、英語の白人white person, white man に当たる用語が先住民の言葉で記載されている言語で、同時に幽霊 ghost という言葉も記載されている場合を探すと八言語あります。このうち白人と幽霊がほぼ同じ言葉で表現されているのが三例あって、現在でも白人＝先祖＝幽霊という観念が残っていることがわかります(77)。

一九世紀についても、こうした検討は可能でしょうか。唯一の方法は、牧羊家でもあったエドワード・カーの『オーストラリア人種』を利用する方法です。カーは自分の作った英語の用語リストに相当する先住民の言葉を、政府、ミッショナリー、牧羊家たちの協力を得て、オーストラリアじゅうから集めて四巻本として出版しました。ここでは第三巻を使って、ちょうど東南部のバニヤップ・オーストラリアに相当する地域での、多くの先住民の言語における白人 white man と幽霊 ghost という言葉の対応状況を見てみましょう。

ただし、ここで扱うのは白人と幽霊の二つの言葉が記録されている言語に限られます。実際に対象となる地域は、クィーンズランド中部からニューサウスウェールズ及びヴィクトリアです。

白人と幽霊の両方に相当する先住民の言葉が記されている例は四五あります。そのうち二つの言葉がほぼ同じなのが一一例、ある程度似ているのが三例、似ていないのが三一例です。広い地域にわたって白人と幽霊が同一視されていたことは確認できますが、シドニー周辺の先住民のように、おそらくそうは思わなかった先住民も多くいたことが推測できます。ただし、ここで数字によって示される四五例中一一、つまり約四分の一よりは、白人を先祖の霊だと思った先住民は多かったと思われます。

例えば、ダーリング川の上流域、ナモイ川やバーワン川、グワイダー川の流域、現在のモリー、バサースト周辺などでは、白人は一般的にウォンダ、ワンダなどと呼ばれています。これらの地域の先住民の言語では、白人と幽霊は一致していないのですが、周辺の言語にある幽霊という言葉を白人に当てています。直接の証拠はありませんが、先祖の霊としての白人の到来は衝撃的なもので、白人との出会いを経験する以前からその情報は、すでに遭遇を経験した先住民の言語集団から未経験の言語集団へと伝わっていたと思われます。近隣の言語集団が白人に対して用いた、その先祖の霊や幽霊を示す言葉が、まだ白人を見たことのなかった隣の先住民の集団によっても使われて、それがそのまま定着したこともあると思われます。コーイン、グーインのような言葉が広く用いられているダーリング川の中流・西方流域にも同じことがいえます。バックリーの証言が正しいとすると、敵対している部族に白人が属していると見なされた場合もあったので、隣の部族の幽霊を指す言葉が白人を指すようになるという推論は十分に成り立つでしょう(78)。

南オーストラリアでも、一九世紀半ば頃に先住民へのミッショナリーであったハインリッヒ・マイヤーが、グリングカリという単語が、「死んでいる」という意味と「ヨーロッパ人」という意味に用いられると記しています。さらにヨーロッパ人が「以前は黒人として生きていたと思われている」とも注記しています。マイヤーはまた、埋葬についても説明しています。死体が火の間に置かれて数日間放置されると、太陽と火の熱で乾燥し、皮膚が剝がれ落ちる。こうした状態の死体がグリングカリと呼ばれる。この死体の色とヨーロッパ人の膚の色が似ているので、この名称がヨーロッパ人を指すようになったのではないかと推測しています。人類学者ダイアン・ベルもよく似たことを述べています。マリー川下流のナリンジェリーの人びとは、最初に出会った白人を先祖が蘇った者と見なし、自分の祖先を白人のなかに見つけただけでなく、ベルは自分自身もクリングカリ・ミーミニ（ミーミニ＝女性）と呼ばれたことがあると述べています(79)。

40 兵士の聖なる踊り

白人＝幽霊説については、もう一つのエピソードを紹介して締めくくりたいと思います。それは西オーストラリアのキング・ジョージズ・サウンド、現在のアルバニーで起こった出来事です。一八〇一年一二月三〇日、フリンダーズは、オーストラリア南海岸探検に向かう準備のために、ここでインヴェスティゲイター号の錨を降ろします。ちなみに、彼は一八〇三年に初めてオーストラリア周航に成功した人です。フリンダーズは、協力的な先住民との出会いを経験し、友好的な関係を築くことに成功しました。出航の準備が整ったとき、フリンダーズは先住民のために一つの儀式を行います。文中にインディアンとありますが、当時オーストラリアは東インドの一部と見なされており、先住民はインディアンと呼ばれていました。

私たちの友人の先住民の訪問は途切れることがない。あの老人が仲間とともにテントにやって来た。私は陸にいる水兵たちに彼らの前で訓練を行うことを命じた。赤い制服と白いたすき掛けのベルトは、先住民が自分を飾り付けて彩色するやり方にもいくぶん似ており、大いに彼らの賞讃を集めた。鼓笛、なかでもとりわけ横笛に、彼らはとても驚いていた。この美しい赤と白の男たちが、光り輝くマスケット銃を手にして、一列に並ぶ姿に、彼らはえもいわれぬ歓喜の叫び声をあげた。彼らの激しい身振りやわめき声が静まる気配はなかったが、訓練が始まると、彼らはこのうえなく熱心にしかも一言ももらさずにこれを注視した。何人かの先住民は兵士の動きに合わせて、知らず知らずのうちに手を動かし、いつもの老人は、兵士の一番後方に並んで、水兵たちが銃を肩から前に捧げて地面に降ろすのに合わせて、手に持った短い棒を動かした。老人は何をしているかはおそらく理解してはいないだろうに。射撃をする前に、インディアンたちにはこれから何が起こるかを十分に飲み込ませておいた。そうすることで、一斉射撃で彼らが恐怖を感じないように配慮した(80)。

この出来事自体はエピソードにすぎませんが、これに一世紀以上離れた後日譚がついています。女性の人類学者、デイジー・ベイツがキング・ジョージズ・サウンドを訪れた時に、クーランナップ、つまり海の向こうにある死霊の住む場所についての話を耳にします。ベイツは、死霊の住む国から帰還したインヴェスティゲイター号の乗組員とフリンダーズが、クーランナップの儀式の起源だと見なしました。

人びとはこの訪問とパレードからダンスを作った。……私はこの情報をただ一人残った老人、一八三〇年から四〇年くらいに生まれた孫から得た。彼は少年のときにこのダンスを見て、大人になってそれを教えた。彼は自分の胴体を赤く塗り、この赤い下地の上に白色粘土で十字の模様を付けた。そして父祖たちが銃剣の訓練が行われるのを見たとおりに、こん棒を使ってこれを真似た。ネビンヤンは一九〇八年（ママ）に高齢の老人として死んだが、この訪問の歴史のすべてを私に語った。……それはとても重要であったので、聖なるダンスの記憶となった。

白人との平和な出会いは、先住民のドリーミングの根幹に近い、聖なるダンスにも影響を及ぼすことになったのです。こうした出会いがもっと多くあればよかったのですが(81)。

41 キャプテン・クックは死んだ

伝染病が世界を死霊で満たし、先祖が蘇った後に、先住民たちが見た世界。ここではクックとケリーに関する物語を利用して、ヨーロッパ人入植者定着後の先住民の世界を見ましょう。

クックは、オーストラリア東岸を探検した航海者でしたね。ケリーはネッド・ケリーのことで、オーストラリアで最も有名な歴史的人物ですが、実際は盗賊です。ケリーとその一味は、窃盗、強盗、殺人など凶悪犯罪を繰り返しましたが、貧しい者たちからは盗まず、威圧的な警察と政府に挑戦し、激しい銃撃戦の末、警官を射殺しました。一八八〇年にヴィクトリアのグレンローアンで逮捕され、処刑されましたが、民衆はケリーを神話化し、弱者の味方として英雄視するようになります。バニヤップに戻る前に、最後の寄り道です。

クックが死んだのは歴史的事実です。クックは三回目の太平洋探検の途上、一七七九年にハワイの先住民に殺されました。しかし、ノーザンテリトリーに住むホブルズ・ダナヤリは、白人（私たち日本人も含まれます）に向かって、クックは死んだと訴えます。なぜ、だれもが知る事実をあえて言う必要があるのでしょうか？

実はオーストラリアの各地で、先住民がクックについて語っています。シドニーから南に車で二時間くらいに、海辺の保養地ベイトマンズ・ベイがあります。その近くのアラダラに住む一〇〇歳くらいの女性の話は、要約すると次のようになります(82)。

巨大な船がスナッパー・アイランドに錨を降ろして、クックはボートで川を遡ってベイトマンズ・ベイに着いた。今教会が立つ反対側の川岸に上陸した。クックは上陸すると、先住民のクリの人たちに衣類と海のビスケットを与えたが、ひどく硬いビスケットだった。船に戻ろうとボートを出したとき、野生のクリが茂みから出てきて、服を脱ぎ棄てて、服とビスケットをキャプテン・クックに投げ返した。

スナッパー島は、シドニー湾の奥にある島ですが、川を遡っても海沿いのベイトマンズ・ベイにはたどり着けませんし、だいいちクックはベイトマンズ・ベイを訪れてはいません。

次は、クィーンズランドのカードウェル辺りの、ダイアバルの先住民クロイ・グラントとロージー・ラナウェイの話です。これは松山先生がすでに紹介しています。カードウェルはケアンズとタウンズヴィルの中間にある町で、ここにもクックは上陸したことがありません。

カードウェルに入ってきたとき、部族のすべてがクックを見た。彼は最初、海にそびえ立っているように見えた。タバコはいらないかと、クックが聞いた。アボリジニはクックと仲間がパイプを燻らすのを見て、口にくわえているのは何だ、燃えているのは何だと思った。クックは、次にビリー（やかん）で紅茶を作り、クロイの先祖に勧めたが、汚い水だと思って飲まなかった。クックは、今度はジョニーケーキ（トウモロコシパン）を焼いて、先住民に食べさせようとした。それは先住民の食べ物に似ていたので、食べてみたが、まずくて吐き出した。最後にクックが提供した牛肉は、評判が良かった。初めての味ではあったが、悪くはなかった。探検家が出発しようとすると、アボリジニは大騒ぎになった。なぜなら、白い肌から、子孫を訪問し忠告をするために戻って来た先祖の霊だと判断していたからだ。「父よ、父よ、ここへ来て、ここへ戻って来て」と、アボリジニは大声をあげて泣き、こぶしで大地をたたいて悲嘆にくれた。しかし、クックの一行は北に向かった。

白人を蘇った先祖だと見なすアボリジナルの観念がよく現れています。しかし、ダイアバルの先住民は、もちろんクックに会ったことはありません。先住民がクックという名を知ったのは、入植者からでしょう。抽象化されたクックは白人を代表する存在になります。

クラークは、ドリーミングの精霊とそれ以外の精霊を区別しましたが、先住民たちの口承伝説による記憶は一〇〇年程度で、ドリーミングの物語とその他の物語の間に、絶対的な区分があるわけではないと思われます。一部のドリーミングの物語は失われ、新たなドリーミングの物語が加わることで、変わることのない永遠の物語は変わり続けてきたのではないでしょうか。クックの物語は、明らかにドリーミングではありません。しかし、そうした要素を含んでいます。ドリーミングの精霊たちが、アボリジナルの人びとに生活に必要なさまざまなものを与えたように、上記の二つの物語では、クックがビスケット、服、紅茶、ジョニーケーキを授けようとしますが、すべて拒否されて、先住民は牛肉だけを受け入れました。ただし、喜んで受け取ったわけではありません。つまり、白人の創造者としてのクックは、フリンダーズのようにドリーミングの精霊にはなれなかったのです。

さらに別のクックの物語があります。ヨーク岬半島のクルジャの男性、ローリー・ギルバートによると、クックは海岸に立つアボリジナルの男を、他のアボリジナルの居場所を聞き出すために、殺さないでおいて、メイン・キャンプのある場所の情報を得ます。それから船に戻り、探検隊を組織し、人びとを獣のように殺しました。死体は捨て置かれて、タカやカラスの餌になりました。多くの老若男女が銃床で頭を殴られて、置き去りにされました。クィーンズランドのヨーロッパ人は牛や馬を放牧するために、人びとを殲滅させたかったのです。

ギルバートにとって、クックは神話的な存在です。地上を旅して、現在の世界に消えることのない刻印を残しました。ドリーミングの精霊と違う点は、精霊が再生すべき道徳的な秩序を打ち立てたのに対して、クックは不正な世界を作り上げたことです。この点をはっきりさせるために、さらにもう一つの物語に進みましょう。

次の物語の要約は、ノーザンテリトリーのヴィクトリア・リヴァー流域に住む先住民のグリンジから、活動家で研究者のハンナ・ミドルトンが集めた話です。グリンジの人びとは、第二次世界大戦後に先住民への不当な扱いに抗議の声を上げた最初の集団です(83)。

最初に水があった。それから水が後退し、ノーザンテリトリーができた。その頃には一〇億人のアボリジニがいて、長い間この土地で生きてきた。初めて来た白人はネッド・ケリーで、最初の馬を連れてきて、馬はここで繁殖した。最初の牛も連れてきた。ネッド・ケリーはアボリジニの友達で、アボリジニを助けた。二番目に来た白人はキャプテン・クックだった。彼はこの土地に来て、とてもいい土地だと思って、自分のものにしたいと願った。クックはアボリジニをこの土地から一掃しようと決めた。そこで彼は多くのアボリジニを射殺し、ネッド・ケリーも撃ち殺した。こうして土地を盗んだ。

グリンジの人びとはクックを殺人者・略奪者として描き、犯罪者のケリーを友達だと見なしました。ケリーは、ドリーミングの精霊とよく似た役割を担っています。クックとは違って、アボリジナルの人びとに馬や牛を与え、先住民に恵みをもたらしました。対照的にクックは、先住民を虐殺するだけでなく、ケリーも殺して、自分の欲望のまま土地を奪い取ったのです。松山先生が紹介しているケリーの話では、ケリーは天使とともにオーストラリアの大地を創り、先住民に法を与えました。それはまさしくドリーミングの精霊に他なりません(84)。

デボラ・ローズは、同じ地域に住むヤラリンの語り部ホブルズ・ダナヤリの物語を紹介しています。

このようにしてキャプテン・クックは、この国から先住民を一掃し、人を連れてきて、本をもたらした。本によって、新しい法を始めた。キャプテン・クックは労働組合の集団には何も言っていなかった。この土地を奪い、鉱物を奪い、この国を奪って、そのすべてをオーストラリアと呼んだ。組合はクッ

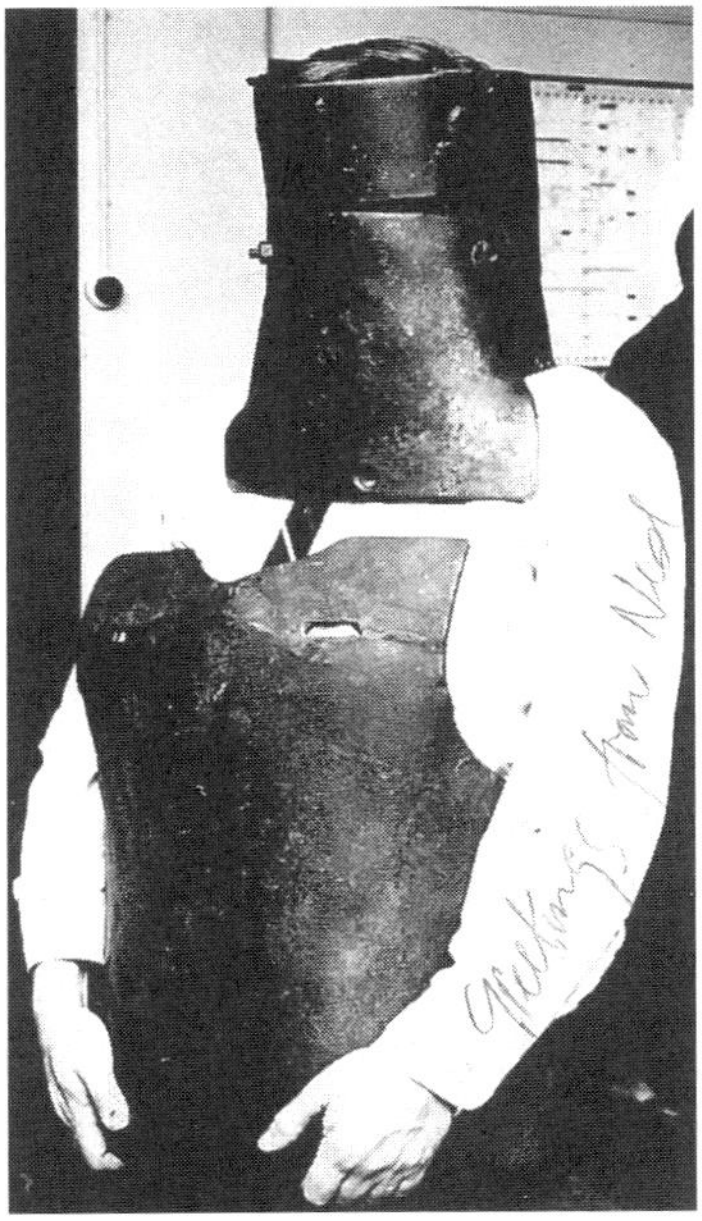

この鎧をつけてネッド・ケリーは，グレンローワンの町で警官隊と銃撃戦を演じた
(*National Library of Australia News,* June 1999より)

クよりも前に来た。彼らはこの土地をアボリジナルの人びとのものだと言っている。キャプテン・クックはこれを盗んだ。

この土地は私たち、アボリジナルの人びとのものだ。私たちこそこの土地にふさわしい。キャプテン・クックの時代から続くあなたたちの法は終わった。その法は、今は終わったのだ。なぜなら彼はアボリジナルの人びと、アボリジナルの政府の言うことを聞こうとしないから。……キャプテン・クックは死んだ。だからその法は止めなければならない。あなたたちはまだ、キャプテン・クックのあの本を持っている(85)。


白人の侵略によって、ドリーミングの法がクックの法によって取って代わられました。クックの法は、破壊の法です。クックは、アボリジナルの人びとを虐殺しました。混血の子供たちをアボリジナルの親たちから引き離し、先住民の文化を破壊します。土地は奪い取られ、聖なる場所や死者たちの土地は汚されました。実際、先住民の墓からは多数の遺骨が持ち去られて、世界の博物館に収蔵されました。木々は切り倒され、あるいは樹皮を剝ぎ取って枯らせてから、森は牧場にするために焼き尽くされました。再生の儀礼によって保たれていた環境も破壊されたのです。これらすべてを支配していたのが「あの本」に書かれたキャプテン・クックの法です。ホブルズは、クックは死んだのだから、破壊の法、つまり永続的な平和をもたらさない偽物の法を捨て、新しい関係を築こうと呼びかけているのです。

アボリジナルの人びとは、白人とその法をすべて悪だと考えているのではありません。ケリーは先住民にとってドリーミングの精霊と同じです。労働組合の人びとは、クックよりも先に来て、先住民の土地権を認めました。彼らも友人です。先住民は、征服という過去を受け入れて、白人と共存できる未来を求めています。こういう主張に対して、「征服は終わった。それは近代化の必然的な帰結だ」と言うことは、「先住民は過去に生きている。新しい秩序に適応すべきだ」と言うことと同じだと、デボラ・ローズは述べています。それはキャプテン・クックの法に従えと命じることと同じで、「キャプテン・クックは死んだ」とホブルズが繰り返し言わなければならない理由です。二〇〇八年にラッド首相が「ごめん、ごめん、一旦ゴメーン！」と謝罪したにもかかわらず、今でもクックの法がオーストラリアでは生きているように思います(86)。

42 箸休め

休憩です。バニヤップ探しに出かけたはずが、少し遠回りをして、そろそろ折り返し点近くです。それでもミンカ鳥とか、パタゴニアの巨人とかに出会えたし、逆転の世界も見物できたということで、お許しください。

娘が四歳の頃、タスマニアのバスツアーに参加しました。クリスマス前で予定の見学先やホテルが取れなくて、途中でけっこう目的地が変更になりました。ずいぶんひどい旅行社のように思われるかもしれません。それでも、最後までみんな楽しく過ごせました。ところで、旅程が変わったのには、他にも理由がありました。途中で古いパブに立ち寄ったとき、地元の子供たちのクリスマス会があり、私の娘も呼ばれました。消防車に乗ったサンタクロースからクリスマス・プレゼントをもらい、娘は楽しんでいましたが、そのために予定が一時間遅くなり、見学先がカットされました。

それでも参加者は和気あいあい。冗談を言い合いながら、宿泊地に向かいました。

バニヤップ探しの旅は、ゆる〜い旅行ですので、「プラチナむかつくー」とか思わずに、もうせっかちな行動はあきらめて、楽しめるところを楽しんでください。

43 探索再開

バニヤップ探しに戻る前に、一九世紀前半のオーストラリアの状況を再確認。地図3をご覧ください。一七八八年に一八三八年頃のオーストラリアです。右端の広い地域がニューサウスウェールズ植民地です。その南シドニーから入植が始まった地域で、ダーリング川の流域とマリー川の中・上流域を含んでいます。その南端部が一八五一年に分離してヴィクトリア植民地になる、ポートフィリップ地区です。ここは『ジロング・アドヴァタイザー』の記事やウイリアム・バックリーの話の舞台です。海を挟んで南に位置する島がタスマニアです。当時はヴァンディーメンズランドと呼ばれていて、二番目に古い植民地です。中央部を見ると、新しい植民地、南オーストラリアがあります。そこにはマリー川の下流域があり、クラークが話を収集したところです。さらに西の方を見ると、その南端が西オーストラリアです。一八二〇年代後半に入植が始まった地域ですが、開拓は遅々として進みませんでした。だいたいここで触れた地域が、バニヤップが出現した主な地域です。

バニヤップという言葉が広まる前から、ヨーロッパ人はオーストラリアの川や湖で、見知らぬ生物や怪物を目撃しています。しかし、その例は多いとは言えません。カンガルーやカモノハシ、エキドナなど、多くの未知の動物の発見に人びとの関心は向かっていたようです。ヨーロッパの科学者は未知の動物の標本を

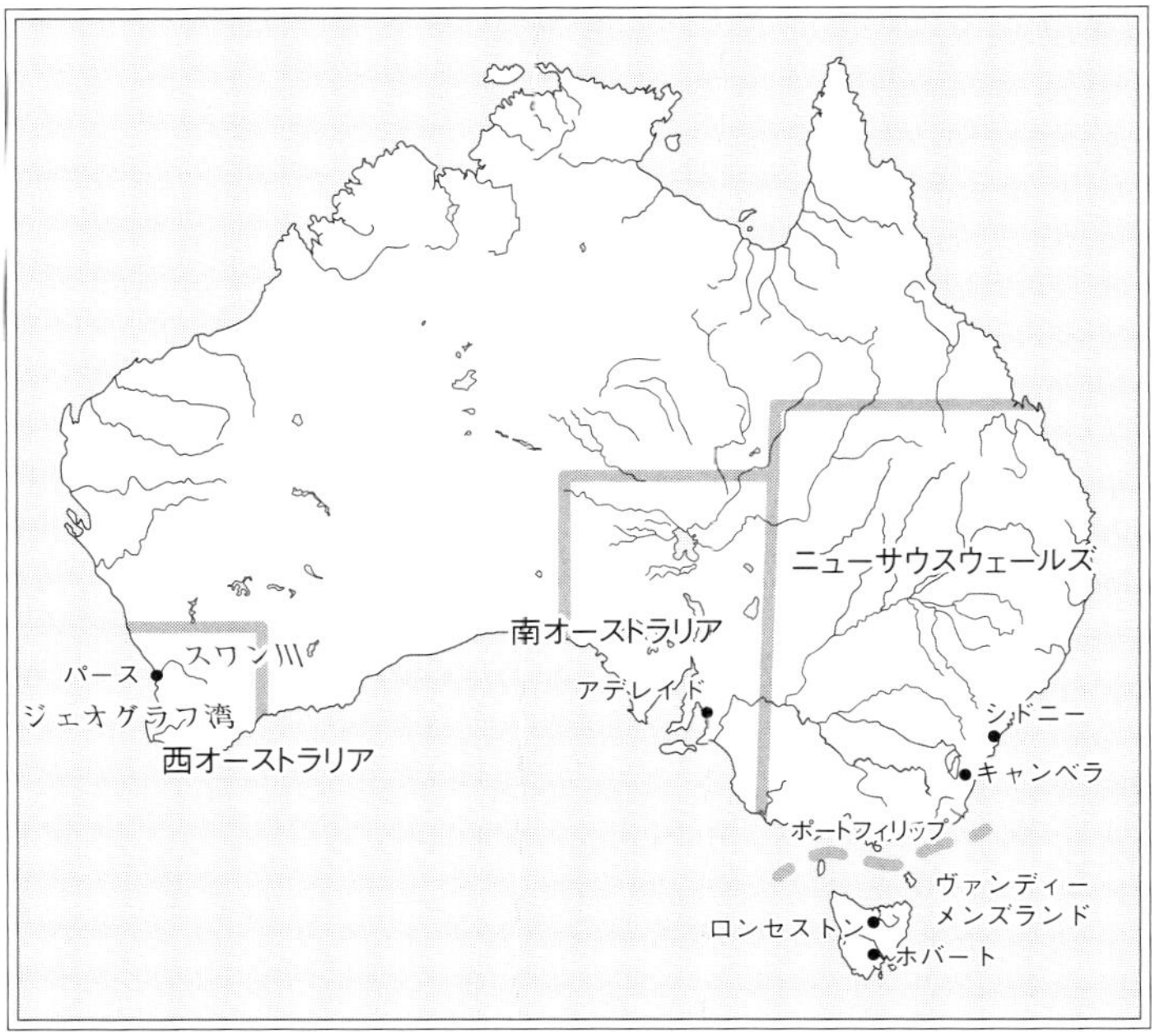

地図3　1838年頃のオーストラリア入植状況

血眼になって求め、王侯貴族も自身のメナジェリー（動物園）やコレクションに、こうした動物を加えるのにご執心でした。当然ながら、植民地に行った指揮官たちも、出世を願えば、その希望に応えざるをえません。それでも、人びとはときに見知らぬ水辺の怪物に出会います。以下では、初めてバニヤップが出現する一八四五年までに確認された主要な例を見ていきます。すべてと言いたいところですが、倍返しの批判は避けたいので。

44　スワン川の畔

ボーダン率いるジェオグラフ号についてはすでに触れましたが、その一員のジョゼフ・シャルル・バイイらが、一八〇一年にスワン川、つまり後に西オーストラリアの州都になるパースの近辺で、水辺にいる巨大な生物の声を聞いたと、多くの研究者が主張しています。例えば、『バニヤップの歴史』の著者のフレットは、ジェオグラフ号の乗組員がスワン川で、牛の鳴き声よりも大きな声を聞いて逃げ帰ったと述べています。しかし、公式の記録にはそういう事実はなく、真水と先住民との接触を求めて上陸したものの、いずれも目覚ましい成果がなく、食料が乏しくなるなかで船にたどり着いた模様が描かれています。しかも、場所はジェオグラフ湾です。ジェオグラフ号の人びとはスワン川を遡っておらず、通過しています。未確認動物学者のウベルマンスも、ジェオグラフ号のシャルル・バイイらが、スワン川で声を聞いたと述べていますが、バイイは後にジェオグラフ号に乗りますが、このときは僚船のナチュラリスト号にいました。バイイは、ナチュラリスト号がジェオグラフ号を見失い、その後単独でスワン川の探検を行ったときに、不思議な声を聞いたのでした(87)。

バイイは科学者で、逃げ帰ったのではなく、未確認の動物の大きな声に用心して、川岸に上陸するのをあきらめただけです。実際のバイイは探検を続け、先住民の魚を獲る仕掛けを詳しく描写した人として知られています。動物学者のレシュノーは次のように述べています。

ナチュラリスト号の乗員で、民間人の鉱物学者のバイイは、川岸近くにいくつもの魚を獲る仕掛けを見かけたと私に語った。その仕掛けは半円形をしており、その半円が側面でお互いに狭い小さな空間だけで隔てられており、そこから魚は入ることができるが、一旦その中に引き込まれると、もはやそこから出ることができないようになっている。この仕掛けは土の中に木片を打ち込むことで入念に作られていたと語った(88)。

こうした観察を行うのと逃げ帰ったというのには、ずいぶん距離があるようです。

一八一二年に『シドニー・ガゼット』は、bahnyip というアシカに似た巨大な黒い動物がいて、不気味な声をあげて鳴くので、先住民に恐れられているという、ジェームズ・アイヴズのパンフレットを掲載した。そのように未確認動物学者のトニー・ヒーリーとポール・クロッパーが主張しています。しかし、文献注はありませんし、そういう資料も見当たりません。未確認動物学者による未確認資料というところでしょうか(89)。

次の資料は一八二一年です。この年、シドニーにオーストラレイジア哲学協会が設立されます。哲学といっても、自然哲学ないしは博物学のことで、オーストラリア最初の博物館を設立しようとした団体です。総督ブリスベンを会長に迎えることに成功しますが、定期会合に出席しないと「五シリングの罰金だ」という厳しい規則があったためか、間もなく解散の憂き目に。それはともかく、その議事録に目当ての記録は現れます。一八二一年一二月一九日の会合で、探検家のハミルトン・ヒュームが一一月に、現在のキャンベラから北東に車で一時間くらいのところにあるバサースト湖で、「マナティーもしくはカバ」と思われる動物を発見したという報告が行われています。さらに会合は、ヒュームに対してこの動物の頭部、毛皮、骨のいずれかを持ち帰るための調査費用を負担することを決議しました。

ちなみに一二月二一日のシドニーでは、五シリングで約一キロのパンが一二個買えました。また鶏二羽が四シリング弱でした。しっかりした労働者であれば、五シリングは三日間分くらいの給料に相当します。この哲学協会では会員が順番に研究報告を行うことが決まっており、報告ができないと一〇ポンドの罰金（うちの大学院に導入するのもいいアイデアかも）。これは労働者の四か月分くらいの賃金に相当します。当時の新しい動物の発見は、金持ちの道楽であったことがわかります(90)。

45　リヴァプールの怪物

一八二二年一一月には、また新しい怪物が出現します。場所はリヴァプール、シドニーの中心部から西に三〇キロくらいにあります。現在は移民労働者が多く住む郊外住宅地ですが、当時は開拓間もない農村地帯でした。『シドニー・ガゼット』に「オーストラリアの怪物」という記事が掲載されます。

最近、リヴァプールの町が大騒ぎになる出来事があった。恐ろしい怪物が町の近くで目撃されたという報告があったからだ。住民の間に恐怖心と半信半疑な気持ちが広がるなか、治安判事の前に二人の男が現れて宣誓供述書を作成して、その状況を鎮めようとした。それによると、彼らは町から四キロ離れた茂みで巨大なヘビを見た。彼らの記憶にある限りでは、一四メートル近くの長さがあり、人間の胴まわりの三倍くらいの太さがあった。それを最初に見つけた男が、死んでいると思って棒を投げてみると、その巨大な胴を地上から一・五メートルほど持ち上げた。別の一人の男もこの恐ろしい光景を目撃しており、法廷にある宣誓証書に間違いがないと宣誓して確認すると申し出たけれども、二枚の宣誓供述書で十分だと判断された。好奇心と不安から、立派なジェントルマンの一団が従者とともに、この異常なものを探しに行った。しかし、巨大な鱗の痕跡を示す、生物が通った跡を見つけただけに終わったが、その巨大なサイズに関する情報は確認した。一部の人は、土に刻まれた約三五センチの跡が、アゴの一部によってつけられたように見えることから、クロコダイルの一種ではないかと言っている。

これがリヴァプールの怪物ですが、現実には一四メートルのワニもヘビもいませんので、「ウソつき村」の千三ツというところでしょうか。

さて次の怪物は、一八二一年一一月に最初に目撃されていますが、記事が現れたのは一八二三年です。E・S・ホールが、一八二一年から翌年にかけて数回目撃しています。ホールは、有力なコネを持ったジェントルマンの移民で、合計七六三ヘクタールの土地を無償で総督から与えられています。その一部がバサースト湖の近くの農地で四〇五ヘクタールの広さがありました。怪物はバサースト湖に連なる沼に出現しました。「水をはね上げ、大きな音、つまりネズミイルカの音に似ているが、もっと短く大きな音を立てている動物にホールの目が留まった。頭部だけが水から出ていた。九〇メートルほど離れたホールが立つところからは、ブルドッグの頭のように見えたが、完全に黒かった」。彼の雇い人は、別の機会に一・五メートルくらいの生物を目撃しています。ホールはその後さらに、フォーブスという人物と、一〇〇メートル以上の距離から、人間の太腿の太さくらいの首を九〇センチほど持ち上げて高速で泳ぐ動物を見ました。色は真っ黒で、頭のまわりにひらひらするものが下がっていました。ホールは最初に見た動物と同じだと考えたいところだが、首の部分が異なっていて、遠い距離からでは何ともいえないと述べています。さらに「一つだけ奇妙なことがある。この湖と近隣の先住民はこの沼の近くに行くように命じても、どうしても近づこうとしない。そして、この生き物が以前に子供たちを水中に引き込んだと言っている。彼らは私たちの言葉でそれをデヴィル・デヴィルと呼んでいる」(91)。

また別の怪物です。一八二三年三月、シドニーの西約二〇〇キロに位置する町バサーストの南東にあるフィッシュ川で、測量官助手のジェームズ・マクブライアンが怪物に出会います。マクブライアンが水浴びをしていると、自分の方に巨大な動物が突進してきました。彼は、たまたま幸運にも陸に上がったところで、かろうじて難を免れました。この動物は非常に長い動物で、「長い頭の周りは九〇センチくらいあり、口は先端から首まで広がっていて、四五センチくらいの大きさ」でした。フィッシュ川の流域では、同種のもっと小さな個体も見つかっていました。新聞は、アリゲーターの仲間だという者がいると紹介する一方で、リヴァプールの怪物の件があったので、すぐには信じられないとも述べています。

マクブライアンは、もう一つの発見をしています。実はこの発見の記録のおかげで、怪物を見つけた人物が特定できるのです。一八二三年二月一六日、同じフィッシュ川で金を発見しました。マクブライアンは、川の近辺で多数の金の粒、つまり砂金を見つけ、その近くのユーカリの木に目印を付けました。これが記録に明確に残るオーストラリア初の金の発見です。この年オーストラリアのゴールドラッシュが始まったとしたら、世界の歴史は変わっていたかもしれません。金は人を怪物に変えますから(92)。

一八二三年七月『シドニー・ガゼット』に興味深い記事が現れます。住人の一人と名乗るバサーストの人物から驚くべきニュースが送られてきたけれども、リヴァプールの怪物の件があるので、掲載できないと断っています。そして、記事を投稿した人物に署名付きの投稿を求めました。この後しばらくの間、怪物のニュースは新聞紙上から消えました(93)。

バックリーのバニヤップに関する証言は、この時代に関するものですが、バックリーの本が出版されたのは一八五二年で、一八四五年にバニヤップという概念が誕生する以前の様子を知るのには適しません。

46　ワンガル

バニヤップに関する資料を網羅的に収集したピーター・レイヴンズクロフトによれば、一八四五年までの時期に関しては、淡水の未知の怪物に関する記録はもう一例あるだけです。**蘇る死者**に登場したグレイ

（⇩102頁参照）が、次のように書いています。

「ワンガル」は水生の想像上の怪物で、淡水に棲み、超自然的な力を備えている。その力で先住民を食い尽くすが、一般的に女性を襲う。この怪物が犠牲者に選んだ人間は、ほとんど気が付かないうちに衰弱して死ぬ(94)。

しかし、実は同じところに登場したアームストロングが、もっと詳しくワンガル（ワウガル）について語っています。

「ワウガル」は、水生の怪物で、その棲家は水の底深くにあると思われている。先住民は、ワウガルが非常に長い腕と、長い歯と大きな目を持ち、これまでに多くの人間を殺したと主張している。先住民が思っているワウガルの形についての彼らの説明はとても錯綜しているが、通訳の私に言ったことのすべてを勘案してみると、先住民が想像しているのは、巨大なアリゲーターのような生物だと思われる。この生き物は海水淡水を問わず、最も水の深いところに棲み、ほとんどすべての湖や池に、こうした怪物が一匹以上棲息している。サメのことではないのははっきりしている。なぜなら、サメには別の名前があり、先住民はサメには迷信的な恐怖を抱いていないからである。そのうえ、サメは淡水では目撃されたことがない。植民地のいろいろな場所に大きな丸い石がころがっているが、先住民はワウガルが生んだ卵だと信じている(95)。

もう一つ、考古学者ジョン・マルヴェイニーによって後に発見された例があります。一八三二年に第三九歩兵連隊のキャプテン・ジョン・フォーブスが、リヴァプールと呼ばれた先住民の「王」によるワウィーという生き物のスケッチを日記に残しています。フォーブスは、この王からニューサウスウェールズ北東部を

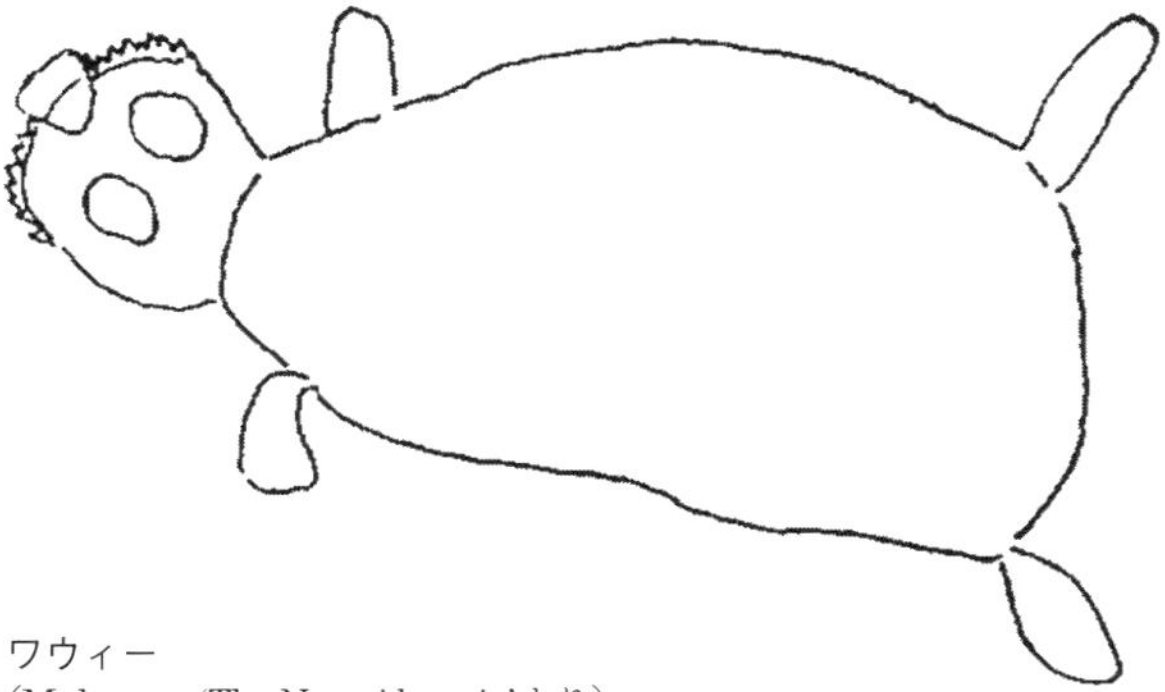

ワウィー
（Mulvaney, ‘The Namoi bunyip’より）

流れるナモイ川に多くのワウィーがいるという話を聞き、次のように記しています。

> 「リヴァプール」はついに自分でその絵を描くのを承知した。彼はカメであればそれほど悪くはない絵を描いたが、その他の点を考慮すると、我われはワウィーがセイウチの一種だと信じるに至った。ただし足はなく、短いヒレのようなものがついているだけである。すべての黒人はこれを恐れており、水の中で捕まると貪り食われてしまうと言っている。ただし、この者たちが私たちのことを陰で笑っているのではないかという疑念も感じる。この問題について彼らの間には一種の迷信があるように思われる。それは広まってはいるが、完全に信じられているわけではない[96]。

以上が、一八四五年までのバニヤップに相当するような生物あるいは怪物に関する記述です。一番大きな特徴は、とても少ないことです。先住民との接触が各地で始まっていたにもかかわらず、入植者の水陸両生の生き物に関する目撃情報は数えるほどしかありません。したがって、バニヤップに関する民話が入植者の間に広まっていたとも思われません。目撃情報を分析してみると、ボーダンの遠征は声だけです。ヒュームの場合はマナティーかカバ、リヴァプールの怪物はワニかヘビ、ホールが見たのはアシカ(97)、フィッシュ川の怪物もワニと、ヨーロッパ人入植者が見た水辺の怪物たちは、新種の動物、あるいはオーストラリアで新たに目撃された動物でした。エキドナのような「怪物らしい」怪物を目撃した例は皆無です。あまりにも怪物の例が少ないので、私の想像以上に合理主義が浸透していたのかもしれません。

フォーブスの例以外にも、すでに述べたように先住民の怪物に関しては二例言及がありました。一つは、バサースト湖近辺に関するホールのもので、この生き物がいる場所には、先住民が近づこうとしない、つまり一種のタブーとなっている点、子供が引き込まれるという点、またそれが悪魔と呼ばれていた点など、バニヤップ神話と一致しています。もう一つは、ワンガル（ワウガル）に関するグレイとアームストロングの証言です。それによるとワンガルは、水深の深いところに棲み、現実の動物とは異なる長い腕と大きな歯や眼を持つ、いかにも怪物らしい怪物で、先住民の描写は多様ですが、現実のサメ以上に恐れられています。また、湖や沼の淵にはどこにでもおり、人間とりわけ女性を多数殺しています。こうした描写は、後にバニヤップとして現れる怪物の特徴を表しているといえるでしょう。白人によるバニヤップの発見以前から、アボリジナルの人びとはバニヤップと生活をともにしていたようです。

一八四五年のジロングでのバニヤップの発見まで、ヨーロッパ人が目撃したのは新種の生物でした。他方、先住民の水陸両生の怪物は、すでにアボリジナルの景観の一部でした。バニヤップの発見は、この二つの世界を急速に接近させます。四五年までには、暴力的な植民活動がオーストラリア南部では落ち着き、一部の入植者が先住民の文化にも関心を向けるようになりました。

科学

47 総督代理との出会い

一八四五年の「バニヤップ」の発見で、探すべき新種の生物がバニヤップと呼ばれるようになると、翌年から目撃例が急増し、先住民の各種の水の悪霊の話が、このバニヤップと重ね合わされていきます。先住民の語る悪霊が、新種の生物として入植者の関心を呼び、ついには現在のヴィクトリア州に相当する、ポートフィリップ地区の植民地政府の頂点に立つ総督代理（行政官）の目に留まり、その興味を引くまでになりました。妖獣バニヤップの誕生です。

一八四六年、ジロングの競馬場にバニヤップが現れます。とはいっても馬ですが、見事、三歳馬のマッチレースに勝利します。競走馬の名前になるほど、すでにバニヤップの名前が有名になっていたわけです。しかもこのバニヤップは連戦連勝、勝ちっぱなしで四七年に突入です。まさに「ディープインパクト」のような怪物です。トローヴというオーストラリア国立図書館の新聞検索に bunyip と入れると、四七年には一四一の記事が現れます。それを分類すると、奇妙なことですが、四七年のバニヤップに関する記事の半分以上は、この馬の記事です(98)。

一八四七年三月には法廷で、「法的なバニヤップ」という表現が使われています。裁判でも比喩として使われるほどの流行語になりました。「倍返しだ」くらいの流行語でしょうか。さて同じく四七年初めには、メルボルン東方のギップスランド、つまりバニヤップの町がある地域ですが、そこで白人女性が先住民に捕えられているという噂が立ち、その救出のために遠征隊が送られました。この頃すでに「囚われの白人の物語」が、入植者の気持ちを刺激する文学のジャンルとして英語圏では確立していました。実際には、アボリジナルの人びとが白人を捕まえて虜にすることなどなかったのですが、お調子者は勇んで遠征に加わりました。もちろん結果は推して知るべし。新聞は次のように述べています。「多くのことが書かれ、また言われてきたあの白人女性は、「目に見えない少女」である。つまり空想力の単なる産物か、もしくはおそらく女性のバニヤップである」。バニヤップという言葉がすでに「でっちあげ hoax」の意味で使われるようになっていたのは、興味深いところです(99)。

上記の少し変わった三例を含めて、一八四七年にバニヤップに言及した新聞記事六〇例がトローヴで引っかかります(馬を除く)。このなかには引用元の新聞が残っていない転載記事も含まれていますから、六〇例よりも多くのバニヤップの記事が当時あったはずです。ジロングにおけるバニヤップの発見以前と以後とでは、入植者の意識に大きな変化があったのは明らかです。四七年の記事だけで、半世紀以上にわたる水辺の怪物の目撃例をはるかに凌駕する言説が飛び交ったわけですからね。また、ヤフーと呼ばれる野人や、巨大なヘビ、奇妙なアシカのような動物といった、バニヤップに関連した未知の生物も言及されるようになりま

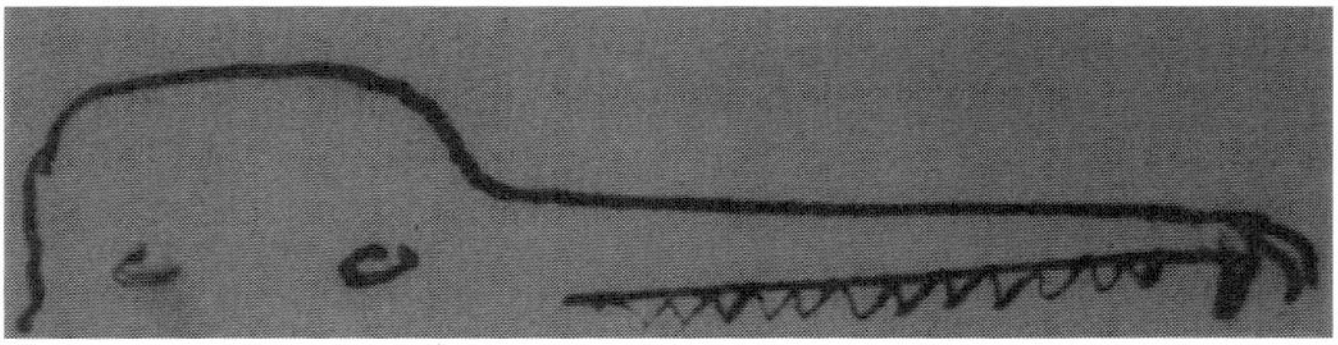

ラ・トローブのバニヤップ
(*Letters of Charles Joseph La Trobe*,1975より)

した。バニヤップ効果とでも呼びましょうか(100)。

少し戻りますが、一八四六年にロンドンで出版された書物にも、すでにバニヤップが登場しています。オーストラリアの牧場主であったE・ロイドは、野生動物と未知の動物という章で、先住民によればバニヤップは成長したユーカリの木くらいの大きさで、先住民がひどく恐れていると述べた後で、今後、新種の大型動物がオーストラリアで発見される可能性があるとしています。さらにその証拠として、私も借用した『ジロング・アドヴァタイザー』の記事を引用しています。ウイリアム・ウェストガースは、有力な商人であり、政治家でもありましたが、一八四八年に出版した本でバニヤップに言及し、さらに軍人であったG・C・マンディーも、一八五二年に出版した本でバニヤップに触れています。これらの本はイギリスで出版されたので、バニヤップはイギリス進出にも成功していたわけです(101)。

ついに総督代理登場です。ポートフィリップ(後のヴィクトリア植民地)の総督代理のラ・トローブは、タスマニアの入植者で植物学者でもあったロナルド・ガンに宛てた、一八四七年一月二三日付の手紙で、次のように述べています。

おそらくすでに耳にしていると思うが、ポートフィリップの湖や川に未知の獣がいるという噂が立っている。丸かろうが四角かろうが、太っていようと、かなりの大きさの獣がいることについては、長く確信を抱いていた。ついに（筆頭書記官の）ロンズデイルから、マランビジー川の近くでその頭蓋骨が見つかり、メルボルンに運ばれたという知らせが届いた。そこに書かれていたところによると、それは次のような形をした鼻の長い動物のはずで、くちばしに似た鼻をしており、額が急にせり上がり、眼はとても下の方についていて、強力な歯をしている。脳の入る部分は大きく、鼻の端は折れている。しかし、これを見た黒人は、先端部で下の方に突き出している牙があったに違いないと言っている(102)。

ラ・トローブは、バニヤップと呼ばれている新種の動物がいることを確信していたようです。ちなみに偉い人の思い込みってずいぶん迷惑なことが多いのではないでしょうか。

三月と四月にもラ・トローブからガンに、バニヤップに関する手紙が送られました。その後ガンが入手したバニヤップの頭蓋骨のことを尋ねたり、今後の協力を申し出たりしています。さらに、ラ・トローブは、ホブソンという人物のところでスケッチを見たと記し、バニヤップに関する原稿が悪い評判を産まないかと心配しています。また、八方手を尽くしてバニヤップの完全な骨格を探そうとしていたこともわかります。

別の手紙では、ラ・トローブは、二種類のバニヤップ、北のタイプと南のタイプがいると主張し、さらにもう一種類、海と直接つながった水域の生物はアシカに違いないと述べています。ラ・トローブは、砂の上に描かれた三～三・五メートルの絵のスケッチと先住民が描いた絵を入手し、それをガンに送ったということです(103)。

続いて総督代理がご執心の頭蓋骨の騒動記です。

48 頭蓋骨

入植者の一人で、牧羊家のジョージ・ホブラーの日記によると、一八四六年一〇月に、マランビジー川とラクラン川の合流地点に近い、パイカ牧場の近くで、フレッチャーという人物がバニヤップの頭蓋骨を発見しました。牧場の先住民ガイドたちは、これをカインプラティ Kinepratie と呼びました。フレッチャーは、頭蓋骨はまだ新しく死後三か月ほどしか経過していないので、頭に毛の生えた巨大なエミューのような生きたバニヤップを、パイカ牧場で見られる可能性も大いにあると言っていました。また一一月にも、ホブラーは、黒人たちが、この動物の子供は食べるが、大人は牛くらいの大きさがあって逆に人間を食べるので恐れていると記しています。一八四七年一月には、このニュースが新聞の紙面を賑わすようになり、ホブラーはフレッチャーから頭蓋骨を買おうとしたけれども、失敗したとのことです(104)。

二月九日の『シドニー・モーニング・ヘラルド』に、前に述べたヒュームとの内陸探検で有名なウイリアム・ホヴェルの投書が掲載されます。

マランビジー川の黒人たちは、「牛くらいの大きさ」の大きな動物が、この地域の湖にいると言っている。彼らによれば、この動物はエミューのような頭と首を持ち、頭のてっぺんから肩まで伸びるふさふさしたたてがみが生えている。四本足で、それぞれに水かきのある三本の指がついている。馬のような尾をしていて、カテンパイ Katenpai と呼ばれている。同じような描写をしたワタ・ワタ族はそれをカインプラティと呼ぶ。さらにエドワード川のヤバラ・ヤバラ族は、これをチュナットバーと呼んでいる。またブルラ・ブルラ族は、これをドンガスとしている。ポートランド地方のコランガマイト湖の黒人たちは、彼らが呼ぶバニヤップについてよく似た描写をしている。私は、水の中で跳ね回る動物を見たという、羊飼いなどの白人からもさまざまな話を聞いた。一部の情報提供者の話はあまりに誇張されていて疑わしいが、以下で示す出来事が十分に明白な結果を示しているので、何らかの大きな未知の動物が、ここで述べた地域に実際にいると結論せざるをえない。

この出来事とは、先ほどのフレッチャーの話です。要約すると、フレッチャーは、マランビジー川に近い湖の畔で、黒人たちがカテンパイ（カインプラティ）を殺し、その死骸がまだ残っているという話を聞きます。

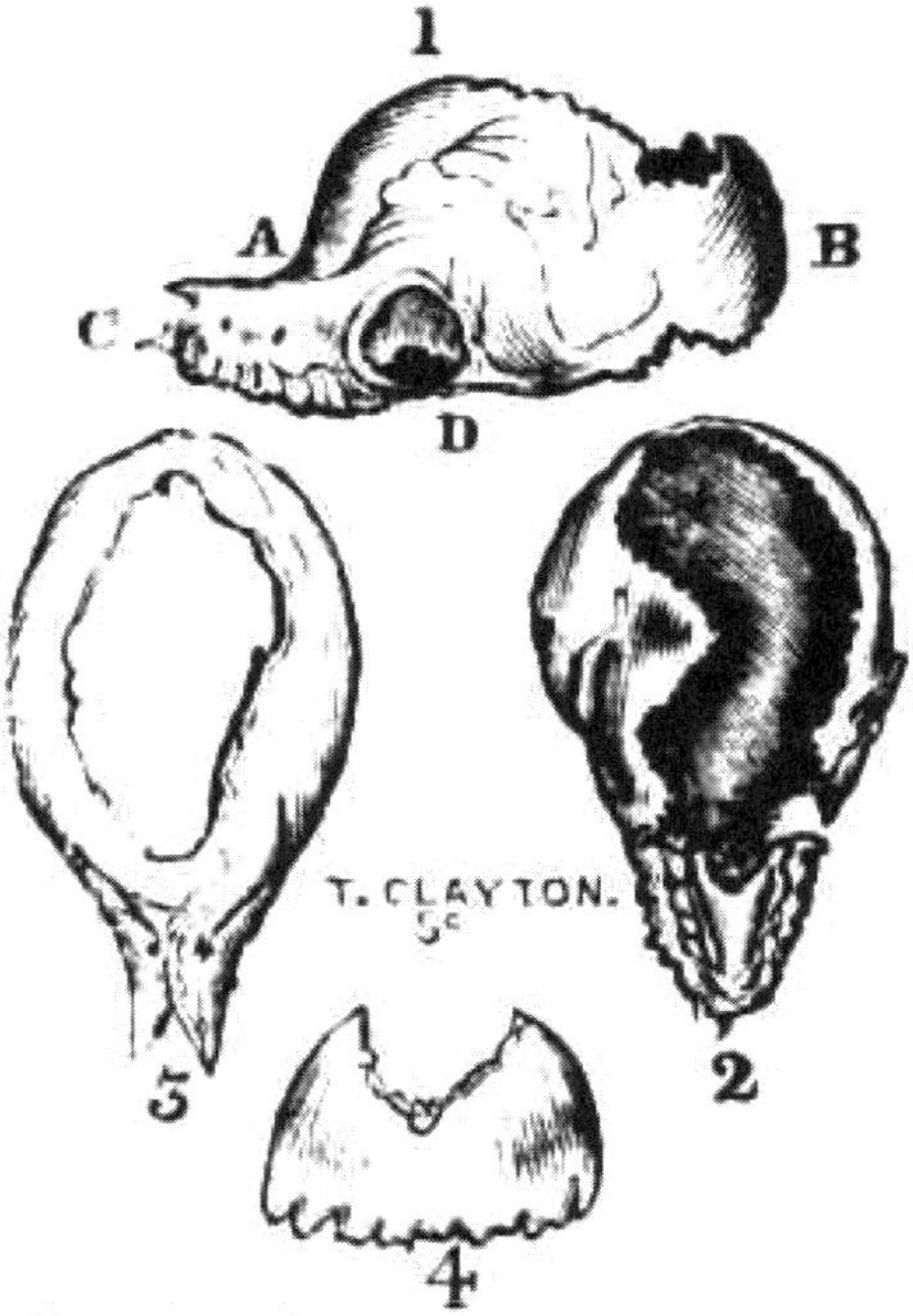

バニャップもしくはカテンパイの頭蓋骨のスケッチ
（*SMH*, 9 Feb 1847）

そこで、半信半疑でそこに行ってみると、実際に動物の頭蓋骨を見つけました。その頭蓋骨は新しいもので、フレッチャーは、これでカテンパイの実在を証明するのに十分だと思いました。その後、この頭蓋骨はフレッチャーによってメルボルンに送られ、ドクター・ホブソンとグリーヴスが観察することになります。

頭蓋骨のスケッチが投稿記事に添付されています。右頁の図の1の頭蓋骨のAとBの間が約二二・五センチです。Cの部分が折れている点からも、これがラ・トローブの手紙にあったバニヤップの頭蓋骨だということがわかります。牛の臼歯に似た歯が並んでいるのも確認できます。黒人たちは巨大な牙を持っていると主張していますが、牙は見当たりません。ホヴェルは、カテンパイ、すなわちバニヤップに関する証拠を持つ人に、それを解剖学に通じた人びとに預けて、新種の生物の実在を証明するように求めています。その後、ホブラーも新聞への投書で、マリー川に洪水が起こり、周辺が水で覆われた後に、その描写からするとオットセイに似た動物が目撃されたことを報告しています。ホブラーのバニヤップ熱も相当です(105)。

半年もしないうちに、この頭蓋骨の運命が急転します。七月六日付けの新聞にバニヤップの頭蓋骨の展示が、七月七〜八の二日間、シドニーのオーストラリア博物館で行われるとの新聞広告が掲載されました。ついに植民地の科学的知識の最高峰が、バニヤップという新種の生物の存在を認めたかに思われた瞬間、強烈なカウンター・パンチが炸裂しました。翌日、博物学者のウイリアム・マクレイの投稿が、広告が掲載された『シドニー・モーニング・ヘラルド』に現れます(106)。

「それからどした」というところでしょうが、その前にマランビジー川で見つかった骨がどうやってシドニーまでたどりついたか、お話したいと思います。フレッチャーは、見つけた頭蓋骨を売らずに、『オーストラリア人種』の著者の父、もう一人のエドワード・カーに貸し出します。カーはヴァンディーメンズラン

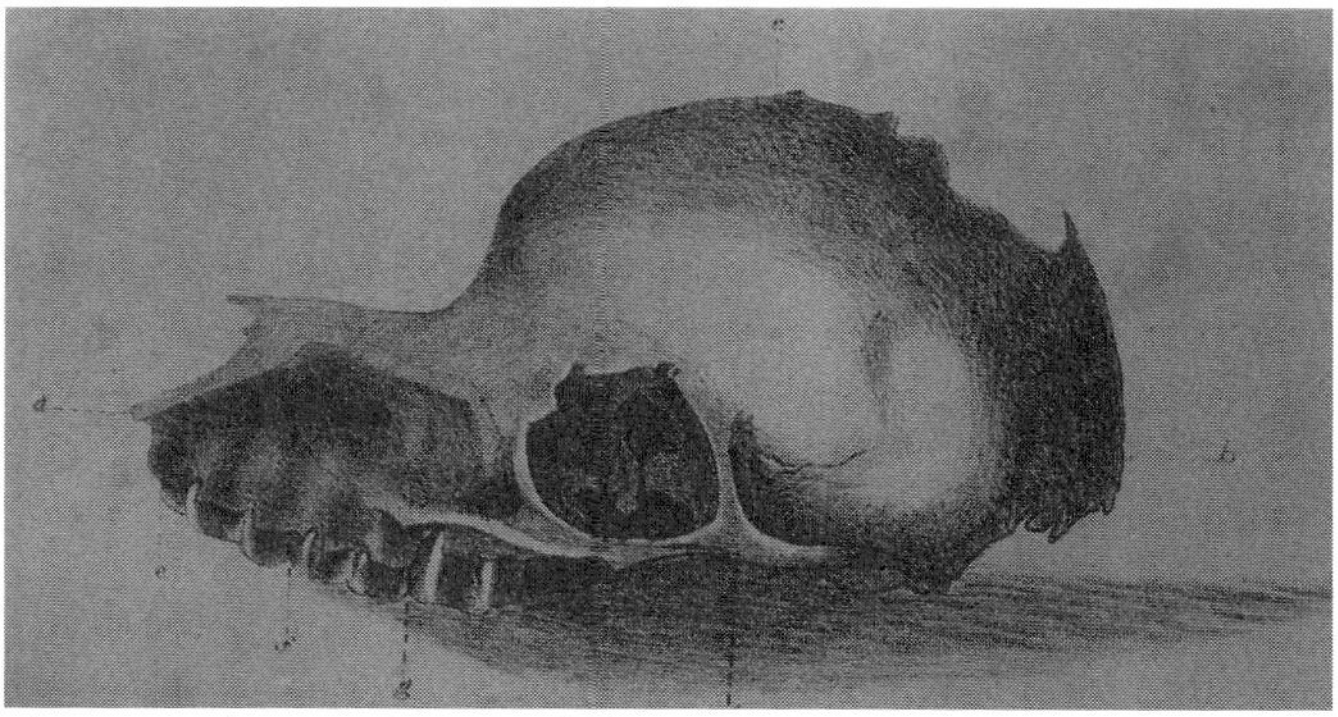

ガンによるバニヤップらしき頭蓋骨のスケッチ
（'On the "Bunyip" of Australia Felix' より）

ド会社という、タスマニア最大の農業企業の現地代表だった人で、植民地では広く知られたエリートでした。このカーとラ・トローブが手紙を送ったロナルド・ガンは知り合いで、当時唯一の自然科学の学術誌だった『タスマニア自然科学報』の編集者でもあったガンのところに、カーが頭蓋骨を送ったのでした。ガンはこの分析を医師のジェームズ・グラントに依頼しました。グラントはこの頭蓋骨はきわめて若いかおそらく胎児のもので、ラクダのような大きな草食動物かもしれないと示唆しています。頭蓋骨は既存の動物の多くと異なっているが、その原因を奇形だと推測しました。ガンはこの報告の後に一言付け加えて、『自然科学報』の論文を結んでいます。「全骨格もしくは生きているバニヤップを手に入れるために現在あらゆる努力を尽くしている。あるいはそれを空想上の動物に分類すべきだということを確認するために」。ガンは一八四七年二月二四日にタスマニア協会で、バニヤップの頭蓋骨を披露していますが、エリート集団の内輪の会合でしたから、とくに評判になることはありませんでした(107)。

49　馬の奇形

この後、カーは頭蓋骨をシドニーのチャールズ・ニコルソンに貸しました。純粋に科学的探究のために、頭蓋骨が貸し出されたのかもしれませんが、ガンがタスマニアの上流社会で評判が高く、ニコルソンがニューサウスウェールズの立法評議会の議長だったことを考えると、科学を通じたコネづくりという見方も成り立ちます。ともかく、オーストラリア博物館の有力な後援者でもあったニコルソンの協力で、この頭蓋骨の展示が企画されました。しかし、植物学には造詣が深いけれども、動物については自信がないニコルソンは、頭蓋骨の分析を動物学に関して評判の高かったマクレイに任せました(108)。マクレイは次のような内容のことを述べています。細かい点は省略します。

頭蓋骨は、一見したところ、既知のいかなる哺乳類とも異なっているように見える。眼が離れているのでエミューのような鳥にも見えるし、後頭部の発達は霊長類に似ている。また、頭蓋骨の軽さや柔らかさ、乳歯しかない点からは、胎児ではないとしても、きわめて若い個体であることがわかる。しかし、臼歯はまさしく幼い子馬のもので、この動物は草食性の馬の一種だと思われる。上あごの骨もまさしく馬のものであるが、眼の位置や頭蓋骨の形状などで馬と異なるところもある。彼の手元には、雌馬の奇形の胎児の頭蓋骨があり、その骨の形状はバニヤップとされる頭蓋骨よりもいっそう通常の馬の頭蓋骨からかけ離れていた。両者の大きな違いは、マランビジー川の頭蓋骨では眼の部分が離れているのに対し、もう一つの頭蓋骨ではそれが接近して、ほとんど一つ目のようになっていた点である。両者の比較から導かれる結論は、バニヤップとされる頭蓋骨は、奇形の子馬か雌馬の胎児の頭蓋骨だ

雌馬の奇形の胎児の頭蓋骨
シドニーのマクレイ博物館
(Tim the Yowie Man, *Haunted and Mysterious Australia*, 2006より)

という判定である。この判定は「自然は飛躍せず」というリンネの格言にもかなっている(109)。

このマクレイの投稿によって潮目が変わります。バニヤップがいるという主張は、疑いの目で見られるようになっていきます。

『シドニー・モーニング・ヘラルド』に投稿したフレッド・トムスンは、マランビジー川のバニヤップの存在はきわめて疑わしいとして、バニヤップ熱を次のように描写しています。

「バニヤップ」という恐るべき生き物がいるはずだとの新聞の報道が、マランビジー川下流域のあらゆる人びとに与えた興奮を容易には理解できないだろう。ほとんどすべての人間がすぐに、夜に池で「奇妙な音」を聞いたとか、水の中に「何か黒いもの」を見たとか、それがたとえクジラではなくとも、「クジラによく似たもの」だったなどと言い出した。これを読んだ人のなかには、(マランビジー川の水面に)眠っていたカメの出現が巻き起こした熱狂を思い出して、苦笑いされる方もいるだろう。そのカメは普通よりは大きく、変わった現れ方をしたので、バニヤップの頭の頂部と間違われたのであった。……こうした判断の誤りや間違った結論は、まさしくバニヤップの存在が報道されたために生じたことである。これと同じ病的な思考が、話だけでなく視覚においても同様に妄想につながると私は考えている。

これに続いてトムスンは、マランビジー川流域にはもはやバニヤップはおらず、アボリジニの伝説の動物はバクであって、発見された骨も昔この地域に棲んでいたバクではないかとの自説を開陳しています。トムスンはマクレイの投稿を見ずにこれを書いたので、バク説を唱えてしまったのだと思いますが、新聞報道がバニヤップ熱を広めた構造は、この投書から読み取れます。しかし、マクレイの投稿によって報道の方向が逆転してしまいました(110)。

オーストラリアで誕生した最初の医学雑誌に、かつてイギリスで獣医学の教授だったジョン・スチュワートの投稿が掲載されます。ただし医学雑誌といっても、科学に関心を持つ上流層に読まれていた雑誌です。スチュワートは、バニヤップの骨をロンドンに送って鑑定してもらうという、「我われの無知と盲信をこれ見よがしに見せびらかす行為」に抗議するように雑誌に申しいれました。というのは、専門家にはあまりに一目瞭然なので、ロンドンに着いて二日もしないうちに、それが水頭症を患った早産した馬のものなのはすぐに明らかになると推測できるからでした。

七月一九日には雑誌の編集者が、この馬鹿げた手続き、つまり頭蓋骨のロンドン送付が取りやめになったと述べています。さらに、もし送られていれば、ロンドンではオウエン教授の「笑いを抑えることができなかった」だろうと。「「バニヤップ」のような動物の存在に関しては、最小限の信頼に値する最小限の証拠さえ提示されていない。逆に、この頭蓋骨が発見された場所に長年住み、アボリジナルの部族といつも接触している信頼できる人物が、こうした動物を見たことも聞いたこともないと言っている」。したがって結論は、「バニヤップの物語のすべてが野蛮な民族の間で広く見られる半ば迷信的な物語であるか、最も可能性の高いのは、この名称が近代的なもので、入植者が導入した動物にアボリジニが与えた名前であり、アボリジニがそれをあまりに恐れたために、獰猛な怪物の破壊的な特徴を与えたと考えられる」でした(111)。

50　最後はオウエンへ

新種の動物の標本がロンドン、とりわけ動物学の権威、オウエンに送られるのは普通のことでしたが、バニヤップとされる頭蓋骨は、シドニー博物館に留まることになりました。そのかわりに、スケッチがオウエンの元に届けられます。その経緯については、メルボルン商業会議所の設立者のウイリアム・ウェストガースが次のように述べています。

私がこの神秘的な頭蓋骨のスケッチを見せたオウエン教授は、アボリジニが示唆したよりもさらにもっと古くて本物の友人の頭蓋骨であると見抜いた。それは何と幼い子牛のものだった。この礼節をわきまえた優れた教授から、アボリジナルの証言については警戒すべきことを教えられた。教授は、オーストラリア先住民のバニヤップのような巨大な動物が、現在もこの国で生きているのはほぼ不可能だと考えている。そのうえ、生きている標本も、体や骨格の一部でさえ知的な眼差しに触れたことがない。こうした生き物はいつも水の底で寝ていることはできない。繁殖し、子供を育て、食べ物を探し回らなければならない。私はそれが北方のアリゲーターかクロコダイルに関する言い伝えだと感じている。

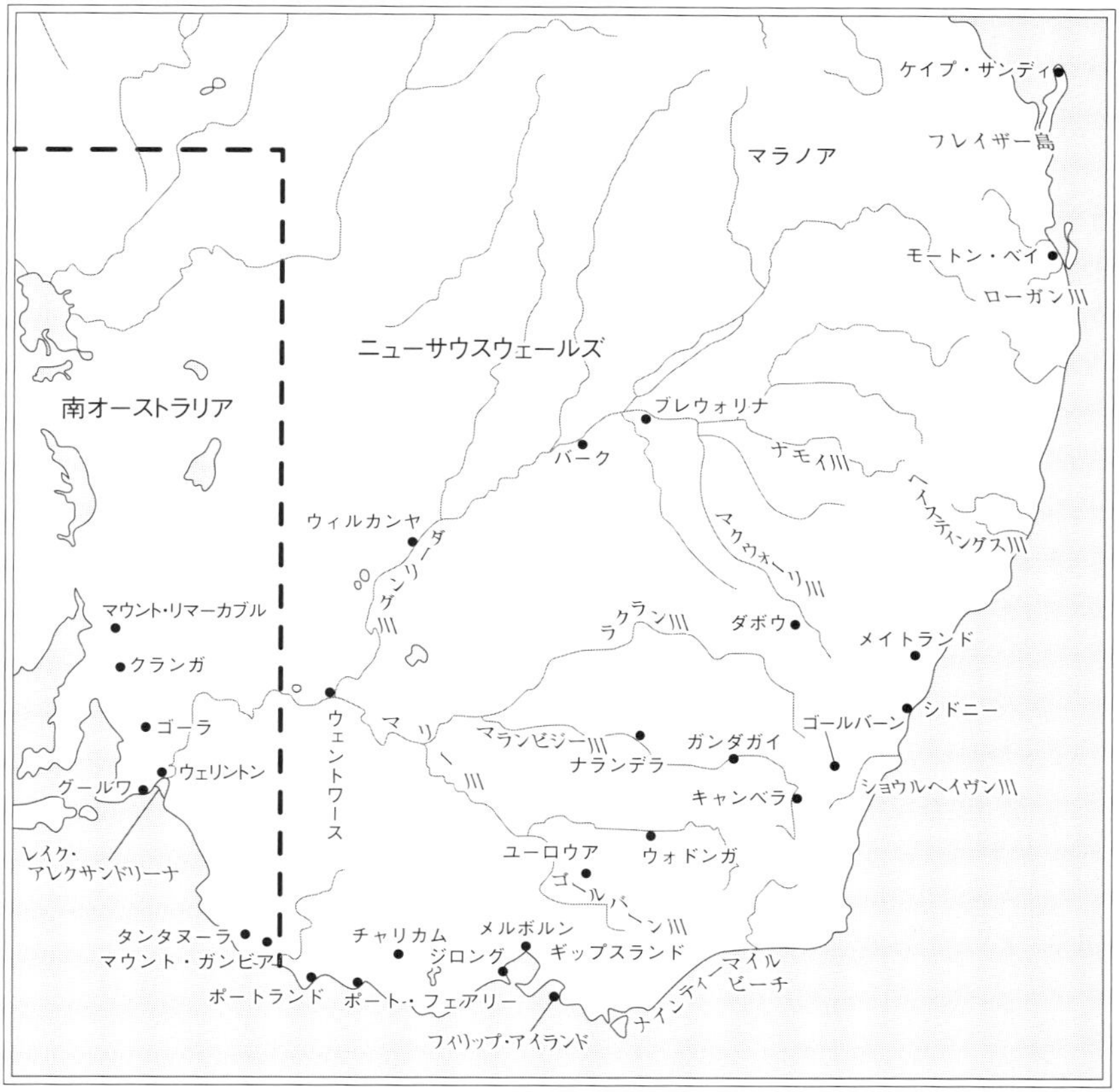

地図４　マリー・ダーリング川流域の主要な地名
マリー・ダーリング水系は，大きく分けて二つの水系から構成されている。一つはマリー川を中心とする水系で，ヴィクトリア州の東部，ニューサウスウェールズ州境の山岳地帯に発し，ラクラン川やマランビジー川の水を集めて，ウェントワースでダーリング川と合流し，レイク・アレクサンドリーナを通って海に注ぐ。もう一つはダーリング水系で，ウェントワースから北に広がり，ナモイ川やマクウォーリ川やクィーンズランド南部の水を集める。マリー・ダーリング川流域は，オーストラリアで最も豊かな農業地帯の一つであり，水鳥などの野生動物の宝庫でもある

ウェストガースは、一八四七年一月にオーストラリアを出発していますから、その前に頭蓋骨のスケッチを入手し、それをオウエンに見せたのだと思われます。彼は、政治的にも、経済的にも、文化的にも植民地の最高の実力者の一人でしたから、こうしたことが可能だったのでしょう(112)。

ただしこの経緯には少し疑問も残ります。というのは、一八四七年七月に『アセネウム』というイギリスの雑誌に、一八四七年二月のホヴェルの記事がほぼそのまま掲載されているからです。ホヴェルは、植民地の新聞だけでなく、本国の雑誌『アセネウム』にも投稿したのでした。記事の時間差は、植民地と本国間の移動時間と考えてよいでしょう。オウエンはこの記事を知っていて、彼自身の言葉によると、それに添付された図に基づいて、すでに身近な専門家には自分の意見を述べていたのですが、標本が送られて来るのを予期して発言を控えていたそうです。しかし、前述の医学雑誌の記事を知るに至って、標本が届きそうにないと悟り、同年一二月に『アセネウム』に投稿し、バニヤップの存在を否定しました。ウェストガースが先か、『アセネウム』が先か、微妙なところですが、オウエンがバニヤップにかなりの関心を抱いていたことは確かです。そして、オウエンは締めくくりに、動物の種を確かめるためには、どんな場合でもロンドン、つまり自分の元に標本を送るように求めています(113)。イギリスは世界の学問の中心ですから、オクスブリッジに足を向けて寝ると罰が当たりますよ。

偽物

51　一八四八年・革命の年

一八四八年は、ヨーロッパで革命の嵐が吹き荒れて、ウィーン体制と呼ばれる復古的な政治システムが大きく動揺した年です。イギリスでもチャーティスト運動と呼ばれる労働者の運動が盛り上がりを見せていました。しかし、南海の大陸オーストラリアでは責任政府を求める活動がようやく緒に就いたばかりでした。

バニヤップに戻ります。一八四八年のバニヤップに関する記事をトローヴで検索すると七一例あります。これからその内容を検討します。革命があちこちで起こっているのにずいぶん悠長な、と思われるかもしれませんが、地球の裏側まで来ると嵐もそよ風くらいになりますし、カリフォルニアとヴィクトリアのゴールドラッシュがもたらした世界的な景気回復は、結局ヨーロッパの革命の火も消してしまいます。

四八年の一番大きな特徴は、水辺に棲む怪物という意味から派生して、多様なものにバニヤップという言葉が使われるようになった点です。競争馬がバニヤップと名づけられたことはすでにお話ししましたが（⇩127頁参照）、それは七例に減る一方で、二軒の酒場、船、牧場の名前としても使われるようになります。劇のタイトルにも登場するだけでなく、少なくとも二つの詩がバニヤップに言及し、広告を信じるかぎり農事暦にもバニヤップが挿絵入りで現れました。怪物の例、疑わしいもの、偽物、怪しいものなどを比喩的に表現したり、嘲笑したりするためにも、バニヤップは多用されるようになります。一番興味深いのは、政治家をバニヤップに喩えた例で、さまざまな政治家をおもしろおかしく説明したなかに、「ブロートン、「バニヤップ」、すなわち出処の怪しいニューサウスウェールズの動物」という解説があります。バニヤップと政治との関係については後ほど(114)。

ところで実際にバニヤップを目撃したという記事は、七一例のうち七種類二三例あります。一つ目は幽霊の正体見たり枯れ尾花的な記事です。二人のスポーツマンがバニヤップだと思って銃で仕留めたところ、実際は牛方のジャケットだったという笑い話です。メルボルンの『アーガス』に現れますが、『ポートランド・ガーディアン』からの転載です(115)。

次のケースも同じ『アーガス』の記事で、すでに引用したものです。植物園にいるバニヤップのからかい半分の記事です。メルボルンの新聞にはバニヤップの存在を少し馬鹿にしたようなところが見られるようになります。同じく『アーガス』は、ポート・フェアリーに住む『ポートランド・ガゼット』への投書者のR・ウィリアムズが、ユーメララ川で「本物の生きたバニヤップ」を見たという記事も掲載しています。ポート・フェアリーはメルボルンの西三〇〇キロくらいにある港町で、ユーメララ川はさらに西に一五キロ進んだところで海に注いでいます。ユーメララ川は、「ユーメララの岸辺」（別名多し）というカントリーソングに歌われており、歌のなかではセレクターと呼ばれる貧農が、農業はもうしない、狭い土地ではスクオッターと呼ばれる大農場主の牛を盗む方が楽だからと語ります。当時の貧農の意識を示していて「実におもしろい」ですね。話を戻します。ここで目撃されたバニヤップは、「茶色っぽい色で、カンガルーのような頭の形をしており、見たところ恐ろしい歯を備えている巨大な口を持ち、長い首には背中の半ばまで届く豊かなたてがみが生えて」いました。ウィリアムズは、「体の後部は水に隠れていたが、成牛と同じくらいの大きさだと思われた」と言っています(116)。

別の事例は、現在のヴィクトリア州の中央部を流れるゴールバーン川で、一人の医者がバニヤップを目撃したという短い記事。さらに同じゴールバーンでも、現在のニューサウスウェールズにある町からの報道は、もっと詳しいものでした。ゴールバーンの町は、一八二一年にマナティーのような生き物が現れたバサースト湖の北四〇キロくらいにあります。一〇月二一日に『ゴールバーン・ヘラルド』に掲載された、「広く知れ渡ったバニヤップが再出現した」という記事がブリスベンの新聞『モートン・ベイ・クリア』に転載されています。それによると、マランビジー川に沿ってある紳士が馬を進めていると、川に丸太が流れていました。しかし、近づいて見ると丸太は流れに逆らって進んでいて、何らかの生き物のようでした。さらに目を凝らして見ると、まさにバニヤップに違いありません。怪物は彼のいる浅瀬の方に向かって来ました。怪物は獲物を襲うかのように水の中に潜りましたが、それはあたかも渦に呑まれる船のようでした。しかし、すぐに水面に浮かびあがって、その姿を現しました。「それは少なくとも一〇・五メートル以上で、胴まわりは一番太いところで五メートルあまりあった。頭は馬のような形に似ており、首のところには厚くてもじゃもじゃのたてがみをはやしていて、色はくすんだ茶色だった。……歯の大きさや色は牛の肩甲骨の上部のようで、くすんだ黄色をしていた」[117]。

さらに、ポートランドにも出現です。ポートランドは現在のヴィクトリア州の西端近くの港町です。二つの新聞に、兵舎近くの沼でバニヤップが繰り返し目撃されているという、『ポートランド・ガゼット』の記事が転載されています。最後の一つは、西オーストラリアのパースの「海のバニヤップ」という新聞の記事です。過去数か月間にわたって、ポートフィリップのバニヤップの記事をいくつも転載してきたという前置きに始まって、『ジロング・アドヴァタイザー』の記事から、バニヤップはアザラシの仲間だと主張しています。オーストラリアで一般的に見られるのはアシカであるのに対して、ジロングで見せ物になっているのは、体長三メートルを超えるアザラシで、アシカとは異なり耳がなく、尾にはっきりと特徴があると述べています。バニヤップ＝アザラシ・アシカ説はけっこう有力な説で、これもまた後ほど[118]。

52　地方新聞の勃興

次は記事の内容を検討するのではなくて、記事の出処について考えてみましょう。変化球です。有力な目撃情報の元は、『ポートランド・ガゼット』(二例)、『ゴールバーン・ヘラルド』、からかい半分ですが『アーガス』、これも一つは冗談めかしですが『ポートランド・ガーディアン』(二例)、『ジロング・アドヴァタイザー』となっています。メルボルンの『アーガス』を除けば、すべて地方の町の新聞です。バニヤップはそういう地方に出現しているから、地元の新聞が取り上げただけで不思議でもなんでもないと言えば、身も蓋もないですが、なんせバニヤップは妖獣です。その地域に現実にいるかどうか、それ自体があいまいな生き物ですから、こうした記事がある地域で現れたことの理由を考える価値はあります。

すでに新聞を通じた情報の拡散には触れました。そうした情報網はいつできたのでしょうか。バニヤップの存在を最初に伝えた『ジロング・アドヴァタイザー』は、一八四〇年一一月の創刊でした。ポートフィリップでこれに続くのはポートランドで、二つの新聞が一八四二年に創刊されています。その後は、一八四九年にポート・フェアリーに新しい新聞が創刊されるまで、この二つの町だけに地方新聞がありました。また、ニューサウスウェールズでは、『ゴールバーン・ヘラルド』が一八四八年に創刊されました。バニヤップのニュースを積極的に転載した『モートン・ベイ・クリア』は一八四八年の創刊。『メイトランド・マーキュリー』は一八四一年の創刊です。この他にも一八四〇年代には多くの地方新聞が創刊されたり、刊行頻度が増えたりしました。四〇年代にバニヤップが広く知られるようになり、定着していくのは、こうした地方新聞が創設されたことと無関係だとは思われません(119)。

当時の新聞には、小説のような読み物が載ることはめったにありませんでした。バニヤップに関する記事は、数少ない娯楽的な読み物、しかも読者が住んでいる地域に関わる身近な話題を提供する貴重な読み物だったと思われます。もう一つ忘れてならないのは、地方の新聞は一つの町だけを対象にしたものではなかったという点です。この時期、ポートフィリップの地方新聞のすべてが港町にあり、そこは羊毛やその他の物産の集積地でした。これらの港町の背後に広がるアーチ状の後背地は新聞の購読圏になっていました。こうした地域には、ポート・フェアリーに住みながら『ポートランド・ガゼット』への投書者だったR・ウィリアムズのような人物がいて、新聞記事の一つの源泉になっていました。

新聞の配達には、郵便制度も不可欠です。一八四〇年代まで、植民地では新聞の郵送が無料でしたから、地方の新聞は、後背地への配達を郵便に頼るだけではなく、他の地域のニュース、例えば、メルボルンやシドニーなどのニュースを、郵送されてくる新聞を利用して転載していました。週一回、二回の地方新聞の刊行日を、郵便船の到着日に合わせて調整していたほどですから、その重要性は明白です。新聞の創刊は、郵便局が町にできてから起こる現象でした。逆に通常の手紙は、運ぶ距離や重さで割高の料金が設定されていたので、新聞への投稿や個人の情報は、旅行者などによる手渡しで伝わっていたことも多かったと思われます。

バニヤップと郵便。一見したところ何の関係もなさそうですが、バニヤップは郵便の産物でもあったのかもしれません。ちなみに一八四六年にポートフィリップにいた成人で字が読めない人は約一四パーセントでしたので、費用のことを考えなければ、大部分の人が新聞から容易に情報を得られたと言えます(20)。

53　一八四九年・野ブタ

イギリス政府はオーストラリアへの流刑囚の輸送を再開しようとしました。それに対する抵抗運動が、オーストラリア各地で盛り上がり、大規模な抗議運動が展開されます。革命の息吹がようやくオーストラリアにも少しばかり伝わったのかもしれません。

一八四九年のトローヴによるバニヤップの検索では六六例が見つかります。そのうちの二四例はホテル、六例は新しい道路の名前でした。競争馬も六例あります。パントマイムにバニヤップが登場し、人をバニヤップに喩える例もいくつも見られます。船員を半分バニヤップと呼んだり、暴力的な若者をバニヤップと呼んだり、羊毛刈り職人をヤマアラシとバニヤップの間の何ものかと呼んだりする例が見られます。バニヤップに喩えられるのは、一般的に不名誉なことでした。しかし、オーストラリアの三大驚異を「ミンディー（巨大なヘビ)、バニヤップ、オーストラリアのメリノ」としている例もあります(121)。

実際のバニヤップの目撃例は四件あり、その関連記事は一三例あります。一つ目は、すでに述べた『ゴールバーン・ヘラルド』のマランビジー川のバニヤップが、『パース・ガゼット』に転載されたものです。これに続いたのは、『シドニー・モーニング・ヘラルド』が、シドニーの北西約五〇キロにあるウインザーの町の寄稿者からのニュースとして伝えた、イエロウ・マンディ沼のバニヤップです。このバニヤップは、目撃者によると角のない牛か馬のようで、銃で撃った人もいるけれども、弾は壁に当たったような音を立てて落ちただけだったそうです。弾を跳ね返すところはまるで遠野の猿の経立です。スポーツ紙に相当する『ベルズ・ライフ・イン・シドニー』は、「ブルドッグを大きくしたような頭で、ヒレは非常に幅広く、水かきがついており、先端は人間の指のようになっている。また、黒っぽい毛皮に覆われており猫のような髭をしている。上品な尾は、ライオンの尾のようで、耳はピンと立ち、幅が一・五メートルほどの胸をしている」と描写しています。もう一件は、同様のスポーツ紙『シドニー・ピクウィック』からの転載記事で、ニューサウスウェールズ北部のヘイスティングス川でバニヤップが目撃されたという内容です。これまででは最北端の発見場所です。鳥と獣の混ざったような頭、ラクダの首を短くしたような首、頭と肩は長い茶色の毛に覆われ、前脚は比較的短く、鋭い爪がついていたといいます(122)。

最後の一件は、フィリップ・アイランドで目撃されたバニヤップです。ここはメルボルンから南東に一時間半くらいの場所で、ペンギンやアシカが見られる観光地として知られています。バニヤップは二メートルほどの大きさで、「半分人間、半分ヒヒ」のようであった。「いくぶん長い首に、エミューのような羽毛が生えていた」と、目撃者のエドワーズ氏は描写していますが、この記事を『メルボルン・モーニング・ヘラル

湊智瑛作　バニヤップ

ド』から転載した、『アーガス』は、この内容をまったく信用していません。『アーガス』は次のように述べています。

もし最も信じやすい人間が、悪戯好きのエドワーズ氏に冷酷にも騙されているのではなく、つまり、フィリップ・アイランドで本当に動物が目撃されたのだとすれば、疑いなくそれは巨大な野ブタだったろう。島では野ブタが横行しているのはよく知られた事実である。大きなブタを「紛れもないバニヤップ」に変身させるのにはずいぶんと骨が折れよう(123)。

さらに返す刀で、その名誉（責任）はこの動物を目撃した者の興奮のあまりの空想と、これを書いた人間、つまり新聞の鮮烈な想像力にあると断じました。そのすぐ後に、『ヘラルド』から、ブタであるはずがないという反論があったようですが、重要なことは、バニヤップの存在の真偽ではなく、それを無批判に掲載する『ヘラルド』に対しても、攻撃の矛先が向けられていることです。バニヤップは事実の世界から空想の世界へと、さらに一歩踏み出したと言えるように思います。「半分人間、半分ヒヒ」のようで、「いくぶん長い首に、エミューのような羽毛が生えて」いるという動物の描写は、繰り返し批判の槍玉にあげられました。研究者のレイヴンズクロフトは、この後エミュー的な首を持つタイプのバニヤップの目撃例がなくなると述べていますが、バニヤップに対する入植者の意識の変化を示しているのだと思います(124)。

シドニーの『ベルズ・ライフ』は、『アーガス』からの引用に、さらに辛辣に「エドワーズ氏は、ナルシスのごとく、静かな湖に映った自分自身の姿を紛れもない怪物と見誤ったのではないだろうか」と結びの言葉を付け足しています。『アーガス』は、傷口に塩を塗り込むかのように、この『ベルズ・ライフ』の記事をさらに引用して、これは「顕著な発見を愚かな人間の耳に委ねるとどうなるかを示すよい例だ」と攻め立てました。バニヤップ報道に対するこうした中心都市の新聞の批判的な立場とは対照的に、一八四九年に創刊された地方新聞の『バサースト・フリー・プレス』や前述の『モートン・ベイ・クリア』は、『ヘラルド』の記事を忠実にそのまま転載しています(125)。

54　一八五〇年・馬鹿

一年ごとに進んでこの先どうなる。「年代記かよ」と突っ込まれるかもしれません。こういう手法では、本を一〇冊書いても終わりません。心細くなってきましたが、乗りかかった艀《はしけ》。前進あるのみ（「日本軍かよ」

または「大学改革かよ」)。

一八五〇年には、責任政府の獲得や民主主義の発展を促進するオーストラリア連盟という組織が結成されたり、反囚人運動が盛り上がりを見せるなど、「政治活動の宝石箱や」と思わず口に出ます。また、ヴィクトリア植民地の分離が決まり、新しい時代が鳴動し始めました。さて一八五〇年のバニヤップ検索には、六三例の記事が現れます。さっそくその検討に移りましょう。

道路の名前三三例、ホテル一四例が大部分を占めています。残りの記事で面白い例としては、ヴィクトリア植民地のニューサウスウェールズからの分離を祝う大仮装舞踏会の記事があり、出席者の一覧にバニヤップの仮装をした人が現れます。この出席者一覧はしごく大切なものでした。それはメルボルン上流社会の一員としての鑑定書でした。英語のソサエティという言葉はふつう社会と訳されますが、上流社会の人びとがこの言葉を使うときには、自分たちの仲間のことを指して使います。日本語では社交界という別の言葉を当てますが、英語には別の言葉がありません。バニヤップも鹿鳴館入りに成功です(126)。

ボタニー湾の野生人という見せ物があったことはお話ししました。この年、ジロングの町では、バニヤップだと称する見せ物が二件登場します。ただし『ジロング・アドヴァタイザー』は、これらを偽物だと報じています。記事によると最初は三月、ジロングのパブで六ペンスの入場料を取ってバニヤップの死体が公開されました。しかし、それを見た人は甲羅を剝いだカメだとか、溺死したブルドッグだとか、飢えさせて溺れさせたブタだとかいろいろな意見を言っていました。他方で、これをバニヤップだと信じる人も多く、一時は多数派をしめました。皮を剝いだ羊のようだ。クジラのようだとさまざまな意見が飛び交うなかで、これをじっと見た一人の少年が、何に似ているかはわからないけれども、何かはわかると言いました。「これはまちがいなく幼い子牛だ」と言うと、皆は納得したということです。「一人の馬鹿は多数の馬鹿を生む」ということわざが当てはまると『アドヴァタイザー』は言っています。もう一つは一〇月の記事で、生きたバニヤップという謳い文句だったが、実際はネイティヴ・ベア、つまりコアラにすぎなかったという内容です(127)。

バニヤップを比喩的に用いる表現も散見され、珍しいもの、恐ろしいもの、変な怪物、ありそうもないこと、一定の間隔で登場する話題などの喩えに使われています。実際のバニヤップの目撃例は一件で記事が五例あります。場所はローガン川の流域、ブリスベンとゴールドコーストの間で海に注ぐ川です。バニヤップの出現場所がさらに北のクィーンズランドまで拡大。最初にこれを報じた『モートン・ベイ・クリア』は、バニヤップについて語ることに関しておもしろい発言をしています。まずタイトルが「バニヤップ、あるいはそれに似た何か」と慎重です。続いて、「信じられるものも、信じられないものも含めて、あまりに多くの話がいわゆる「バニヤップ」の出現については語られているので、このテーマはとても微妙で扱いにくくなっている」と述べています。積極的にバニヤップ報道を展開してきた『クリア』でさえ、バニヤップを軽々しく報道するのを躊躇する状況があったことがわかります。それでも、目撃者の社会的地位が高く、信頼のおける人だと言い訳をして、目撃譚に移っています。それによると、頭は長く平ら、カモノハシのくちばしのような感じで、白い角が二本はえていました。胴は頭から一・五メートルほど離れていて、巨大なウナギみたいに見え、大人くらいの太さがありました。さらにそこからとぐろを巻いているようでした。とぐろの先の尾は魚みたいでしたが、半透明の膀胱のような感じでした。大きさは水面に見えている部分だけで九メートルはあったということです。この生物の現れた場所は円周二キロ足らずの深い沼で、アボリジナルの人びとは沼に入ろうとしなかったそうです。記事は二つの新聞に転載され、他の二つが簡単に紹介していますが、その一つ『ベルズ・ライフ』は噂という形で取り上げています(128)。

55　一八五一年・金の発見

この年オーストラリアでは、選挙権の拡大を求める運動がいっそう活発化する一方で、ニューサウスウェールズで金が発見されます。分離したヴィクトリア植民地でも金が発見されると、本格的なゴールドラッシュが始まりました。「本当の宝石箱や」。金鉱では鉱夫たちが高額な採掘許可状の支払いに抗議して、政治改革を要求します。政治の季節が到来。バニヤップ検索には一三二例引っかかります。バニヤップにもこうした状況が投影されるのですが、その前に。

56　チャリカム

検索数が最大なのはチャリカム・バニヤップ Challicum の五九例、これに競走馬の二一例、船の一三例が続きます。この他、ホテルが六例、牧場が五例というところが主要な事例です(129)。チャリカム・バニヤップは、『オーストラレイジアン』というイギリスの定期刊行物の内容を要約して紹介するジロングの雑誌に、読み物として掲載されたのですが、検索数が多いのは繰り返し新聞広告が打たれたからです。チャリカム・バニヤップについては、『オーストラレイジアン』以降の関連資料を網羅したマッソーラの研究があります。このバニヤップは、一九世紀の先住民が描いた数少ないバニヤップ画の一例ですので、少し詳しく。

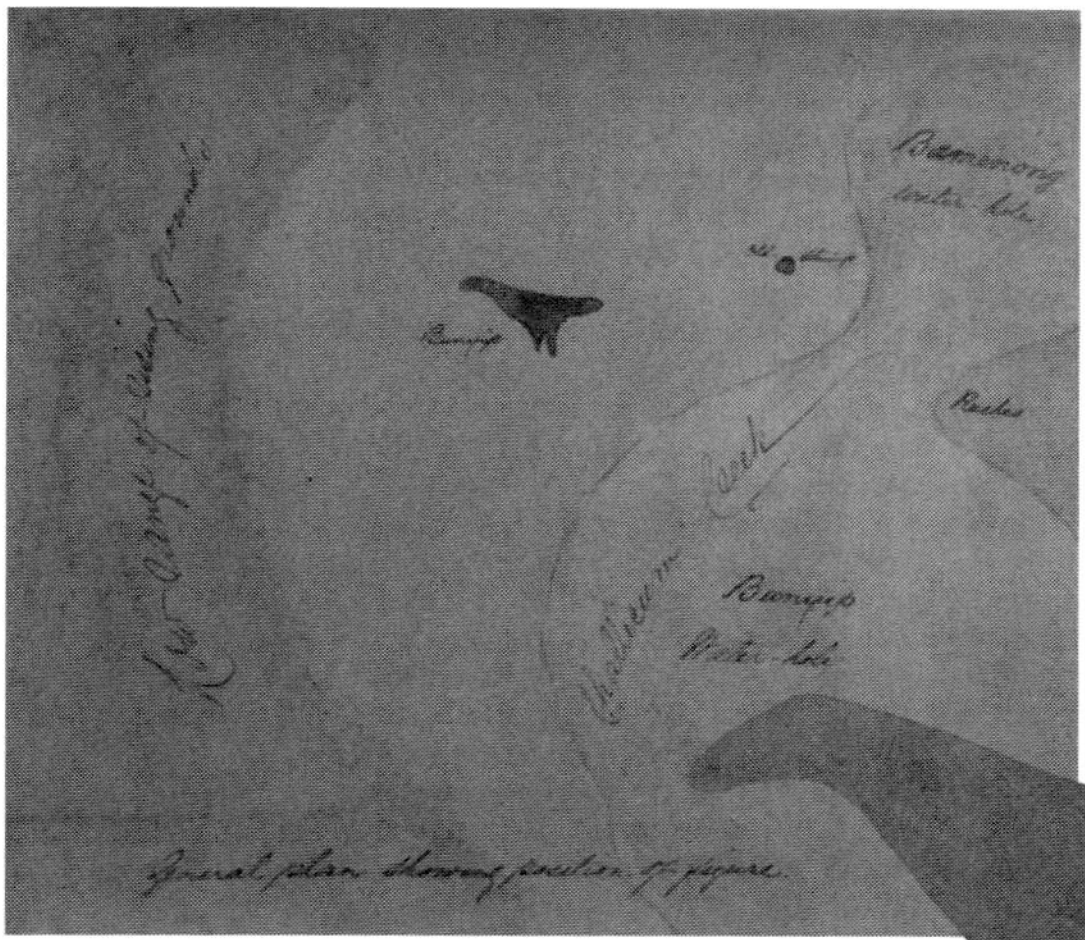

バニヤップの輪郭のスケッチ

ファイアリー・クリークの沼とバニヤップの輪郭の位置関係
次頁の絵と照合してみてください
（右のスケッチともに Massola, 'The Challicum Bunyip' より）

チャリカムは、アララットの近く、メルボルンの西北西、車で二時間ほどの位置にある牧場です。そこにはファイアリー・クリークに沿って三つの深い沼があり、先住民は怪物が棲んでいると言い伝えていました。オーストラリアではよくあることですが、ファイアリー・クリークはふつう夏には干上がって、沼が流れに沿って点々と残るだけになります。ある日一人の黒人が、ファイアリー・クリークでバニヤップに食い殺されました。これを見た仲間がバニヤップに槍を突き刺し、水から引きずり出しました。先住民たちは、土手の草の上に横たわったバニヤップの輪郭を型取り、死体が朽ち果てると輪郭の内側の土を取り除きました。この出来事がいつ起こったのかはわかりませんが、先住民たちは定期的にここを訪れて、この型の内側の草を取り除いていました。それはドリーミングに関わる儀式と関係した行動だったと思われます。また、先住民たちは、この地域の深い沼には今でも多くのバニヤップが棲んでいると言っていました。この生物の輪

バニヤップがいたとされるチャリカム牧場のファイアリー・クリークのスケッチ
（*The Challicum Sketch Book* より）

郭の大きさは、全長約八・五メートルから一〇メートルといわれています。しかし、先住民の数が減るとともに、この習慣はすたれ、今では場所を特定できません。ファイアリー・クリークの部族の最後の生き残り、トミー・ウエアは一八八六年に死んでいます。

マッソーラは、この動物がたまにしか現れないこと、そのスケッチの形状などを根拠に、東南オーストラリア・オットセイが内陸まで遡上したのではないかと推測しています。内陸に住む先住民にとってオットセイは見慣れない動物だったので、先住民が沼に落ちて死ぬ原因と結びつけられて、バニヤップ伝説が生まれてきたという説です。チャリカム・バニヤップについては、これ以外にほとんど情報はありませんが、この機会に、一九世紀に先住民が描いたとされる数少ないバニヤップの絵を、他にも紹介しておきます(130)。

ヴィクトリア植民地の鉱山管理者であり、先住民保護委員会の一員でもあったブラフ・スマイスが、一九世紀後半に先住民が描いたバニヤップの絵を二種類残

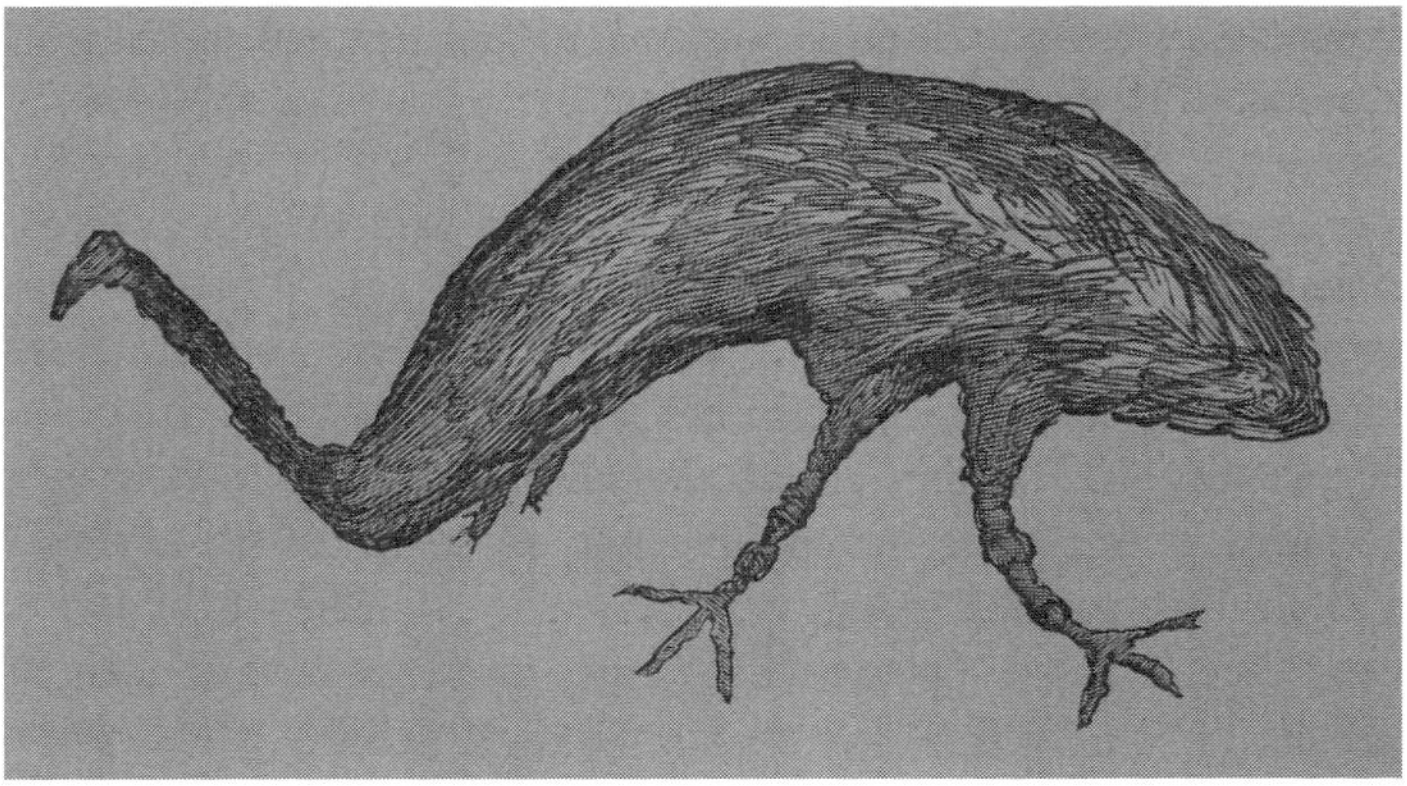

先住民カラックが描いたバニヤップ
（Smyth, *The Aborigines of Victoria,* 1878より）

しています。フィリップ・アイランドの北に広がるウェスタンポート湾に住んでいた、先住民カラックが描いたバニヤップ、つまりトゥールーダン Toor-roo-dun の絵がその一つです。この絵は、オーストラリアの走鳥エミューに似ています。ただし小さな前脚があります。ウェスタンポート湾には、真夏でも水を湛える湖があり、トゥールーダンが棲んでいました。現在トゥールダン Tooradin の町がそこにあります。また、バニヤップ川が町を通って湾に流れ込んでいます。スマイスによれば、先住民はこの湖でけっして水浴びをしませんでした。なぜなら大昔、湖で水浴びをした人びとがすべて溺れて、トゥールーダンに食べられてしまったからです。

ゴールバーン川の先住民も、この生き物をひどく恐れていましたが、トゥールーダンは先住民を食べるのではなく、逃げられないように死ぬまで捕まえておくと想像していました。バンイー・バンイーと同じですね。巨大なオットセイのような生き物がいて、深い淵

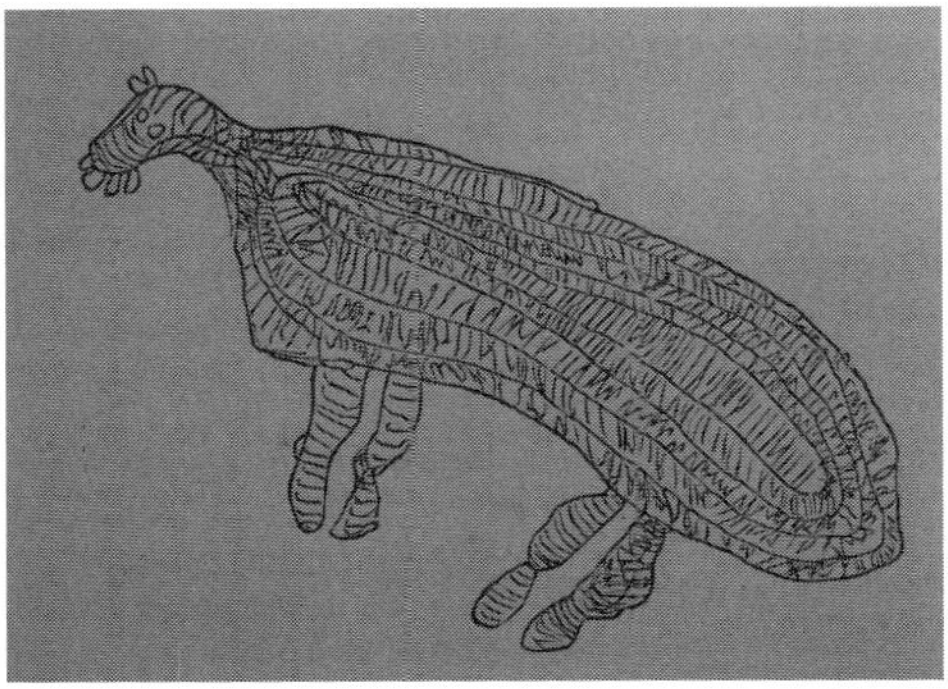

1848 年にマリー川の先住民が描いたバニヤップ
（Smyth, *The Aborigines of Victoria*, 1878 より）

の底に棲み、夜には恐ろしいうなり声をあげて、近づいてくる先住民の命を奪うという話が広く信じられていました。

もう一つのバニヤップの絵は、一八四八年にマリー川の黒人によって描かれたものです。スマイスによれば、体の表面は鱗でも羽毛でもないのですが、実際のところ、その姿や生態について先住民はほとんど知りません。先住民はバニヤップをあまりに恐れるがゆえにその特徴をしっかりと見極められないようでした。ヴィクトリアで先住民への布教活動に従事していたＦ・Ａ・ハーゲナウアーによれば、祈禱師だけがバニヤップの棲みかを知っており、先住民は深い淵や葦や低木に囲まれた沼にバニヤップがいると言っていました。バニヤップがオットセイやヒョウアザラシだという説がありますが、スマイスは、先住民はオットセイの類は食用にさえしており、これをバニヤップと見間違うことはないだろうと考えています(131)。

この二番目の絵自体は、カンガルーに少し似ているでしょうか。それともカメでしょうか。アシカの仲間のようには見えませんが、不思議な絵です。

政治

57　バニヤップ選挙区

一八五一年の最も大きな特徴は、バニヤップという言葉が特定の政治的な対象に、繰り返し用いられるようになったことです。政治的な動物としてのバニヤップが誕生します。

ヴィクトリアが一八五一年に分離したことは述べました。一般的にイギリスの植民地では、公選制の下院と任命制の上院の二院からなる議会が総督政府とともに政治を行っていました。ところが、ニューサウスウェールズでは、選挙で選ばれた議員三分の二、総督が任命した議員三分の一で構成する立法評議会だけの一院制が採用されていました。ヴィクトリアがニューサウスウェールズから分かれることで、この構成のバランスが崩れ、立法評議会の選挙が行われることになります。多くの人びとは、この選挙がとても重大な意味を持つことを認識していました。というのは一八五〇年にイギリス議会で、オーストラリア植民地政府法が成立し、その条文では、ヴィクトリア植民地などの自立だけでなく、それぞれの植民地議会が今後の政治体制を決める憲法を作成することを認められていたからです。二院制の議会を選挙で選ぶような体制を作ることも可能でした。つまり一八五一年の選挙は、今後の植民地の政治体制を決める議員を選ぶ、きわめて重要な選挙でした(132)。

当時の政治地図については、ジェド・マーチンが適切な解説を行っています。当時、ニューサウスウェールズには、おおざっぱにいって、保守派、リベラル派、急進派の三つの流動的な政治集団がありました。保守派は、大土地所有者やスクオッターと呼ばれる大規模に羊の放牧を行う集団の利害をおおむね代表していました。W・C・ウェントワースは、かつて保守派に対抗し、元囚人の権利の擁護を訴えるなど改革派の旗手でしたが、一八四〇年代以降はスクオッターと手を結び、保守派を代表する政治家になっていました。この保守派に対して、漸進的な自由主義的改革を望む都市の商人や専門職の人びとを中心に、リベラルな見解を表明する集団、つまりリベラル派がいましたが、その動向は成り行き次第でした。急進派は、十分なステイタスや影響力を持たない自由移民が中心で、運動の指導者となるような有力者を持ちませんでした。そこでオクスフォード出身の法律家ロバート・ロウや、長老派の聖職者ジョン・ダンモア・ラングなどを立法評議会議員に当選させることで、影響力を強めようとしていました。急進派の一人に、後に何度もニューサウスウェールズの首相になるヘンリー・パークスがいましたが、彼は一八五一年に『エンパイア』を創刊し、政治改革を訴え、保守的政治家を痛罵しました。保守派と急進派の最大の争点は、囚人労働の問題でした。保守派は安い労働力を入手するために、流刑再開の動きに賛成しましたが、急進派は激しく反発しました(133)。

ゴールドラッシュは流刑の問題を解決します。なぜならイギリス政府は、犯罪者に金鉱への無償の船旅を与えるかのような制度の廃止を決めたからです。それに代わって争点に浮上したのが、立法評議会の保守派による世襲制の上院の設置案です。一八五一年の選挙後の政治は、新しい植民地の政治システム、とりわけ議会のあり方をめぐって展開していきます。この間、ゴールドラッシュは意図せざるもう一つの結果をもたらします。一八五〇年の法律は、不動産の所有もしくは賃貸料の額によって選挙権を制限していましたが、ゴールドラッシュでインフレが突然進み、選挙権が大幅に拡大したからです。

前置きはこれくらいにして、これからバニヤップの政治的用例を一つずつ検討します。一八五一年四月三日、反流刑運動の支持者による晩餐会がシドニーのサーキュラー・キーで開かれました。そこで先ほど言及したラング師が演説し、バニヤップの比喩を用いました。ラング師はこれを、流刑囚受け入れに賛成する議員を当選させるために政府が作ったとされる、腐敗選挙区を批判するときに使います。ラング師はそこには「代表すべき人間はほとんどいないが、多数の羊や牛と、あの得体のしれない生き物バニヤップが無数にいる」と述べています。南オーストラリアの新聞は、この演説を羊や牛を省略して伝えていますから、「代表すべき人間はほとんどいないが、あの得体のしれない生き物バニヤップが無数にいる」と、腐敗選挙区とバニヤップの関係はいっそう緊密です。腐敗選挙区とは、有権者が少数で、公開投票制のもとで一部の有力者によって当選する議員が事実上決められる選挙区を指す表現で、一八三二年のイギリスの選挙改革の支持者たちが批判的によく用いました(134)。

パークスの『エンパイア』は四月一九日、保守派の指導者ウェントワースを風刺する記事を掲載します。田舎の腐敗選挙区で、ウェントワースは自分の信者たち、羊の群れに対し演説をします。彼は四人の中国人に囲まれ、遠くにはバニヤップの姿が見えます。彼が急に歌い出したのを聞いて、バニヤップは沼に飛び込み、

松平莉奈作　バニヤップ貴族　この絵を読み解いてみてください

羊たちは悲しみの声をあげました。それに対しウェントワースは「この気の狂った烏合の衆め」と応じます。中国人は、低賃金で働く契約労働者を示しています。それは中国人クーリーを導入して労働者の賃金を引き下げようとする牧羊業者の象徴でもあります。バニヤップは何を象徴しているのかあいまいですが、田舎の選挙区の住人であることは確かです。同じく『エンパイア』は、四月二二日にも「流刑囚保守主義者」という見出しの記事で、「オーストラリアの保守主義者はバニヤップよりも新しい得体のしれないもの」だと批判しています。さらに五月七日には、シドニーの選挙区からの立候補を表明したウェントワースに対し、当選したいのなら「最果てにいるバニヤップたち」を試した方がいいと警告しています。さらに翌月「バニヤップ選挙区」という言葉が、おそらく初めて明示的に登場します。六月五日の『エンパイア』で使われました。次の記事は八月一三日です。一三日の記事は「選挙運動が告知されるなかで、バニヤップたちは不気味な沈黙を保っている」と始まります。都市の選挙区では多くの立候補者が選挙戦を繰り広げているのに、田舎の選挙区には立候補者さえ名乗りをあげていないという説明が続きますので、バニヤップがこの地方の選挙区を指すことは自明です。その他に政治家をバニヤップに喩えた例もあります(135)。

九月一五日、ついにシドニーで立法評議会の選挙戦が始まりました。選挙候補者の指名集会で推薦を受けたラング師は、推薦演説に応える演説で、「シドニーでは、一万四七〇〇人ごとに議員が一人しかいないが、バニヤップと野蛮の地域では、一五〇〇人の有権者が五人の議員を選ぶ」と、選挙区の不均衡を批判しました。シドニーの選挙区では、それまでウェントワースが首位で連続当選を果たしていました。しかし、今回の選挙では三位でかろうじて当選し、首位の座はラング師に譲ります。『エンパイア』は、この結果を見て、ウェントワースにたたみかけるように批判を浴びせます。「彼の「誇りの場」がなくなった今となっては、その三等の議席を放棄して、すぐにバニヤップたちのところに行って、彼の活躍を強く望んでいるこれらの非民主的な選挙区の、どなたかの道徳的な美点に訴える以外にウェントワースに何かすることがあるのか」。ラング師と『エンパイア』が、バニヤップ選挙区という言葉の両親のようです(136)。

58　一八五二年・新語

「新しく強力な言葉が、オーストラリアのボキャブラリーに組み込まれた。バニヤップは、シドニーではペテン師、詐称者、ほら吹きなどの言葉と同義語になった。しかしながら、黒人たちは、彼らのお好みの狼男が、上位の権力によって消滅したことに気づかずに、伝説上のバニヤップについて身の毛もよだつような想像をし続けている」（G・C・マンディー）(137)。

この年、バニヤップは一〇二例現れます。このうち五八例がホテル、競走馬が一九例、場所が一一例となっています。これでもうほとんどです。「本物」のバニヤップについては一例だけで、アデレイドの新聞が南オーストラリアのマウント・ガンビアのバニヤップらしき生き物について伝えていますが、詳細はわかりません。この他、ジロングで行われた先住民のコラボリー（祭りの儀式）に大きなイグアナが登場したという記事は、それがバニヤップのことではないかと冗談めかしに伝えています(138)。

政治的な喩えは続きます。ラング師は一月に世襲の上院議員を「オーストラリアのバニヤップ」と呼んでいます。『エンパイア』も「マラノアのバニヤップたち」（マラノアは入植地の最北にある選挙区）と呼んだり、「我われの立法評議会は、指名議員とバニヤップ選挙区を持つことで、民衆の声を代表するという点では、大蔵省と懐中選挙区を持つ現在の英国庶民院と変わりがない」と述べて、腐敗選挙区という意味で使ったりしています。ちなみに懐中選挙区とは腐敗選挙区の別名です。マラノアは現在のクィーンズランド南部にあるのですが、これらの地域はシドニーから見れば、入植地の北限の田舎でした(139)。

ところで、クィーンズランドの新聞『モートン・ベイ・クリア』は、「モートン、ワイドベイ、バーネット、マラノアの代表」というタイトルの記事で、この問題に言及しています。「シドニーの一部の新聞は、上に名前をあげた選挙区を、「バニヤップ選挙区」と呼んで嘲笑い、立法評議会でこれらの選挙区を代表するという栄誉ある地位に指名された紳士たちを「バニヤップのための議員」と冷やかす傾向がある」。ただし、『クリア』は、これに反論するのではなく、「率直に言って、なるほど彼らはバニヤップだと認めなければならないかもしれないが、言及された議会で当然すべき代表の仕事さえ果たしていない」とさらに批判を重ねています。この記事は、バニヤップ選挙区、バニヤップ議員という言葉が党派的主張を超えて浸透してきた例です(140)。

『メイトランド・マーキュリー』は、ヴィクトリアの金鉱への旅行記を掲載しています。そこに次のような一文があります。「とても美しくロマンチックな谷で、深い川の畔で野営したとき、そこには深い淵があったので、私たちのなかでも想像力に富む人たちは、名高いバニヤップの棲みかではないかと言っていた」。バニヤップは、一方では政治化しつつ、他方では白人の空想上の動物にもなりつつあったのかもしれません。『エンパイア』には、「私の言っているのは白人のバニヤップのことです。黒人たちが自分のバニヤップを持っているなら、私たちも自分のバニヤップを持っても差し支えないでしょう」と言う人も現れました(141)。

59　一八五三年・議会外運動

「年代記」はここで終わります。この年、バニヤップ貴族という白人のバニヤップが全貌を現わすからです。一つの区切り。量的緩和はやめ時が大切です。また、新しい憲法作成に関連して、世襲制上院の提案が議会で検討され、それへの反対運動が起こります。これは日本の二〇一五年の安保法案（戦争法案）への反対と少し似ています。議会の多数派が世襲制上院案に賛成なのに対し、一般住民では反対派が多数を占め、議会外で反対運動を繰り広げました。さて、検索ではバニヤップが六八例が見つかります。中身を見ていきましょう。

最も多いのはマウント・ガンビアでのバニヤップの目撃例の転載記事で一〇例あります。もう一件バニヤップの目撃情報があり、記事は六例あります。南オーストラリアのマウント・リマーカブルに近い深い沼で、馬のような頭と首を持ち、剛くて密生した毛をした四・五〜五メートルくらいの生き物を見かけたという情報です。バニヤップの見せ物の情報も一件三例あります(142)。ホテルは九例、道路は六例と少なくなっており、総数の減少はこの種の例が減った影響です。残りの例の大部分は政治的なものです。それを詳しく見ましょう。

60　バニヤップ貴族階級

一八五三年八月一五日、シドニーのヴィクトリア劇場でパブリック・ミーティングが開かれ(143)、新しい憲法法案に抗議する決議が採択されます。集会が批判したのは、世襲貴族による上院設立の提案と議席配分の不均等でした。これは小泉政権時代のやらせのタウンミーティングとは異なり、市民の自発的な集会です。演説をした人のなかに、若き法律家で詩人でもあったダニエル・ヘンリー・デナヒーがいました。デナヒーは元囚人の両親の子として生まれましたが、若くして才能を認められるようになった教養人です。彼は、「バニヤップ貴族階級」という言葉を捻りだし、ウェントワースが企てた世襲制の貴族による上院設立の提案を葬り去った人物として、オーストラリア民主主義の歴史には不可欠な人になります。演説のさわりです。

提案されている一部の貴族たちを、空想の舞台に立たせて面白くたとえてみましょう。そうすることで、バンクォの幽霊がマクベスの視界のなかを歩いたように、これらの道化貴族たちの姿を見定めましょう（笑い）。これらのボタニー湾のベニスの貴族たち（笑い）、これらのオーストラリアの中国人高官（大爆笑）。世襲の爵位とあらゆる虚飾で飾り立てた彼らに、舞台の上を歩いてもらいましょう。最初は、白髪のウェントワースがゆったりと出てきます。しかし、こうした頭に貴族を象徴するイチゴの葉がどういう名誉を付け加えるかについては、私には想像さえできません（歓声）。次に来るのは生粋のオーストラリア生まれの貴族、ジェームズ・マッカーサー、伯爵の地位を望んでいるようです。そこで彼をカムデン伯と呼びましょう。彼の紋章には、フィールド・ヴェール、つまり紋章学でいう緑がお勧めで、その下地の上をニューサウスウェールズ騎士団のラム酒の樽で飾ればよいでしょう（大歓声と笑い）。……彼らの弱さは馬鹿ばかしいほどですが、このピグミーたちは大きなわるさができます。彼らが確かに心からその利益を考えている国に屈辱を与えて、ついにはダブリンの貧しいアイルランド人さえも、ボタニー湾の貴族を嘲笑するでしょう。実際のところ彼らをどう分類すればよいか迷っています。…オーストラリアではふつうの水モグラが、アヒルのようなくちばしを持つカモノハシに変身するのを誰もが知っています。この退化をいくぶん模倣して、彼らにバニヤップ貴族階級と呼ばれる恩恵を与えようと思います（大爆笑）(144)。

デナヒーは若くして巧みな演説で知られるようになり、自らも政治家となります。バニヤップを用いた強烈な風刺は、人びとの心に強く訴えかけたのは間違いありません。現在まで、辞書の用例となっているくらいですからね。ただし世襲制の上院の提案が本国イギリスで退けられたのは、別の理由だったように思われます(145)。

付け加えると、バニヤップ貴族階級という言葉を生み出したのがデナヒーだという説も疑わしいように思われます。この時期に急進派の人びとが保守主義者を攻撃する論点は二つありました。一つは腐敗選挙区の問題、もう一つは世襲制貴族からなる上院の設立の問題でした。バニヤップは両方に広く使われた侮辱的で、効果的な比喩でした。それが戦略的なものであったかどうかはわかりませんが、それをまず用いたのはラング師であり、繰り返し使って広めたのはパークスが創刊した急進派の新聞の『エンパイア』です。確かにバニヤップ貴族階級という言葉自体はデナヒーの造語かもしれませんが、保守派の有力者たちはすでにバニヤップに喩えられていましたし、バニヤップ選挙区はすでによく知られた表現でした。一八五三年のバニヤップの用例もそれを裏書きしています。

例えば『エンパイア』は一月に「バニヤップたちのための議員」や「前バニヤップ議員」という表現を使っていますし、四月には「羊やバニヤップに対する領主的な支配権」という言葉を使っています。パリ祭の日には、タスマニアのホバートの『コロニアル・タイムズ』が、ニューサウスウェールズでは、スクテッターの支配について「短縮された選挙人名簿とバニヤップ選挙区によって、彼らはどのような法律でも作ることができるが、その道徳的権力と社会的影響力は決定的に失われた」とコメントしています。さらにメルボルンの『アーガス』は、八月四日「植民地貴族」というタイトルの記事を掲載しています。

よく耳にするけれども、誰もしかと見たことがない半分空想上の生き物たちがいる。その存在は明確に確認されたというよりも疑いの目で見られており、その出現は突発的で漠然としているので、それが現れた時には、目撃した人は以前よりももっと疑わしく感じるようになる。こうした心性は機知に富むフランス人のことわざにうまく表現されている。「私は見た。そして私は信じなかった」。しかもその棲みかは、珍奇で好奇心をそそる自然史の標本を意を決して探す収集家をもってしても、見つけることはできないのである。こうした仲間には、大ウミヘビやバニヤップのような生き物が入るだろうが、それといくぶんよく似たカテゴリーに、植民地に貴族を創設しようとする計画も加えることができよう(146)。

さらに『バサースト・フリー・プレス』は、八月六日に「カンガルーとバニヤップを支配する領主」という表現を用いていますし、続く八月一三日には新しい憲法に反対するパブリック・ミーティングの詳細を報じ、そこでフィッツジェラルドという人物が「バニヤップ侯爵」という表現を用いています。これは後に『シドニー・モーニング・ヘラルド』にも転載されました(147)。

デナヒーが登場した集会の後はどうなったでしょう。演説の翌日、ウェントワース自身が立法評議会で長々と新憲法法案を擁護する演説を行っています。そのなかで、この法案の支持者がどのように呼ばれているかを苦々しげに語っています。ウェントワースは「バーミンガム貴族、成金貴族、バニヤップ貴族」と呼ばれているのを自覚していました。とくに「バニヤップ貴族」は、デナヒー演説の翌日にすでにウェントワースの耳に入りました。ウェントワースの発言は、その批判者を侮辱する発言とともに、ウェントワースを批判する勢力の宣伝に取り込まれます。

タスマニアの『ロンセストン・イグザミナー』は、「カンガルーとバニヤップを代表するスクオッターの議員」という表現を使い、『メイトランド・マーキュリー』はパブリック・ミーティングで、「バニヤップ貴族院」、「バニヤップ王」、「バニヤップ女王」という表現が使われたことを伝えています。『シドニー・モーニング・ヘラルド』によると、九月五日にシドニーのサーキュラー・キーで開かれたパブリック・ミーティングでは、デナヒー自身が「牛、バニヤップ、羊とユーカリの木を代表する多数派の議員」という表現をしています。『モートン・ベイ・クリア』もこのデナヒーの演説を引用しており、「あり余る土地を持つバニヤップの集団の指導者」という表現を見ることができます。その他にも『エンパイア』の投書欄には「バニヤップ選挙区」という言葉が現れますし、『バサースト・フリー・プレス』には、「詐欺的な選挙法が内陸部のカンガルーとバニヤップに代表権の多くの部分を与えている」と表現しています(148)。

デナヒーは、当時、雄弁で名高かったことは間違いありませんが、バニヤップの比喩は「バニヤップ貴族階級」に限られるのではなく、ラング師と急進派の『エンパイア』が攻撃のターゲットとした、世襲制の上院の提案と腐敗選挙区の両方を含めて広く使われています。さらに植民地各地の多くの新聞もこの比喩を使うようになりました。日本でしたら、「狸選挙区」というのはアリかもしれません。

61　ゴーラほら吹き協会

ほんの少し時代が下りますが、白人たちは新種のバニヤップを生み落します。一八六三年に南オーストラリアのゴーラで、『バニヤップ』という月刊新聞が創刊されました。この新聞は現在まで続いていますので、けっして冗談半分の活動ではなかったことがわかります。『バニヤップ』は日本のどの新聞よりも年寄、つまり怪物です。

ゴーラの町は、アデレイドの北に車で約五〇キロ、一時間弱くらいの場所にあり、ワインで有名なバロッサ・ヴァリーの正面玄関です。何度も訪れていますが、個人的に印象が強いのはレンタカーの修理に立ち寄ったことでしょうか。修理を待っている間に食べたステーキサンドイッチは美味でした。一九世紀、この町は半分冗談まじりに「植民地のアテネ」と呼ばれていました。人口千人あまりでしたが、ある研究者によると、ゴーラの町には「理由はまったくわからないし、うまく説明することもできないが、一八五九年末までに、かなり変わった住民の一団が集まってきた。彼らは、気質はさまざまだったが、非常に知的で、博識

ゴーラの中心部にある『バニヤップ』紙のオフィス
著者撮影

で、表現力の豊かな人びとだった」。当時の文化活動の例をいくつかあげれば、一八五九年の国民歌のコンテスト。九三以上のエントリーから詩が選ばれ、二三の候補者から作曲家が選ばれて、大賞になった「オーストラリアの歌」は、一九七〇年代まで南オーストラリアの学校で教え続けられました。一八六〇年にはアデレイドよりも二年前に博物館が開設されています。し、六一年には植民地の歴史が編纂されています。また、同年、ゴーラの地方史も執筆されましたが、これはアデレイドの町の地方史が出版される一〇年前でした。そして一八六三年の『バニヤップ・ゴーラほら吹き協会クロニクル』創刊です(149)。

「ほら吹き協会」とは、とぼけた名前です。けれども、一八六〇年に協会は会長のE・L・グランディを植民地議会の議員に推薦し、当選させています。ただし、その規約では植民地議会の議員は会員になれませんでしたが、ほら吹き協会なのでこれも仕方ありません。協会は、本来イギリス風の友愛協会のパロディーでしたが、政治家たちを風刺する傾向が強まり、『バニヤップ・ゴーラほら吹き協会クロニクル』が誕生しました。あまりに風刺の毒気が強かったので、創刊号から政治家に名誉毀損で訴えられています(150)。

現在、オーストラリアの州都と地方都市の格差はすさまじく、文化の流れは巨大な州都から地方都市への一方通行にしか見えません。しかし、こうした見方を過去へ投影するのは正しくはありません。近年までオーストラリアの地方は、新しい文化も産業も生み出す活気に満ちた場所でした。オーストラリアのカンタス航空、QANTASと書きますが、そのもとの言葉は、クィーンズランド・アンド・ノーザンテリトリー航空サーヴィスです。どうしようもないほどの田舎が空運業発祥の地です。さて『バニヤップ』創刊号に戻って、新聞がバニヤップと呼ばれる理由を拝見。

なぜバニヤップ？　なぜなら、バニヤップはオーストラリアの真正のほら吹きだからだ。オーストラリアのどこに行ったとしても、哀れな未開の黒人が、聞いたこともないような驚異譚で驚かせようとしたり、異常な恐怖を与えようとするときには、神秘的なバニヤップの影を持ち出してくる。いつも近くにいて、いつも現れそうに思われるが、けっして姿は見えず、理解できない。これこそ真正のペテンだ。ただ権力の座につくことさえできればと、あらゆる都合のいいことをあらゆる階級に約束する政治家がいるだろう。こうした政治家は、権力を握る者を引きずり降ろして、それにふさわしい優れた自分自身で取って代わろうとする。ある週には不信任の動議を提出し、翌週には正反対の投票を都合の良いように解釈する。他人の眼の中にある埃を懸命に探し求めるが、自分自身の眼の中にある梁《はり》には知らん顔。そのとき、バニヤップの影が現れる。

商人たちが、厳かにコンクラーベで、植民地の安定は、彼ら自身の取引に対するすべての制限を取り除くことに依存していると決議し、いっそうの負担を、税金を払っている他のコミュニティの者に背負わせるとき、バニヤップの巣窟は間近にある。

自分の労働と勤勉によってのし上がった人びとが、自分の出身階級を忘れ、現在の高みへと彼らが登ってきた梯子を蹴り倒し、労働市場をだぶだぶにし、不当な移民の導入によって、かつての仲間や協力者を破滅させるとき、ほとんどバニヤップの姿を一瞬見たようなものだ。

商人や牧場主や金貸しの資金によって支えられている新聞が、彼らこそが人民の自由の唯一の守護者だと叫ぶとき、バニヤップの金切り声が聞こえる。……

宮廷でも、都市でも、地方でも、荒野でも、どこでもバニヤップの存在は認められているが、しかし目撃されたことはない。その叫び声は耳に届くが、その出処はわからない。その足跡はあらゆるところで土に刻まれているが、その姿は誰にも見えない。実際それによって私たちは完全にけむに巻かれている。

それならば、ゴーラに生まれたこの偉大な組織の機関紙にとって、これほど適したシンボルは他にあるだろうか。……その天命は、すべての隠れたほら吹きたちを、彼らが強奪した高い地位から掃きだすこと、もしくは、その顔から、彼らが被っている愚劣さ、虚偽、欺瞞の仮面を引き剝がし、本来の穢れた醜悪な姿（社会の本当のバニヤップ）を、同胞の嘲りにさらすことである。

それゆえバニヤップなのだ。

自由で開かれた、まごうかたなきほら吹き。

『バニヤップ』を買おう。

日本でも日々、ありとあらゆる種類のバニヤップが出現していますので、バニヤップの歴史が書かれて当然。ところで『バニヤップ』は、バニヤップという生き物は先住民のほら話だとしています。同じように白人の世界にいるほら吹き（ペテン師）もバニヤップと呼び、それを白日の下にさらすのを義務とする新聞の名前にはバニヤップこそふさわしいと。バニヤップが虚構だという観念はここにきわまれりでしょうか(151)。

少し先を急ぎすぎましたね。エ、キドナ、また年代記？

諸説

62　一八五四年・課題

バニヤップの用例は二〇しかありません。授業の課題で学生に分類をさせてみました。先生超楽、学生迷惑、混乱授業、先生困惑。で、バニヤップの正体についての諸説を検討します。

63　不機嫌なバニヤップ

> 金の発見以来、バニヤップは「ずいぶん不機嫌」になった。おそらくそれは新しい移民がたくさんいるようになったからかもしれない。五一年以前には、バニヤップは私たちを楽しませるためにときどき現れたものだが、それ以来、彼、彼女もしくは**もの**は、人に知られない元からいた世界に引きこもっている(152)。

と『ジロング・アドヴァタイザー』は嘆いてみせます。バニヤップが不機嫌になったかどうかはわかりませんが、杉下右京がよく言うように「細かいことが気になるのが僕の悪い癖」なので、少しおつきあいください。その前にもう一つだけ。前に述べましたが、レイヴンズクロフトは、一八四九年一〇月二五日の『アーガス』を最後に、エミューのように首が長くて羽毛に覆われたバニヤップが現れなくなると述べています。なぜ、こういう姿のバニヤップは現れないのでしょうか。それはバニヤップの都合？　政治的なバニヤップの登場の影で、バニヤップという妖獣のイメージにも何らかの変化があったのでは……。検証のために、バニヤップ記事がかなり復活する一八五四年から五七年のバニヤップを検討します。

一八五四年の最初の記事は、マウント・リマーカブル近くで、馬のような頭と首を持つ、四・五～五メートルくらいの生き物を見たという一八五三年の記事の転載です。バニヤップは、鳥と爬虫類をかけ合わせたような怪物風ではなく、また大きさも怪物サイズには届かない、ずいぶん普通の生物のような描写になっています。さらに、これに対する投稿が『ロンセストン・イグザミナー』に現れます。

多くの人が、こうした生物の存在を、波頭で人魚が踊ったり、鷲と獅子が混じったグリフィンが秘密の宝庫を守ったりするのと同じくらいにありえないと思っているが、バニヤップを見たという人びとの数とその信頼性の高さを考えると、ニューオランダには、本当に大きな水陸両生の動物がいるという可能性が高い。……スゲの茂るオーストラリアの沼や湖に、カバもしくはそれに類する動物がいると聞いても、私が驚くことはないだろう(153)。

投稿は新聞が選択しているので、これは新聞が許容する見解といってもよいでしょう。信頼のおける人間によるバニヤップの目撃情報があった場合、それを実在の動物の一種と見なして、その動物の正体を類推するという態度が、シリアスなバニヤップ記事あるいは見解として認められる暗黙の前提となったようです。

つまり一九世紀後半からは、人魚やグリフィンとは違う、エミューと水生動物の雑種とは異なる、怪物ではないバニヤップの目撃が主流化します。

節の冒頭の記事には続きがあり、一八五五年の唯一のバニヤップ目撃例が描写されています。「マウント・モリアックの近辺のマージー何とかという場所で」、つまりジロングの西二〇キロくらいの所で。ここはバニヤップがよく現れた場所です。ただし「マージー何とか」と場所を特定する必要を感じないのは、この目撃を真剣に受け止めていない証拠です。このはっきりしない場所で、「農夫バートレット」が見知らぬ生物を目撃しました。

彼は、描写しようのない頭と首を水面に出した何かが浮いているのを何度か見ている。それは人間がこれまでに見た生き物とはまったく異なる何かで、描写からすると、ノア以前に存在したと地質学者がいっている生物と同じくらい醜い名前で、同じくらい大きい生物の一種か、他の何かのようである。当然ながら、農夫バートレットは恐れおののいた。それは、イクチオサウルスもしくはプレシオサウルス、あるいはこの有史以前のかわいい両者をかけ合わせ、メガテリウムと合体させてでき上がったものに、エミューの首をつけて近代化した生き物を、近代人が突然見たときにふつう示す反応だろう。この話を信じないのも当然だ。しかし、農夫バートレット以外の誰かの眼前に、こうした得体の知れない生物が突然現れたとしたら、彼以上にうまく説明できるだろうか。農夫バートレットはこれまでに見たことがないこの**もの**を見た。しかし、その後になって彼はこれをまた見た。この**もの**は、彼が二度目に見るまでは、彼がこれまでに見た何とも似ていなかった。そうすると農夫バートレットは明らかに、この**もの**を最初に見たそれ自体と較べていることになる。なぜなら、それは他の何ものにも似ていないからだ。

したがって、それはバニヤップということになる(154)。

記事はさらに続き、バニヤップを捕まえれば永遠に名前が残り、紋章官がいれば紋章を手に入れて貴族にもなれる（バニヤップ貴族？）だろうと結んでいます。「農夫バートレット」という表現の繰り返しは、目撃譚に信頼性が欠けていることの強調ですし、その内容は明らかに目撃情報を馬鹿にしています。おそらくこのバニヤップは、行間を読むと（心理学者になったつもりで、個人的には臥煙伊豆湖《がえんいずこ》「私は何でも知っている」が好みです）、エミューのように首が長くて羽毛に覆われたバニヤップだったと思われますが、もはやそうした描写の情報を提供するのを放棄してしまったようです。一八四九年を最後に現れなくなるのではなく、新聞が伝えなくなっただけではないでしょうか。

64　ダイプロトドン説

一八五六年三月二七日、『アーガス』はバックリーの本の紹介で、アシカに似たバニヤップに言及した部分を引用しています。四月五日『アデレイド・オブザーヴァー』は、アデレイド哲学協会の活動の紹介で、アデレイドの南一〇〇キロ弱にあるヤンカリラで、巨大な動物の足跡の化石が発見されたと伝えました。これに関連して、発見者のエドワード・リトルは、エミュー型のバニヤップにも言及したとのことです。四月八日『ベンディゴ・アドヴァタイザー』には、生きたバニヤップが見られるという広告が現れます。しかし、同紙の記者は公開の日になってバニヤップが逃亡したので取材に失敗し、「鷲の爪、ブタの頭、馬の胴、高さ一メートル五〇センチの怪物」を見せると言った人物を批判しています(155)。

化石が登場したので、かつてオーストラリアに棲息していた巨大有袋類が、バニヤップ伝説の元になっているという説を紹介しておきます。この有袋類の代表は、ジャイアント・ウォンバットとも呼ばれるダイプロトドンです。大きなものはカバくらいになる草食性の動物で、草原や水辺に棲んでいました。ダイプロトドンのような巨大有袋類は、オーストラリアに人類が到来するとともに、数万年前までに絶滅したと今では考えられているのですが、一九世紀の半ばにはこうした動物がいまだに生きている可能性があると思われていました。実際にニュージーランドでは、巨大な走鳥モアが約六〇〇年前まで生息していましたし、一八七〇年にはクィーンズランドで肺魚が見つかっていますから、あり得ない話でもなかったわけです。

ウェストガースは次のように述べています。

巨大な化石がヴィクトリアの各地で見つかっている。入植者がこれについて聞くと、先住民たちは、異様な姿をした巨大な動物、ある地域ではバニヤップ、別の地域ではカイアンプラティーと呼ばれる動物だと答え、この動物が現在もまだ生きていると力説する(156)。

ダイプロトドンの化石の断片は、一八三〇年代にニューサウスウェールズのウェリントン洞窟群で測量長官のトマス・ミッチェルらによって発見されていましたが、一八四七年にもっと完全な化石が現在のクィーンズランドで発見されました。これらの骨は、最終的に、モアの化石の最初の「発見者」でもあったイギリスのオウエンの元に送られます。しかし、その前にシドニーで展示され、大評判を博しました。科学者で有名な探検家のルドヴィク・ライカートは、これが有袋類の一種なのを初めて確認した人物で、シドニーではダイプロトドンの頭蓋骨の復元を手伝っています。彼のオーストラリア内陸部の探検の目的の一つは生きたダイプロトドンの発見でした。

こうした情報を元にして、ダイプロトドン＝バニヤップ説が唱えられてきました。しかし、この動物が

世界遺産ナラコート洞窟国立公園のダイプロトドンの実物大モデル
著者撮影

数万年前に絶滅していたとすると、その記憶が何万年も伝わり、今の景観に棲む動物に使われていることになります。太古の昔からの伝承がドリーミングの元だといわれます。しかし、一般的にアボリジナルの人びとが具体的に記憶している時代は、現在から遡ること一〇〇年くらいの間です。そうだとすると、現在の文化的景観に潜むバニヤップがダイプロトドンだという説は、有力だとは言えないでしょう(157)。

記事に戻ります。『シドニー・モーニング・ヘラルド』は六月、「オーストラリア動物学Ⅴ」でバニヤップを取り上げています。バニヤップの目撃例を論じた後に、バニヤップという観念がジュゴンに由来するという説を唱えています。ジュゴンやマナティーが水面へ浮上したとき、その顔が人間にも似ていることから人魚の起源とされるのと同じことが、バニヤップに関しても言えるとの主張です。『アーガス』は八月、「人魚、バニヤップもしくはアシカ」という記事で、ポートランドの沼地で「半分は女性、半分は魚で長い髪をした」人魚を見たという奇妙な話があると報道しています。他の人はここでバニヤップを目撃したと主張していることから、何らかの動物がいるのは疑いがないと述べた後に、最も可能性が高いのは、川を遡って来たアシカだと結んでいます(158)。

65 牛鳥説

次は一八五六年一二月に登場するバニヤップです。今回はヴィクトリア北部、ニューサウスウェールズとの境界の町ウォドンガに出現しました。その南にある金鉱の町、ビーチワースの『オヴンズ・コンスティチューション』によると、信用のおける紳士が、バニヤップがいるという沼に行ってみると、「人間のものとはとうてい思われない音、牛の唸り声にいくぶん似ているが、しかしもっと鈍い音が沼のほうから聞こえた」。新聞は、この音の正体をあばく人物が現れることを望むとして、記事を結んでいます。さらに広告欄では、ジャック教授がマリー川を挟んでウォドンガの対岸にあるオールベリーまで三匹のバニヤップを運ぶのに成功し、それらを連れてビーチワースに入るという案内が掲載されました。この続報はありません。そのかわりウォドンガのバニヤップの正体が明らかになります。牛鳥 bull-bird です。日本ではサンカノゴイと呼ばれる鳥です。バニヤップの声がするといわれる場所で、「赤いレンガ色をした鶴くらいの大きさの鳥」が見つかりました。この鳥は体に似合わず大きな声を張り上げて鳴き、それは「苦しんだ牛があげる声に似ていました」。バニヤップの声の正体が鳥だったとは少し驚きです。しかし、実は、サンカノゴイは赤いというよりも、枯れた葦などによく似た保護色で、人目にはなかなか触れません。それなのに大きな声を出すものですから、それを怪物の声と間違えても仕方ないでしょう(159)。

鳥と妖怪の組み合わせは日本でも見られます。柳田國男は、ある鳥を河童だと思っている人がいると報告しています。主に九州の話ですが、河童は秋の末から冬のかかりの、雨などの降る暗い晩にヒョンヒョンと鼻声みたいに細い声で鳴いて、浜の方から山手へと群れを成して飛んでいくと考えられていました。春になると今度は逆に、山から海岸に向かうといいます。真っ暗な晩ですから河童の姿を見た者はいないのですが、人びとはそれを河童の渡だと思ったわけです。その正体は、ムナグロという千鳥の仲間らしく、これを河童だと考える背景には、神が年ごとに遠い海を越えて訪れ来るという古来からの信仰があるのではないかと柳田は推論しています(160)。

話を戻しますが、この後、オーストラリアではサンカノゴイをバニヤップ鳥とも呼ぶようになります。研究者たちも古くから、サンカノゴイ＝バニヤップ説については言及しています。チャールズ・バレットは、アシカ説と関連させて、「黒人たちは生態の鋭い観察者であり、我われの鳥類学者よりもはるかにサンカノゴイとその習性については詳しい。しかし、沼や池の淵から聞こえるように思われる鳴き声を、空想上の怪物、バニヤップのものだと思ったのだ」と述べています。さらに「アボリジニの心の中に、巧みに隠れる鳥の鳴き声が、濁った静かな水に潜む恐ろしい生物がいて、そこから突然飛び出しては、油断している黒人を捕まえて、貪り食うという信仰を生んだとしても不思議ではなかろう」とも述べています。確かにアボリジナルの人びとも、サンカノゴイの声をバニヤップの声と聞き違えたのかもしれませんが、史料で確認できるのは、入植者が間違えたという事実だけです。白人入植者が牛の鳴くような声だけが聞こえるバニヤップの正体をあばこうとしたとき、サンカノゴイがその候補になりました。

一般的に、先住民がサンカノゴイをバニヤップ鳥と呼んでいたといわれますが、そうだとすれば、先住民はサンカノゴイがバニヤップではないと知っていたことになります。つまりバニヤップのような鳴き声の鳥なので、バニヤップ鳥と呼んでいるはずで、バニヤップとサンカノゴイが別のものだと認識しているはずです。こういう可能性もあります。先住民はサンカノゴイの声をはっきり認識していて、サンカノゴイの声を聞いてバニヤップだと騒いでいる白人の様子を奇妙だと感じて、「これは愚かな白人をだますバニヤップ鳥だ」と思い、こう呼ぶようになったのかもしれません(161)。

66　アシカ説

一八五七年三月一四日、メルボルンの二大新聞『エイジ』と『アーガス』が、オールベリーの『ボーダー・ポスト』からの転載記事を同時に掲載します。この同時性は、州境から首都までの交通が整備され、情報が迅速かつ安定的に伝わるようになった証左です。その内容は、マリー川流域で動植物のスケッチをしていたストッケラーという人物が、記者に見せたスケッチにバニヤップに似た動物が描かれていたというもので、ストッケラーによると、「バニヤップは、淡水に棲む大きなアシカで、櫂のような足もしくはヒレが肩のところについていた。白鳥のような首、犬のような顔をして、ペリカンのくちばしの袋に似た奇妙な袋が顎の下にぶらさがっていた。この動物はカモノハシのような毛で覆われており、光沢のある黒色をしていた」。彼はこの生物を六匹ほど目撃していて、大きさは一・五メートルから四・五メートル。このスケッチを見た先住民は「バニヤップの兄弟」と呼んでいたといいます。ただし、ストッケラー自身は後に、この動物をバニヤップと言ったことも、大きさに言及したことも、白鳥のような首と言ったこともないと否定しています(162)。

バニヤップ＝アシカ説の本格的な登場です。本当はバニヤップ＝アシカ・オットセイ・アザラシ・セイウチ説と言った方がよいのですが、簡略化。ラ・トローブがバニヤップの一部はアシカだと考えていたことは紹介しました。他にもバニヤップがアシカだと思った人はけっこういます。バニヤップの正体がアシカだという説がおそらく最も有力です。その背景を説明します。

バイカル湖にアザラシがいるように、オーストラリアの湖沼にも淡水に棲むアシカがいるかどうかは不明ですが、バニヤップが多く現れたマリー・ダーリング水系に、アシカ類が遡上していたことは確かです。当時のマリー・ダーリング水系は、ダムや堰によって多くの水が農業などに転用されている現在とは違って、大量の水をたたえる大河でした。また洪水のときには、アナ・ブランチと呼ばれる本流に並走する巨大な水路が出現するなど、ふだんは連絡のない湖沼が一挙に連結しました。こうした流れをたどってきたアシカや、場合によってはアザラシが、洪水がおさまり、湖沼の連絡が途絶えたときに内陸部に取り残されたとしても不思議ではありません。一九世紀に多くのバニヤップが目撃されているのに、二〇世紀には少なくなるという事実と、このアシカ説は符合します。マリー・ダーリング水系の灌漑は一八九〇年代に始まります。灌漑用水の使用は川の流量を大幅に低下させました。さらに一九二〇年代から四〇年代にかけて多数の堰やダムなどが作られます。その結果、アシカの遡上はきわめて難しくなったと思われます。『バニヤップの歴史』の著者フレットによると、バニヤップの目撃は、一八〇一年から一九三〇年にわたっており、とくに目撃情報が多かったのは、一八四〇年代と五〇年代、一八七〇年代と八〇年代でした。アシカ説は、バニヤップ目撃の増減を説明するのに有効です(163)。

内陸部で最初に捕獲されたアシカは、一八五〇年くらいにコナーゴの近くの沼で殺されて、剝製にされたアシカだと思われます。コナーゴはマランビジー川の流域にある町で、河口から約一四五〇キロ離れています。この剝製は、有名なコナーゴ・ホテルに飾られていたらしいのですが、確認はできませんでした。ちなみにホテルはユート（小型ピックアップトラック）の聖地になっていて、そのステッカーはマニアの垂涎の的のようです。オーストラリア博物館の学芸員であったエリス・トラウトンは、一八七〇年にシドニーの南二〇〇キロくらいにあるショウルヘイヴン川で、体長三メートルのヒョウアザラシが捕獲され、その胃の内容物にカモノハシがあったことを伝えています。同じくトラウトンは、かつてオーストラリア南東部に多数生息していたゾウアザラシが大型のバニヤップ伝説の元ではないかとも述べています。捕獲された例は他に一例で合計三例だけですが、目撃例は多数あります。ストッケラーもそうですが、例えば、ヴィクトリアの

靴磨きの広告に使われたバニヤップ
（*National Library of Australia News,* February 2001 より）

地質測量局長であったE・J・ダンは、一八五〇年、シドニーの南西約四〇〇キロに位置するガンダガイの町で、洪水のために足止めを食っていたときに、マランビジー川で何匹ものアシカを見つけて、撃ち殺そうとしたという体験を語っています。実際、川幅の拡大したマリー川をアシカの群れが遡り、それが内陸の河川や湖沼まで達して、バニヤップだと見間違われることはよくあったでしょう(164)。

67　恐竜説

一八五七年四月一四日、『シドニー・モーニング・ヘラルド』は、ニミー・クリークに近いマランビジー川で、羊飼いがバニヤップのような生物を見つけたと伝えています。大きな犬くらいのサイズで、平らな頭、大きくぎょろぎょろした眼、多くの突き出した歯、もじゃもじゃの髭があり、毛で覆われていました。尾は魚に似ており、二本の足と一組のヒレがついていたということです。これを伝えた記者は、この生物がカワウソの一種ではないかと述べています(165)。

こうした記事に対し、『ベンディゴ・アドヴァタイザー』は、多くの新聞がバニヤップに関する馬鹿げた記事を掲載するのは異常なことで、「バニヤップのような野獣が存在するという考えを抱くのは、世界最大の愚考だ」と批判します。ストッケラーの見た生き物は、歯と髭を除けば、これまで多くの人間を驚かせてきた巨大なマスク・ダックに違いないし、バニヤップに関しては、北方に棲むアリゲーターが伝説になったものだと述べています。マスク・ダックはオーストラリア南部だけに棲む、くちばしの下に大きな袋をぶら下げている大きな鳥です。五月『ベンディゴ・アドヴァタイザー』は、怪魚マリー・コッドに較べれば、バニヤップなど取るに足らないとも言っています。マリー・コッドはマリー川流域に棲む一〇〇キロにもなる巨大な淡水魚です。批判的に見えますが、この新聞は本当はバニヤップが大好きで、同じく五月に河口から二〇〇〇キロほど離れたところで見つかったサメに関する『シドニー・モーニング・ヘラルド』の記事に触れて、これがおそらくバニヤップではないかともコメントしています(166)。

六月一六日のアデレイドの新聞『サウス・オーストラリアン・レジスター』に、鉱物の収集家として有名だった人物、ヘンリー・マーシャルの投稿が掲載されており、彼はバニヤップが恐竜の生き残りだという説を唱えています。ストッケラーの見た生物は、首の長いところがプレシオサウルスによく似ているという主張です。前回にプレシオサウルスが登場したときはからかいでしたが、今度はいくぶん本気です(167)。

七月一三日、『エイジ』はクィーンズランドの新聞からの転載記事を掲載します。ブリスベンの南西三〇キロほどに位置するバンダンバー沼に、水面に一メートルほど体を出した毛に覆われた獰猛そうな得体の知れない生き物がいるという内容で、南方のブロメルトンの沼に出たバニヤップとともに「アボリジナルの人びとはその存在をよく知っている。ウナギにせよ、カワウソにせよ、あるいはアシカ類であったとしても、こうした生物がいる沼で泳ぐ者はいない」と述べています。記事は、これはストッケラーが見た「カイアンプラティー」の一種ではないかと結ばれています(168)。

一二月七日、『シドニー・モーニング・ヘラルド』は、二メートルあまりのアリゲーターがハンター川上流で見つかったという情報を伝えています。そのうえで、雨季に北の亜熱帯地域から数匹のアリゲーターが迷い込むことはありえることで、バニヤップの伝説は南方に紛れ込んできたアリゲーターが元だという説を開陳しています。一〇日後にも同紙は、シドニーの市場で一部の人が「本物のバニヤップ」と呼んでいる見せ物が評判を呼んでいるが、それはオットセイだと述べています。この動物は、ショウルヘイヴン川の河口付近の岩場でアボリジナルの人びとが捕えたということです。注でも指摘していますが、オーストラリアにいるワニは実際はクロコダイルです(169)。

これが五七年までのすべての例です。バニヤップとされる動物は、既存の動物もしくはかつてオーストラリアにいたとされる動物だと理解されていたことがわかります。「目撃されたバニヤップの正体はどういう生物か?」、これが新聞記事、つまり公的なメディアでの扱いでした。それは、五八年、五九年と進んでも同じです。

五八年二月にガンダガイでは四・五メートルくらいの黒褐色の生物が目撃されます。九月にはウェスタンポート湾で「アボリジニのバニヤップ」と呼ばれる生物が捕えられました。これをメルボルンで展示した人は、おそらくトドの一種だと述べています。このトドは一週間ほどで死に、剝製にされて、とくに批判を受けることもなくバニヤップだと宣伝されて各地で見せ物にされました。これがトドのような生物だということは、新聞を通じて広まっていましたから、トドをバニヤップと称して見せることが認められていたわけです。これは、トド自体を見た人が少なかったのも関係していると思いますが、バニヤップと呼ばれる生物が本当は別の生物で、それを見つけるということは、その生物の正体を明らかにすることだという前提がすでに共有されていたことの証左かもしれません(170)。

一二月には『サウス・オーストラリアン・アドヴァタイザー』がこれと似た動物がニューカスルで捕えられたことを伝えています。この記事には、『ボーダー・ポスト』の編集者が「怪物は二・四メートルの大きさで、頭はトラ、胴体はアシカ、後部はカンガルー・ドッグのようだ」と述べているとの補足があります。もちろん例外はあります。しかし、この得体の知れない合成怪物のような記述は二年間でこの記事だけです。

の記事を転載したのはアデレイドの二紙だけで、東部の新聞は完全に無視。また、転載した新聞も動物の描写については、ことさらに『ボーダー・ポスト』が述べていると断って、この叙述への責任を回避しています。しかも、二紙目は系列の週刊新聞が日刊紙を流用したもので、事実上一つの記事です。『ボーダー・ポスト』は、怪物的なバニヤップ記事を気楽に掲載する、例外的新聞と言えます(171)。

五九年五月にはバララットの『スター』が、イギリスの新聞が伝える、アフリカで見つかってリヴァプールで見せ物になっている生物はアシカ類で、メルボルンで展示されたバニヤップと似ていると述べています。九月には、タスマニアのロンセストンを流れるテイマ川に現れたバニヤップの記事が登場。これもトドであるとか、耳がなくアシカ類の頭蓋骨をしているなどと描写されています。一〇月にはシドニーで標本として展示されている、クィーンズランドのロックハンプトンで捕えられたアリゲーターの記事が現れます。記者はこれを黒人のバニヤップではないかと推量し、ワニを捕えた動物学者も同様の意見を述べています(172)。

68　蒸気船バニヤップ号

なぜこうした変化が起きたのでしょうか。マンディーの言うように、ペテン師、ほら吹き、政治家などの意味で多用されて、アボリジナルの人たちが語るバニヤップは白人のメディアから姿を消したのでしょうか。蒸気船の登場をその原因だと考える人たちがいます。アシカ説と関連して、蒸気船の音や波がアシカに恐怖を与え、アシカがマリー川を遡上しなくなり、バニヤップの目撃が少なくなったという主張です。一理あり。

一八五三年、二隻の蒸気船、ウィリアム・ランデルのメアリー・アン号と、フランシス・カデルのレディ・オーガスタ号が賞金を争って、マリー川とダーリング川の合流地点を目指しました。この争いはカデルが勝つのですが、マリー・ダーリング川流域の蒸気船による水運が始まった記念すべき年になりました。さらに五五年にはオールベリーまで蒸気船が遡ります。この間に、初の鉄道開通や電信線の設置、コブ・アンド・コウの定期馬車の開設、メルボルン大学の開校、新憲法の承認、最初の軍艦の進水、一日八時間労働を獲得した組合の出現、ユリーカ砦の反乱と選挙権の拡大など、まさしく文明開化が劇的に進展しました。蒸気船がアシカを驚かせた説もないとは言えませんが、重要なことは、オーストラリア東南部マリー・ダーリング川流域が、文明世界に変わったことだと思われます。それは実態というよりも、上記のようなさまざまな出来事が立て続けに起こり、毎日の話題となるなかで、人びとが文明の眼差しで、マリー・ダーリング川流域を見るようになったのがみそです(173)。

それを象徴するのが、ランデルによる蒸気船バニヤップ号の建造（五七年）と、マリー川における定期運航の開始（五八年）です。その結果、バニヤップ記事の多くは、蒸気船が乗っ取ります。蒸気船がいつ着くか、蒸気船は川をどこまで遡れるのか。船の運航を妨げる川の廃木をどうするのかなどに人びとの関心は集まりました。とりわけ、マリー・ダーリング川は、季節によって、また年によっても流量が大きく変わり、時期によって船が川を遡れないことや、途中で立ち往生すること、隠れた倒木に船がぶつかり沈没することがあったのでなおさらです。その後、蒸気船による羊毛輸出が実現し、牧場経営も盛んになりました。さらに水路は伸びて、ウィルカンヤ、バーク、一八六一年にはウォルゲットに達します。一八八〇年代まで河川交易が栄え、ウィルカンヤはニューサウスウェールズの第三の貿易港になったことさえあります。得体の知れない怪物バニヤップが占める地理的・文化的空間の多くが文明化しました。

一八五八年九月二九日に「バニヤップ哀歌」が新聞に掲載されます。

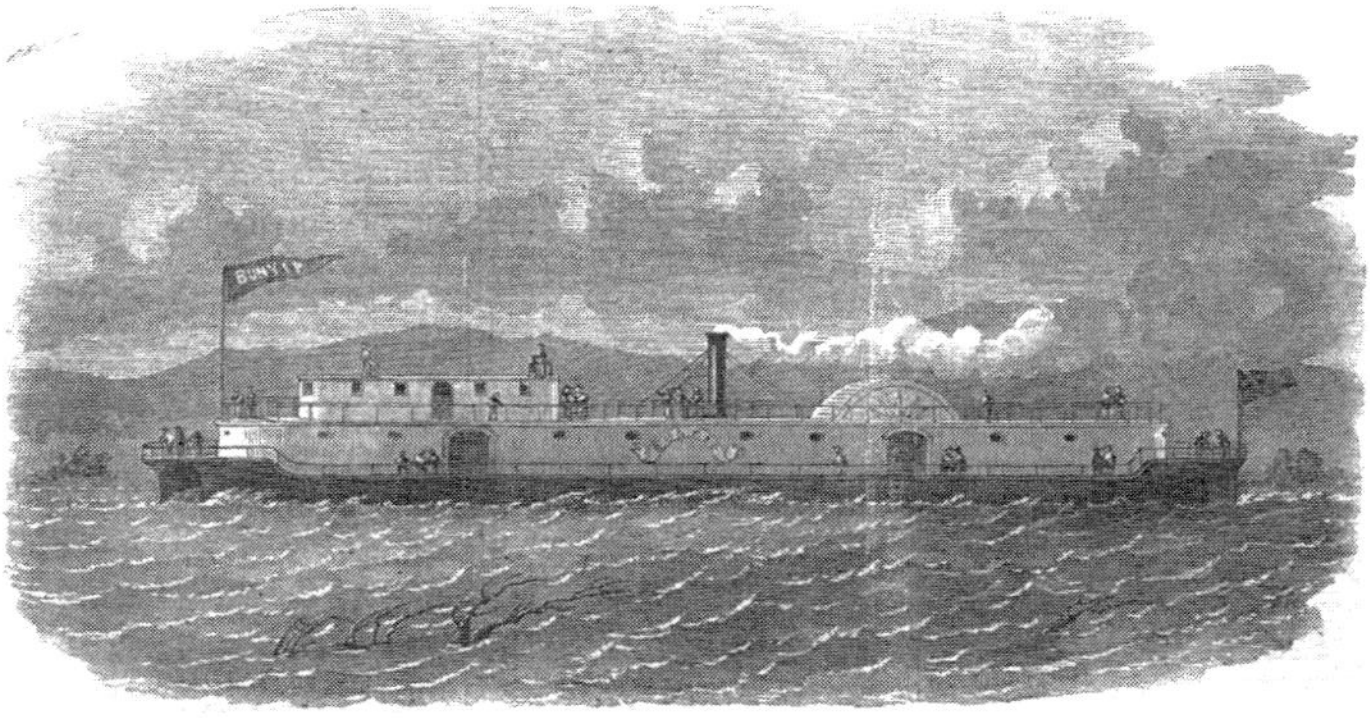

オーストラリアの蒸気船バニヤップ号
細長い船体を二つ結合し，その真ん中に外輪を備える特殊な構造をしている
（*The Illustrated London News,* 23 Oct 1858より）

のろまなバニヤップよ。お前の帝国の時代はもはや終わりが見えた。見よ、勝利の流れに乗って、蒸気の生き物が、お前の谷間の恵みと清き奔流が長年にわたって眠り続けた暗闇に、押し入ったのだ。……偉大なるマランビジーよ、かくも麗しく滔滔と、イルカたちが水で跳ね泳ぐように、先住民の男女が食べ物を求めて潜り、皮膚を潤す浴場であり続けられようか。いいや。けたたましく、汝の開拓者の蒸気が立ち昇り、浅瀬、屈曲、廃木、流木があるにもかかわらず、妨害の暗黒時代は終わろうとしていると告げ、バニヤップの廃位と逃亡を予告する。……こうして、この地域と川の暗い神話は去りゆく。…それでは、我われの蒸気船のために、盃を満たし祝杯をあげよう。カデルの勝利は、バニヤップの王笏を勇者カデルに引き渡そう。カデルの勝利は、ヘラルドが吹聴し、クロニクルが語るように、万雷の誇り高き喝采に値しよう(174)。

マリー・ダーリング川流域では、バニヤップが出没する暗黒時代は終わりを告げ、蒸気船の時代が到来しました。

空想

69 タスマニアのバニヤップ

『サウス・オーストラリアン・レジスター』は、一八五七年一〇月に南オーストラリア植民地内陸部のチャールズ・スウィンデンによる探検の報告を掲載しています。スウィンデンは、八月二七日にある水場に到着し、黒人の少年のガイドがその名前を忘れたので、これを「バニヤップの水場」と呼び、さらにその先の峡谷を「バニヤップ峡谷」と名づけました。景観のなかの水場や峡谷が、先住民の伝説とは関係なくバニヤップと呼ばれるようになったわけです[175]。先住民文化と関係なくバニヤップ伝説が語られるようになった場所としては、タスマニアが考えられます。

この時期のタスマニア島は、先住民がタスマニア本島から事実上すべて駆逐されてすでに二〇年が経ち、島の景観はアボリジナルの文化的伝統からは断ち切られていました。しかし、ここにもバニヤップ伝説が広まります。入植者による、先住民的な伝統の創造です。

ネイティヴ Native という言葉が、オーストラリアでは先住民ではなく、オーストラリア生まれの白人を指すようになるのもこの頃です。タスマニアと同様のことがオーストラリア本土でも起こったと思われますが、スウィンデンのような例外を除けば、明瞭な文化的断絶がないために、はっきりしたことは言えません。そこで、ここではタスマニアのバニヤップを見ることで、白人のバニヤップ神話の成長を見てみましょう(176)。

J・フレットの『バニヤップの歴史』は、タスマニアのバニヤップの目撃例が、一八六〇年代から七〇年代に集中していると指摘しています。マリー・ダーリング川から蒸気船に追い出されたバニヤップは、安住の地を開発の進まないタスマニア島に求めたのかもしれません。

タスマニアで白人が最初にバニヤップを目撃するのは、一八五二年です。ホバートの北一〇〇キロ弱の所にある、タイベリアス湖で、ジョゼフ・バーウィックが、大きな動物を見て悪魔に違いないと思って発砲しました。バーウィックは、どんな動物にも似ていなかったと言っていますが、外見はアシカのようでした。一八六三年には、タスマニアの中央部にあるグレイト・レイクで、チャールズ・ヘッドラムが息子といっしょに船を漕いでいると、何かと接触しました。よく見ると、成長したシープドッグくらいの獣が、二つのヒレを使って猛スピードで去って行ったということです(177)。

タスマニアの地質測量官のチャールズ・グールドは、タスマニアの湖沼に現れる大型の生物に関心を持ち、その情報を積極的に集めました。おそらくこれが、特定の時期に情報が集中した真の理由です。グールドは、一八七〇年に、グレイト・レイクで、ブルドッグのような丸みを帯びた顔をして、暗い色をしていた生物を見たという例や、タイベリアス湖で一・五メートルくらいの生物を見たという例をみつけ、さらにエコー湖やジョーダン川でも同様の例に関する情報も入手します。一八七二年のタスマニアのロイアル・ソサエティの例会で読み上げられたグールドの報告書では、次のように述べられています。

グレイト・レイクでは、おそらくエコー湖でも、さらにはタイベリアス湖では確実に、大きな珍しい何らかの動物がいろいろな機会に目撃されており、一般的な描写からはそれらはアシカのようであるが、これまでに発見されたいかなる種類のアシカにも当てはまらない。……その存在については十分な証言に基づいて証明されているように思われる。たとえこれらの動物が既知のアシカ類であったとしても、バニヤップの物語に関する相当しっかりした基盤に到達できたように思われる。不思議な外観や恐ろしい声は十分に説明できよう(178)。

タスマニアのバニヤップは、基本的にはバニヤップ＝アシカ説に基づいています。なかには巨大なカモノハシだと主張する人もいますが、これもアシカ説の変形と言えるでしょう。白人の伝説は、白人世界で受け入れられる形態で現れる必要がありました。

タスマニアのバニヤップについて包括的に論じた、『タスマニアのバニヤップ』の著者テイラーに、海からグレイト・レイクへ一五〇キロもアシカが川を遡るのは不可能だとしていますが、不可能とは言い切れません。ただし問題は途中にある滝で、そこを通過するのはかなり難しかったのではないでしょうか。この後も、目撃情報は続きます。一八八六年と一九〇六～〇七年グレイト・レイク、一八九二年エコー湖、一九〇八年タイベリアス湖などです。たまたま近くで化石が発見されるとダイプロトドン説も浮上したりしますが、一九一〇年頃まで、基本的にアシカ的なバニヤップが目撃されていきます(179)。

H・テイラーによると、約二〇年間の空白を経て、一九三二年から、とりわけグレイト・レイクにおける新たなアシカのような動物の目撃から、新聞が「怪物、大ウミヘビ、バニヤップ、タスマニア自身の」という記事を掲載したこともあってか、新しい目撃ラッシュが始まります。ただし目撃された生物のタイプやその性格づけはほぼ同じですが、気分転換のためか、ウォンバット説を唱える人も現れます。

クリッチェリー・パーカーが、一九三七年に観光振興のために書いた『タスマニア・コモンウェルスの宝石』によると、「グレイト・レイクに何か変わったことを探しに行く人びとには、ほとんど神秘と言えるほどのバニヤップの物語が、新鮮なままに保たれています」。パーカーはさらに、実際にグレイト・レイクに雌のアシカが一匹いることも指摘しています。また、研究者のバレットが一九四三年にタスマニアを訪れた時には、バニヤップがタスマニアの高原地帯の湖沼に潜んでいるという噂が広まっていました(180)。

70 人間の木

バニヤップ選挙区やバニヤップ貴族制という表現の話をしましたが、一八五三年以降はこれらの表現はどうなったのでしょうか。世襲の上院案がイギリス本国で退けられたこともあってか、後者の用例はあまり見られなくなりますが、バニヤップ選挙区やバニヤップ議員などの言葉は、ラング師や『エンパイア』の元を離れて、保守的な『シドニー・モーニング・ヘラルド』や『アーガス』など他の新聞でもふつうに使われるようになります(181)。

いつもはバニヤップとして攻撃されているスクオッターが、彼らから暴利を貪っているとされる屠殺業者を「バニヤップ肉屋」と呼んだり、治安判事のことを「本物のオーストラリアのバニヤップ」と呼んだりする例も現れます。本物の政治的バニヤップとは、議会の「デッド・ロック」のことだとする評論も登場します。そしてついに、保守派がバニヤップを逆手にとって急進派のデナヒーやラング師を揶揄するためにも使うようになりました。アイルランド系の移民であったデナヒーが選挙に出馬した時には、シドニーで当選できないときにはアイルランドの友人が「バニヤップ選挙区」を用意してくれるだろうと冷笑しています。ラング師に対しては「バニヤップ共和国」という表現で、オーストラリア最初の共和主義者といわれる彼の政治信条が攻撃の対象になりました(182)。

マンディーが述べたように、バニヤップはペテン師、詐称者、ほら吹きなどを広く意味するようになり、その用法が広く波及し、党派を問わず敵を嘲弄する表現として使われるようになりました。バニヤップにはこの他、多様な部分から構成されていて内容に統一性がないとか、「本物」、「真の」といわれて登場するたびに偽物であるとか、言葉では表現できないほど異様だとか、さまざま意味が含意されるようになったので、この後、いろいろなものの比喩としてもいっそう盛んに使われていきます（まとめにかかっています。いっそう多用信頼失墜）。

そのなかで、おそらく最も有名なものは、二〇世紀のノーベル賞作家パトリック・ホワイトの『人間の木』に対する、詩人で学者のアレック・ダーウェント・ホウプによる書評です。「ケンカを売ってんのか」というような感じです。

オーストラリア文学のバニヤップとは、伝説的なオーストラリアの偉大な小説である。ときどき私たちはそれがついに現れたという話を聞く。出版社は特別のコラボリーを開き、ライバルの小説家たちはドアを閉じて祈りを捧げ、批評家たちはショットガンに手を伸ばす。しかし、結局のところ、これもただの小説にすぎなかったと人びとが気づくと、たちまちのうちにこの興奮は冷めやる。したがって、パトリック・ホワイト氏の出版社は当然ながら慎重である。『人間の木』は偉大な小説の特徴の多くを

MAGAZINE

'Little Dan' fights for Australian democracy

Southern men of letters, seeking kinder fields across the wave,
Tell a shameful tale entitled Deniehy's Forgotten *Grave.*

— Henry Lawson

AS IT WAS

By Robert Willson

THE FASHIONABLE Victoria Theatre in Pitt Street, Sydney, was packed to the doors on August 15, 1853. More than 2000 people were there, not to see a play, but to attend a political rally.

The meeting had been called by some leading citizens who were outraged at a proposal of a committee of the Legislative Council.

In planning a new constitution leading to self government for the colony of NSW it had been proposed to create an Upper House based on the House of Lords in London, consisting of "a Colonial nobility with hereditary privileges . . . an upper House in which the people will have no voice."

Native-born currency lads, newly arrived immigrants and gold seekers who saw Australia as a land free from such old world trappings of privilege, were horrified at such a proposal for an Australian House of Lords. Many knew that one of the leading proponents of his bizarre plan was W C Wentworth who perhaps saw himself as the Viscount of Vaucluse.

The rowdy meeting in the Theatre groaned at each mention of the colonial nobility. The crowd cheered each speaker who condemned the idea at boring length.

Then the chairman invited a little man with narrow stooped shoulders and a boyish face to step forward and second the motion.

He was so short that he barely reached the rostrum. But within a few moments the restless crowd was electrified by the oratory of Daniel Deniehy. The Victoria Theatre rang to one of the greatest speeches in Australian history, a speech that may have changed our constitutional history.

"Little Dan" Deniehy, from being a nobody, suddenly found himself famous. He thundered that it was the good pleasure of Mr Wentworth to propose through the Legislative Council that Australians were not to be allowed to form their own Constitution.

ter), these Botany Bay magnificoes (laughter), these Australian mandarins (roars of laughter)". He could not imagine that strawberry leaves could add any honour to the head of the hoary Wentworth.

The native aristocrat Mr James Macarthur would aspire to the coronet of an earl. He would call him "the Earl of Camden" and he suggested that for his coat of arms there should be a field vert, the heraldic term for "green" (great laughter) and "emblazoned on this field should be a rum keg of a NSW order of chivalry."

Even the laird of the Limestone Plains, Terence Aubrey Murray of Yarralumla, might have more crosses and orders — not perhaps orders of merit — than a state mandarinhood (loud laughter).

By now Daniel Deniehy was really enjoying himself and he had the crowd in the Victoria Theatre in the palms of his hands. "Even the poor Irishman in the street of Dublin would fling his jibe at the Botany Bay aristocrats," he roared.

Strange species

How could a naturalist classify this strange species? In the Antipodes they all knew that the common water mole was transferred into the duckbilled platypus. In some distant emulation of this degeneration he supposed they were be favoured with a "bunyip aristocracy".

When Daniel Deniehy sat down to thunderous applause he had made a speech that not only became a legend in Australia political history but laughed away any suggestion of a house of hereditary peers.

The crowd dispersed, still chanting about "Botany Bay magnificoes and Bunyip aristocrats" amid laughter. These words became the taunts of the radicals.

Dan Deniehy had made his name in Sydney that day as a master of brilliant satire

Daniel Henry Deniehy: a master of brilliant satire and irony.

Not everyone was so impressed. The *Sydney Morning Herald* reported at great length

Quay for perhaps the largest open-air political meeting ever held in Australia.

「バニヤップ貴族」という言葉の生みの親で，リトル・ダンと呼ばれたデナヒーの物語は，オーストラリア民主主義の伝説として今も語り継がれている

首都キャンベラの新聞に掲載された彼の写真と本書でもとりあげた集会の演説（*The Canberra Times,* 18 Jan 1992より）

備えているといわれる。しかし、ホワイト氏の本は、実のところ、本物のバニヤップだと噂されている[183]。

ホウプは、この後『人間の木』にオーストラリア文学のバニヤップとしての特徴を次から次へとあげていきます。そのためか、ホワイトは学者嫌いになりました。

話を戻しますが、バニヤップ貴族制の比喩は今も健在です。一九七六年、フレイザー政権がナイトの爵位を創設しようとした時には、「バニヤップ貴族崇拝」と揶揄されましたし、一九八四年、労働党のホーク首相も大統領のような政治スタイルが批判され、「バニヤップ王政」と攻撃されました。史上最も口の悪い首相、ポール・キーティングも、もちろん「バニヤップ貴族制」を使っています[184]。

71　バニヤップ文学

バニヤップ文学と呼ばれるジャンルがあるわけではありません。先住民の伝説的な悪霊バニヤップに代わって、現実の動物としてのバニヤップ理解が主流となる一方で、ファンタジーとしてのバニヤップが入植者の世界に誕生します。人気を博した文学作品のなかで、バニヤップが作中に最初に現れるのは、ヘンリー・キングズリーの『ジェフリー・ハムリンの思い出』です。この作品は、多くの読者を獲得した最初のオーストラリアを舞台とする小説でもあります。

八歳の少年と両親だけが住む、川のそばにある人里離れた牧場での逸話で、バニヤップが言及されています。少年は、まだ働くには早く、農場の正面を流れる川とその向こうに広がる森を眺めては毎日一人で遊んでいました。


「母さん、川の向うはどんな場所なの」。

「森よ、坊や」。

「クンドングの実がたくさんあるよね、母さん。ラズベリーも。川を渡って遊んじゃダメかな」。

「川は深すぎるし、坊や、岩の間にはバニヤップも棲んでいるのよ」。

「川の向こうで遊んでいる子供たちは誰」。

「たぶん、黒人の子供たちよ」。

「白人の子供はいないの」。

「妖精たちよ。近づいてはいけないよ、坊や。誘い込まれたら、どこに連れて行かれるかわからないわ。

川を渡ったりしないでね。溺れてしまうわ」(185)。

結局、この子供は翌日、川を渡り、山に入って行って道に迷い、生きて戻ることはありませんでした。

バニヤップのファンタジーというと誤解があるかもしれませんが、一九世紀の作品にはバニヤップ自体は登場せず、子供や植民地に来た新参者（といっても阿部寛は関係ないですが）に対して、半信半疑ながらも恐怖心を抱かせるための装置として、バニヤップが使われます。『ジェフリー・ハムリンの思い出』の母親のように、現実の生活でも、危険な川や池に行かないように、子供にバニヤップの話をした親も多かったかもしれません。

ちなみに私も幼稚園に入る前に、日が沈む頃になると子供たちが「子取りが来る」、「平群《へぐり》谷に連れて行かれる（奈良の地名）」と叫んで、一目散に家に戻って行ったのをよく覚えています。私は狐につままれたように、その姿を見送りながらゆっくり帰りました。「小鳥が来るとなんで平群谷に連れて行かれるんやろ？」と。他の子供たちは親から怖い話を聞かされていたのでしょうが、こちらはなんで小鳥と、ちんぷんかんぷんでした。実は、子取りとは産婆さんのことらしいのですが、島根県などでは「コトリゾ」、神戸では「隠れ婆」という妖怪がいて、夕方にかくれんぼをしている子供を連れ去るといわれていたそうです(186)。

オーストラリアでは、主に牧畜を行っている地域をブッシュと呼び、さらにその奥に広がる荒野をアウトバックと呼んでいます。子供への戒めとしてのバニヤップの話は、遊び場が無限に広がるブッシュやアウトバックで語られていたと思われます。入植者たちは、子供たちが遊んでいて迷子にならないように、首のところに鈴を付けたり、髪に赤い布きれを結び付けて遠くからでも見えやすくするなど工夫していました。もちろんバニヤップも使われます。「平均的なブッシュの子供は暗闇を嫌悪していて、野人、幽霊、バニヤップについて恐怖につかれたように話します。この恐怖心は小さい頃から植えつけられてきたものです。母親は無限に広がる遊び場をいつも見張っているわけにはいきません。そこで、迷子の子供を立ち止まらせる恐怖の力を使うのです」。つまり、「母親は子供たちに沼にはバニヤップがいると話」しました(187)。

ユージニー・クロフォードという女性は、一八九〇年代にブッシュで子供時代を過ごし、妹といっしょに召使の女性からバニヤップの話を聞かされます。「バニヤップは川や沼に住んでいました。その形は少しぼんやりしていましたが、牛くらいの大きさで、長くて黒い巻き髪に覆われていました。ふくろうのモウポウクに似た声を出すので、たぶん夜行性だったのでしょう」。少女たちは半信半疑でした。「私たちは一度も川で見たことがありませんでしたが、サンタクロースを信じる小さい子供の無邪気さで、その存在を受け入れていました。しかし、心の底では大人たちの馬鹿な作り話の一つだとも感じていて、それに調子を合わせておく必要があるとも思っていました。全体として、バニヤップには親しみを感じていましたが、いたずらをすると、バニヤップが来て連れて行かれるという考えもかすかにありました」(188)。これが実際のオーストラリア女性の子供時代のバニヤップに関する経験談です。小さい頃は、サンタクロース同様、バニヤップのことも信じていたかもしれませんが、大きくなると作り話だとわかるようになります。でもその頃には、子供を引き留める必要もなくなるのでしょう。

実際にバニヤップが現れることはないのですが、ブッシュやアウトバックで迷子になった子供にまつわるバニヤップの恐怖の話は、文学によくある筋書きです。マーカス・クラークの短篇に登場するプリティ・ディックは七歳になる羊飼いの子供です。ブッシュの奥深くに立つ丸太小屋に住んでいました。ある日ディックは一人で出かけて道に迷い、夜になってしまいます。彼は、静かな暗闇が怪物で満ち溢れ、「丘に隠れた沼の淵の底なしの暗闇から、不気味なバニヤップが黒光りするわき腹を重々しく引き上げ、彼がいる場所へと忌まわしい体全体を引きずってくる姿を思い描きました」。その後もディックは、荒野をさまよい続けて衰弱し、ついには帰らぬ人となります(189)。

新聞に掲載されたヘロン・ショウの「バニヤップ狩り」は、典型的なブッシュの男、議員、ミッショナリー、中国人、ニューチャムという五人の特徴的な人びとが、それぞれの思惑でバニヤップ狩りに出かける話です。例えば、議員は、バニヤップ牧場を建設して経済振興を図るという夢を持ち、中国人は、行商の車をバニヤップに曳かせて多くの客を集め、金を稼いで故郷に錦を飾る夢を語ります。風刺劇ですね。ついに五人はバニヤップに出会うのですが、もちろん本物ではなく、あとはドタバタ劇のような終わり方をします。バニヤップを本気で探す人びとを嘲笑する雰囲気が六〇年代以降強まるなか、バニヤップ喜劇も一つの表現のあり方でした(190)。

72 クーイー

キャンベル・プレイドの短篇「バニヤップ」では、バニヤップの伝説がまず紹介されています。「バニヤップは獲物を不思議な磁力のような妖気によって引き寄せます。十分に近づいたところで、人や獣を水の中へと引き込み、水中に沈めるのです。すると犠牲者は音を立てることも、抵抗することもなく消えて、二度と姿を現すことはありません」。物語では、一つ目沼の岸で、作者と兄などが一夜を過ごすことになります。夕食後、人びとが交わす話はブッシュでの生活から不思議な話、バニヤップの話へと移りました。一つ目沼で起こったバニヤップの話が語られているときに、沼から奇妙な声が聞こえました。最初は、動物の声かと思われたのですが、何度も聞くうちに子供の声のような気がしてきました。「バニヤップに怯えている場合ではない」と人びとは立ち上がって、沼に急ぎました。一同は「クーイー」と叫びながら、真っ暗で恐ろしげな沼地に足を取られながらも進みます。しかし、子供のような声は弱まっていきます。沼の葦や低木が絡み合う場所まで来ましたが、声はもう聞こえません。「結局のところあれはバニヤップだったんだ」と一人が言うと、勘違いだったと思って、みんなはキャンプへと戻ろうとします。視界が開けたところに出たときに、大きな白いボトル・ツリーが立っていました。その根元にナンシーという女の子の死体が。彼女は近くの農夫サム・ダフィーの娘でリトル・ナンシーと呼ばれてかわいがられていました。ところで、死体からすると、ナンシーはもう何時間も前に死んでいたはずです。それではあの声は、バニヤップのものかナンシーの幽霊のものに違いないと、みんなが言いました(191)。

本物のバニヤップが現れないことで、物語のリアリティは高まります。ブッシュにおける危険と恐怖が幻のバニヤップという道具立てによって、増幅されます。ちなみに、クーイーというのはオーストラリアの人びとが使う掛け声で、ロンドンの雑踏で同国人を見つけるためにも使われたそうです。ちなみに家族で毎年おじゃましていたキャンベラの今は亡きドン・ベイカー先生の家で、娘は長い間「リトル・ワン」と呼ばれていました。ドンはラング師やG・C・マンディー、トマス・ミッチェルに関する本を書いています。

先ほど登場したニューチャムという表現は、オーストラリアでは、新米や新人、新参者、とりわけ植民地に来たばかりの移民に対して使われます。そして、このニューチャムこそ、バニヤップを用いたからかいの対象になった人びとです。

ニューチャムを騙すのが入植者たちにとっては一種の娯楽でした。ニューチャムが、ヘビに咬まれたと信じ込まされて、アイロンを当てれば治ると言われたり、話をするときに、兵隊アリの通り道に立たされて、ひどい目に合ったりというのは、一般によくあった出来事のようです。また、エミューの頭と首をカンガルーの尾に引っ付けたものを、破傷風を起こす奇怪な爬虫類として見せられて、脅かされるという場合もありました(192)。バニヤップの話でニューチャムを怖がらせるというのも、実際にあったようですが、文学作品にもその種のものがあります。

デイヴィド・フォークの「モーダントのバニヤップ」はまさしくニューチャムをバニヤップの話で脅す物語です。三人の入植者がイギリスから来たばかりの若者にまことしやかにバニヤップの話をします。若者が

吉田哲也作　バニヤップ

部屋に退くと、三人のうちの年かさの人が、「やりすぎじゃないか、やつは悪夢を見て叫びだすぞ」というくらいに、ずいぶん怖がらせました。数日後、若者は牛の群れを追い立てに出かけます。ところが、牧場まで一五キロ以上ある場所で落馬して、しかも道に迷ってしまいます。陽が沈むと、低く大きな叫び声が聞こえてきます。バニヤップにちがいありません。しかもバニヤップは彼のところにどんどん近づいてきます。ついにバニヤップの鼻息が聞こえるところまで来ました。若者は夢中で二連式銃を撃ちました。するとすぐに一同が助けに来ました。なぜなら、そこは牧場の馬小屋のそばで、彼が撃ったのはメス馬でした(193)。

ロバート・マクドナルドの短篇「バニヤップ」では、二人の少年が発見したクィーンズランドのオパール鉱脈から、競争相手たちを追い出すためにバニヤップの偽物を使いました。アーサー・ラッセルの「チャーリー・ブラウンのバニヤップ」では、二人の若者を懲らしめるために、チャーリーがバニヤップに扮します。さらに、ジョン・アーサー・バリーの「スティーヴ・ブラウンのバニヤップ」は、馬泥棒のスティーヴが初めて見た象をバニヤップだと勘違いして、回心するという話です。ただし、これは誰かが騙したという話ではありません(194)。

バニヤップ文学のその後の展開を見ると、大人向けのバニヤップの物語は今日まで散見される程度で、大部分のバニヤップは、童話の世界と少年・少女向けの物語のなかで、空想世界の住人として登場します。そうはいっても、「バニヤップとピューピューなるやかん」(一九四六)や「ブルー・レイクのバニヤップのバラッド」(一九九一)など、詩の世界でも時にバニヤップの豊かなイメージが使われています。また、先住民文学に属するのかもしれませんが、『セックス・バニヤップ』(二〇〇六)はセックスと猟奇的殺人事件とドリーミングを組み合わせた大人向けの作品です(195)。

73　児童文学

娘の方がよく知っているジャンルで、深入りしたくはありません。しかし、現在ではほとんどの人が、童話や映像を通じてバニヤップを知るので、嫌でも外すわけにはいきません。いくつか代表的な作品をあげておきます。

一八九一年には、メアリー・フットの「ブタとバニヤップ・オーストラリアの赤ずきん」が新聞に掲載されています。内容は先住民の少女がおばあさんのキャンプに行く途中でバニヤップに出会う話です。ただし、このバニヤップは悪いバニヤップではなくて、ブタの持っていた食べ物をねだるだけで、とくに恐ろしいことはありません(196)。

一八九九年に出版されたエセル・ペドリーの『ドットとカンガルー』は、ブッシュで道に迷った少女とカンガルーの物語です。二人が追いかけて来る先住民から逃れるために、ドットは大声で叫びます。すると谷底から恐ろしいうなり声が聞こえてきて、ドットの声と共鳴しました。先住民たちは「バニヤップ」、「バニヤップ」と叫んで、彼らが心から恐れているバニヤップから一目散に逃げ出しました。先住民たちは、追いかけていたのがカンガルーではなくて、本当はバニヤップで、彼らを欺いていたのだと思い込んだのです。翌朝、先住民はキャンプを引き払って、逃げるように移動しました。実は、恐ろしい声の正体は、カンガルーの友達のサンカノゴイでした。バニヤップ＝サンカノゴイ説がうまく利用されています(197)。

一九二七年に出版された、リード・ウィトリーの「悪意のあるバニヤップ」は、『金の道』という金鉱地帯に向かう男たちが遭遇した出来事を描いた作品の一章です。ある日の朝、目覚めると牛肉の入った箱がなくなっていました。先住民のビリーはバニヤップの仕業と主張しましたが、男たちは、その正体をあばくために、次の夜は起きて待ち構えていました。数時間ほど待つと、不可思議な生き物が近づいてきて、小麦粉の袋に手をかけ、川へ戻ろうとしました。男たちが銃で撃つと跳び上がって、変装した人間だったことが明らかになります(198)。

これらはいずれも「本物」のバニヤップが姿を現さない作品でしたが、パトリシア・ライトソンの『氷が来る』(一九七七)では、実際にバニヤップというものが登場します。オーストラリアの夏に氷ができるとは考えられません。それは緑の目をした悪霊のニンヤが来た徴候です。先住民のウィランはこれに立ち向かうための力を得ようと旅に出て、途中で多くの精霊に出会い、ついにバニヤップにも遭遇します。バニヤップとは、

本当に見ることはできない多くの種族からなるもので、その赤い眼は死のようであった。また、牛のような呻き声は恐怖のようであった。それは、子牛のようで、アシカのようで、人のようであった。色は白く、また黒かった。それはこれらのすべてが、いっしょになり、またばらばらで、一匹の恐ろしい獣として、大地が若かった頃から、大地に取り憑いていた。……バニヤップは人を捕え、淵に引き摺り込んだり、葦の間で来るのをじっと待ち構えたりする。そして、人を殺して食べる。もしくは、死ぬまで近くに留めておくだけのこともある。……バニヤップは、ずっしりとした肩と腕、あるいはヒレを持ち、羽が生えている、もしくは毛皮に覆われているか、鱗に覆われていた。誰もそれが何かははっきりとは言えず、ただ恐ろしいとしか言いようがなかった。水の中にいるのは確かで、長年生きており、強く、物知りであった(199)。

A PAGE OF BUNYIPS.
("Australia" Competition.)

1907 年に雑誌のバニヤップ画のコンテストで優勝したバニヤップ
（*Bookfellow*, 13 Jun 1907 より）

ライトソンは、バニヤップの恐ろしさの復権を意図していましたから、この時期の児童文学では異色です。

一九七〇年代からおとぎ話的なバニヤップ、あるいはマイルドなキャラクターのバニヤップが主流になりますが、こうしたキャラクターは比較的早くから登場します。一八七一年に出版された『ミスター・バニヤップ』では、主人公のメアリーが犬のフィドウといっしょにマリー川の岸辺に散歩に出かけます。すると奇妙な音が聞こえてきて、「川を渡って黒人がさらいに来たらどうしよう。バニヤップだったらどうしよう」と不安を覚えます。実際に、恐ろしげなバニヤップが川から現れると、体が凍りついたようになって動けません。ところが、このバニヤップは紳士的な生き物で、メアリーに教育の大切を説きます(200)。一九〇四年のレントール姉妹による『モリーのバニヤップ』にも、やさしいバニヤップが登場します。迷子になったモリーが眠っているとき、庇《ひさし》のようにモリーを蔽い、蚊の群れが近づかないように見張ってくれます。このバニヤップは、白人の到来とともに消え去った動物の森に棲む行き場を失った魂でした。彼女たちの作品は、ヨーロッパの妖精の世界をオーストラリア的な世界に生み出したものとして、質の高い挿絵とともに人気を博しました(201)。

児童文学ではありませんが、一九〇七年にシドニーの文芸雑誌『オーストラリア』（または『ブックフェロウ』）が、読者にバニヤップのイラスト・コンテストへの参加を呼びかけています。このコンテストで優勝したバニヤップは、滑稽に見えたとしても、どう見ても恐ろしいとは感じられません。鼻のところに聖ジョージの十字架をつけた姿は、あまりにリアリティに欠けているので奇妙に感じられるでしょう(202)。

一九一八年、ノーマン・リンジーが著した『マジック・プディング』は、児童文学の古典として、今でもオーストラリアでは読み継がれています。その主人公がバニヤップ・ブルーガムというコアラです。バニヤップ自体が登場するのではありませんが、名高いコアラの名前になることで、ずいぶんイメージも変わったと思われます(203)。一九二三年の『バニヤップはこう言っている』（ニーチェ風だと、かく語りきでしょうか）では、これまでに見た何ものにも似ていないので、どういう姿か描写しても仕方がないというわけで、その姿はわかりませんが、怖くはありません(204)。少し時代は下りますが一九六二年から、ジュディス・ウィトロックによる一連のバニヤップ作品が現れます。彼女の描くバニヤップは、恐ろしいバニヤップとは正反対で、小さくてかわいらしい生き物です(205)。

一九七〇年代、オーストラリアは絵本の隆盛期を迎えました。そのなかでバニヤップは主役の一人に躍り出ます。一九七二年、マイケル・サモンの児童書『キャンベラを食べた怪物』の主人公、アレクサンダー・バニヤップは、キャンベラに来て、人口湖レイク・バーリー・グリフィンを棲みかにし、国立図書館をバースデーケーキ、ブラックマウンテン・タワーを巨大なパフェ、国会議事堂をハンバーガーだと思って、食べてしまいました。この痛快な物語はたちまち子供たちを虜にして、アレクサンダー・バニヤップを主人公にする多くの作品が生まれました(206)。翌年には、冒頭に紹介した最も有名なバニヤップ、『バークリーズ・クリークのバニヤップ』が誕生しています。「俺は誰やねん？」のやつです。その後もバニヤップを主人公とする作品は陸続。『小さな山のバニヤップ』(一九七九)、『コアラとバニヤップ』(一九八二)、『やかんに入ったバニヤップ』(一九九一)、『ヘイグ・パークのバニヤップ』(一九九七)、『ビルビーとバニヤップ』(一九九八)、『エミリーと大きくて悪いバニヤップ』(二〇〇八、バニヤップを微笑まそうとする話)などです。現在まで、親しみの持てる、少なくとも怖くはないバニヤップが絵本の世界では主流です(207)。

74　劇場と映像

内容は定かではありませんが、一八四八年にバニヤップをタイトルに含む舞台が初登場します。『銅鉱山の女王、もしくは火山のバニヤップ』という作品で、アデレイドのコピン劇場で上演されました。「地域に根差した伝説的・神話的なメロドラマのスペクタクル」と宣伝されています。一八五七年には、『オーストラリアのバニヤップたち』という劇がシドニーのライシーアム劇場で四日間上演されました。劇の場面の多くはシドニーの周辺で、バニヤップ自体は登場しませんが、ニューカスルの先住民が舞台で踊りを披露したようです。一八五八年には、メルボルンのプリンセス劇場で、『バニヤップ』というタイトルの舞台が上演されました。一種の風刺劇で深い内容はなかったようです。一八九三年にはアデレイドのシアターロイヤルで、ニューチャムが騙されてバニヤップを探すという喜劇的なオペラ、『インモミーナ』が上演されました。一般的に言って、舞台化されたバニヤップは、オーストラリア的雰囲気を伝える道具立ての一つと考えて差

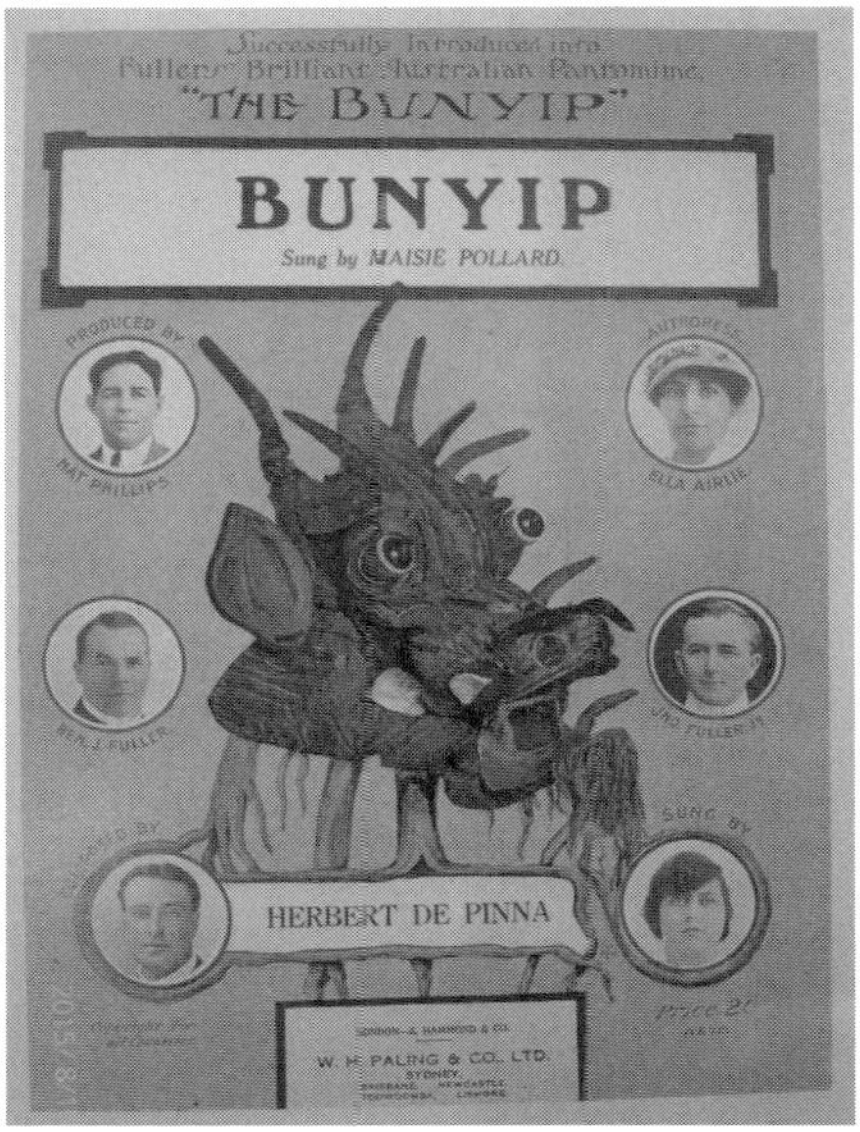

バニヤップのパントマイムのためのハーバート・ドゥ・ピナ作曲の楽曲の表紙
（*National Library of Australia News,* February 2001 より）

支えないでしょう。恐ろしいバニヤップとはつながりが希薄です(208)。

一九一六年に登場した『バニヤップ』は、シドニーで上演されたパントマイムの劇です。第一次世界大戦中だったこともあって、この劇は徹頭徹尾愛国主義的だったそうです。『バニヤップ』は、オーストラリア史上最も成功を収めたパントマイムとなり、メルボルン、アデレイド、ブリスベン、ニュージーランドでも上演されました。内容は、おとぎの国のお姫様が小鬼によってバニヤップに変えられるのですが、その姿にもかかわらず彼女を愛することができた人によって救われるという物語です。役者たちが観客の頭上にブーメランを投げるパフォーマンスは観客動員に役立ちました。一九五七年にメルボルンのナショナル劇場で始まった『バニヤップと衛星』は、山火事の妖精が火を盗み出して動物たちを脅したのに対して、バニヤップがこれを解決するという内容の

「Aはアレクサンダー，Bはバニヤップ，Cはキャンベラ」という名称のアレクサンダー・バニヤップ像　キャンベラのガンガーリン図書館横に立つ　著者撮影

劇です。喜劇俳優バリー・ハンフリーズが主演し、観客に山火事の妖精に息を吹きかけるように促すなど、舞台と観客が一体となったパフォーマンスが好評を博しました。こうした流れに続いたのが一九七〇年代に始まるアレクサンダー・バニヤップや『バークリーズ・クリークのバニヤップ』などの児童文学の舞台化でした[209]。

バニヤップの映像化も同時期に始まります。一九七七年に『ドットとカンガルー』で映画化されたのが本格的な始まりです。この映画のバニヤップの歌と映像は多くの子供たちの心に残ったようで、大人になった今でもその怖さを覚えている人がいます。アレクサンダー・バニヤップははるかに多くの人が記憶していると思われます。日本のNHKに相当するABCで、一九七八年から一〇年間、「アレクサンダー・バニヤップの池」という番組が放送され、着ぐるみや人形のバニヤップが登場しています。オーストラリア国立大学の史学科の教授で、私の友人のブラウン夫妻もアレクサンダー・バニヤップの番組のことはよく覚えていました。また、『お化けの木の家』（一九八四）や『蒸気船ビルの冒険』（一九九八）にも、優しいバニヤップが登場します。『私、バニヤップ』（二〇一二）は、映像技術を使った舞台です。それから最近では、ゲームのキャラにもなっていて、代表的なところでは、ファイナルファンタジーXに、怖そうなバニヤップ（バニップ）が現れます⑽。

文学作品や映像などにおいても、バニヤップはオーストラリア的なもの、その景観の一部として取り入れられていきました。人びとがオーストラリア的なものを欲する時に、つまり愛国主義的な風潮が高まると、こうした活動はとりわけ活発化します。ナショナリズムが産声を上げた一八五〇年代、連邦形成に向かう一九世紀末から第一次世界大戦の時期、労働党ホイットラム政権の登場によってイギリスから決別し、「ニューナショナリズム」が台頭した一九七〇年以降に、とりわけその傾向は強まりました。

75　先住民文学

先住民文学は、先住民文化の単なる所産ではありません。ヨーロッパ人入植者の作り上げた文学という領域で、アボリジナルの伝統的文化の継承を目指す人びとの活動です。それは文化的なハイブリディティの所産と言い換えてもいいかもしれません。先住民の作家たちは、先住民のバニヤップの物語を、なるべくヨーロッパ的な影響を排除して語ろうとします。それは、例えば、パトリシア・ライトソンのような非先住民作家による文化の流用に対する抵抗でもあったと思われます。

文学という文化空間におけるヨーロッパ系移民のヘゲモニーに対する異議申し立ては、先住民の作家に

1910年頃，ノーザンテリトリーのパイン・クリークで鎖につながれた先住民の容疑者　入植者に抵抗するものは犯罪者として処罰された
（National Library of Australia 所蔵）

とって大切な活動です。一例をあげておきます。オーストラリアの五〇ドル札に描かれている肖像は、デイヴィド・ユーナイポンで、最初の先住民作家といわれる人物です。彼が収集して編纂した、『オーストラリアのアボリジニの伝説物語』（一九二四～二五に完成）の中身は、一九三〇年にラムジー・スミスによって、スミスの著書『オーストラリアのアボリジナルの神話と伝説』として出版されました。スミスはユーナイポンから著作権を買い取った出版社からこの原稿を購入し、ユーナイポンの名前を消したうえで、自分の作品として出版しました。アボリジナルの作家が本を出版し始めるのは一九六〇年代ですから、ユーナイポンがどれほど時代の先端を進んでいたかがうかがえます。ユーナイポンの元の原稿が彼の作品として出版されたのは二〇〇一年でした。こうした歴史的背景こそが、バニヤップを取り戻そうとする先住民作家たちの根っこにあります。「バニヤップはとても悪い。そしてバニヤップはとても大胆だ」と、『ドットとカンガ

ルー』では歌われています(211)。

オーストラリアでは、一九六七年の国民投票で、連邦憲法改正が行われ、先住民に対等な権利を与えようとする機運が高まっていました。一九六〇年代から先住民運動が活発化し、文化的領域にも波及します。七〇年代からアボリジナルの作家たちがバニヤップについても語り始めます。バニヤップを題材とした先住民の作家として、おそらく最も有名なのがウージュルー・ヌーナックル（キャス・ウォーカー）です。「バニヤップとバイアミ」には、自分のトーテムの動物を食べて、部族から追放され、悪霊となったバニヤップが描かれています（私のトーテムはゴアナです。田舎道でひかないよう運転するのには骨が折れます）。バニヤップは、掟を守らない女性を虜にして、それを水の精霊として操って、沼へと男性を誘い溺れさせるのです。「ティア・ガム」は、いたずらな少年がバニヤップの棲む密林に入り、永遠に悪霊のバニヤップの虜にされてしまう話です。ウォーカーは「バニヤップ」という詩も書いています。水飲み場にはバニヤップがいて、そこで待ち受けている。だから子供たちにキャンプから出ずに、安らかに眠りなさいと諭すような内容の詩です。ウォーカーは、著述家や詩人として活躍するだけではなく、先住民の権利回復のために活躍した活動家でもありました。彼女の詩は高い評価を受けましたが、同時にその政治性のゆえに批判の対象にもなりました(212)。

ケヴィン・ギルバートも、アボリジナルの活動家で、詩人、著述家、芸術家でもあります。ウォーカーが憲法改正に大きな貢献をしたのに対し、ギルバートは、一九七〇年代に国会議事堂前に政府の先住民政策に抗議するために設けられたテント大使館や、一九八八年の植民二〇〇年に際して、アボリジナルの権利と主権を認める条約を連邦政府に要求する運動などを先導しました。ギルバートは「ヌーニーのバニヤップ物語」という詩を残しています。ある夜、ヌリナという娘が川に水を汲みに行くと、何かが彼女を凝視していた。

キャンベラのテント大使館
著者撮影

バケツを水の中に入れると、水中に大きな赤い眼が見えたかと思うと、腕に咬みついた。彼女はクーイーと叫びバケツでその眼を殴った。父親はショットガンを撃ち、彼女は腕を抜くことができたが、腕が半分きれいに切り取られていた。翌日から、父親は顔が皺だらけになり、足はカオジロサギのように細くなり、死んでしまった。ヌリナはナランと逃げ、赤ん坊が生まれた。しかし、赤ん坊の足はカモのようで、頭は野生のメロンのようだった。全体が皺皺で、黒くて、カオジロサギのようで、肉がなかった（遠野物語の河童との間に生まれた子と感じが似てます）。ヌリナは、ある日戻って来て、太陽が真上にあるときに川に出かけたまま戻らなかった(213)。

二人の描くバニヤップは、いずれも畏怖すべきもので、しかも単なる過去の話ではなく、現在まで続いています。詩人のハロルド・ガスコインは、アボリジナルの作家がバニヤップについて書く目的を、バニヤップが敬意を払われていた時代に戻り、今も続く神話の怪物としての正しい役割を回復させることだと述べています。実際、その特徴としては、邪悪な精霊としての恐怖の対象、特定の地域性、過去から現在に続く悠久の時間の三つがあげられると思います。ヨーロッパ人の手を介してですが、パーシー・マンブラのバニヤップは、祈禱師に力を授けるような生き物です。邪悪な性質に関してはあいまいですが、他の特徴は十分に備えています。アイリーン・モーガンの描くバニヤップも、恐怖の対象としての伝統的なバニヤップです。黒くて、牛ほどの大きさで、恐ろしい声を出します。「半分クジラで、半分動物の」生き物ですが、首は長くありません。このバニヤップも三つの要素を備えています(214)。この他二〇〇一年刊行の『ガーディ・ミラブーカ』所収の「小さなコアラとバニヤップ」は、子供のコアラがなぜ母コアラの背中にしがみつくようになったのかを説明する物語で、バニヤップは恐ろしいけれども、あまり悪くはない孤独な生き物として登場します。「森のバニヤップ」は、子供たちが入るのを禁じられていた森で道に迷い、沼に棲むバニヤップに食べられそうになったところを、かろうじて父親に救われる物語です。こうした物語は、三つの要素のすべてには当てはまりませんが、怖いバニヤップというイメージは維持されています(215)。

先住民のバニヤップについては、また後ほど。

目撃

松平莉奈作　臆病な生き物

76　臆病な生き物

バニヤップは温和で臆病です。少なくとも白人を貪り食った例はありませんし、傷つけたことさえありません。それどころか、大部分のバニヤップは、人間の姿を見ると、たちまち水中に隠れてしまいます。これに対して人間は、見たことがない、醜い、恐ろしい姿という理由だけで、銃を持つ者はほとんど、正体を確認する間もなく、すぐさまバニヤップを撃ち殺そうとしています。そうしなかった場合には、銃で撃ち、死体を手に入れるべきだったと非難されています。バニヤップと白人入植者の関係は、一方的な入植者による暴力の歴史でした。一八八三年に南オーストラリアのブロートン川では、ダイナマイトも使われています。ただし、幸いなことに、間違って撃ち殺された牛や鳥などはいましたが、入植者によって殺されたバニヤップはおそらくいません。本当の怪物はどちらでしょうか？　バニヤップはベム、ベラ、ベロのように「早く人間になりたい」なんて思ったでしょうか(216)。

77　本物を捜そう

ここまでバニヤップの歴史的動きを、かなり先走って見てきましたが、再び「本物」のバニヤップ発見の事例を探します。一八六〇年代には、バニヤップを目撃した例が少なくなりますが、バニヤップという言葉自体はいっそう広く、さまざまに用いられるようになりました。ただし、バニヤップの使用の拡大の説明はいたしません。本物志向で進みます。

78　ラクダ説

バニヤップの「本物」が目撃されたのではないのですが、『エイジ』は、オーストラリア縦断を目指したバークとウィルズの探検隊の一員だったルードヴィック・ベッカーの日記を掲載しています。一八六〇年八月三一日、ベッカーは、先住民がラクダのことをバニヤップだといって、近寄らなかったことから、この催眠術がこれからも続くならば、探検に火薬を持って行く必要はないと述べています。先住民が新しく入ってきた動物をバニヤップだと思ったという、ラクダ説や牛説はときどき唱えられるのですが、ほどなく先住民はこれを動物の仲間だと認識しますので、有力な説とはいえません。バークとウィルズの探検隊も、十分に弾薬を装備して出発しました。

一八六〇年には、ヴィクトリアのバララットの沼で、ウナギ獲りに興じる子供に対して、毒蛇や見知らぬ生物、つまり数年前に出現したバニヤップについて警告する記事が現れます。六二年には、ニューサウスウェールズ哲学協会の月例報告会で、植民地の先駆的な進化論の唱道者だったジェラード（ゲラート）・クレフトが、バニヤップに遭遇した体験を語っています。それによると、黒人がバニヤップだという動物にクレフトは銃を発射し、命中したと確信して、翌朝そこに行ってみると、年老いた雄ヤギが死んでいたそうです。六三年には、ヴィクトリアのウェンドゥリー沼にいたというバニヤップがマスク・ダックにすぎないことがわかりました。六四年には、同じくヴィクトリアのピーチェルバで、漁師が九〇センチくらいの奇妙な生き物を捕えます。バニヤップのような生物という見出しで、それは淡水に棲むアシカ類のようだったと報道されています。六五年五月にも、「真のバニヤップ」の報道が現れますが、六四年と扱う対象は同じです。ただし、レイク・ムードゥミーアでもアシカのような生物が見つかったとの情報が付け加えられています。マリー川に近いこの湖では、この頃から毎年漕艇競技が開かれるようになり、現在に至っています。その後は、筋肉キリスト教的スポーツがバニヤップを駆逐したようです。六五年まで、バニヤップの正体だとされるアシカは報道されていますが、新種の生物としてのバニヤップはまったく報道されていません。五〇年代とは様変わりです(217)。

79 事件がなければバニヤップ

一八六〇年代後半には、「本物」のバニヤップが再登場します。ただしバニヤップと思って撃ったけれども、六六年三月には枯れたユーカリ、九月には鳥でしたという記事が掲載された後に、本物は「呼ばれて飛び出てじゃじゃじゃあーん」と現れます（はしゃぎすぎ？　しかもわかる人は中高年）。一〇月にマランビジー川の上流で女性が、顔が犬のようで、大きさが子牛くらいの生物を目撃したとの『ヤス・クリア』の記事が各紙に転載されると、一一月には別の人が同じくマランビジー川で、よく似たバニヤップを目撃しました。さらにニューサウスウェールズのダボウから二〇キロほど離れたマクウォーリ川に、イルカのような頭と背中をした巨大な黒い怪物が出現します。「それからどうした」(218)。

一八六七年二月には、後にしばしば言及されるバニヤップが報道されています。メルボルンの西約一〇〇キロにあるスティグリッツの近郊にあるストウニー・クリークで、バニヤップに相違ない生物が目撃され、夜になると牛のような声が響き渡ったということです。しかし、その詳しい描写はありません。三月にはメルボルンから東に二〇〇キロほど離れたギップスランドで、クロコダイルを目撃したという情報があり、これがバニヤップの正体かもしれないと報道されています。しかも約三メートルの爬虫類が実際に捕獲されました。『シドニー・モーニング・ヘラルド』は、それはイグアナではないかと寸評しています。五月には南オーストラリアのバロッサ・ヴァリーの北にあるカパンダで恐ろしい怪物の噂が立ち、一二月にはヴィクトリアでバニヤップもしくはアシカ類の存在が示唆されています。バニヤップの復活という感じですが、それほど単純ではないようです。後にたびたび言及されるストウニー・クリークのバニヤップの記事が一四例なのに対し、バニヤップと思ったら三人の黒人が組んだカモ獲りの仕掛けだったという、まったく他愛もない記事でさえ一〇例あるのですから、「本物」のバニヤップの「発見」という、「事実」の価値がずいぶん低下しています(219)。

一八六〇年代の前半には、バニヤップの目撃記事はほとんどありませんが、六〇年代の後半からは、かなりの数の記事が掲載され、その後いっそう増加します。しかし、それは各種の動物であったり、偽物であったりすることが多く、場所、目撃者、その姿が詳しく書かれている記事はほとんどなくなります。ところで、この時期の状況を理解するのには、京極夏彦さんの怪異現象の整理が役立つように思います。それによると、理解不可能で不思議な出来事や現象を「怪異」と呼び、それがコト化したもの、あるいは実体化したものを「妖怪」と呼ぶことになります。バニヤップで考えると、沼で牛の声を大きくしたような唸り声が響いて、原因が特定できないのは怪異現象で、怪異現象がコト化して実体となった、つまり妖怪化したのがバニヤップということになります(220)。これを流用・加工して、バニヤップの記事を大別すると三つに分けられます。一つは、起こっている怪異の原因はわからないが、バニヤップが原因ではないかと推察する記事（a）。二つ目は、先住民が信じている妖獣としてのバニヤップが実際にいて、つまりコト化した妖怪あるいは怪物が実際にいて怪異を起こしており、それを目撃したと主張する記事（b）。三つ目は、バニヤップという妖怪は神話、つまり怪異はないという前提で、不思議な動物を特定しようとする記事です（c）。略すと、怪異、妖怪、動物の三つです。特定したら枯れ木だったというのも最後に含めます。

多数の事例がある一八六八～七三年の五年間の記事（トローヴとその他の文献から、主に報道の視点によって）を分類すると、以下のようになります。（b）と（c）の境界はいくぶんあいまいですが、動物の描写が現実離れしている場合を（b）と認定しました。また、判断の難しい場合は「Aヤー」基準を用いました。その結果は、（a）怪異が二例、（b）妖怪あるいは怪物が四例、（c）動物が三七例です(221)。（a）怪異は微妙です。怪異現象が起こらなくなっているからです。人びとは多くのことを科学的・合理的に説明しようとする（少なくとも意識のうえでは）ので、説明できない不思議な現象は、少なくとも公共の言論空間では確認が困難になっていきます。その結果、ほとんどのバニヤップの目撃が、何らかの実在の動物か、新種の動物、もしくは枯れ尾花ならぬ枯れユーカリを対象とするようになりました。ジロングのような先住民の伝説の怪物を見る者は、ほとんどいなくなります。バニヤップがいると主張して先住民が近寄ろうとしないという説明はよくありますが、先住民のバニヤップと入植者が見たバニヤップが同じものかどうかを確認しようとする、手間をかけた記事はありません。そのうえ、バニヤップの動物化とともに、サイズも現実化し、ちっちゃくなります。数メートルのものが多くなり、一メートルに満たないやつもけっこう現れます。

（b）の四例を確認。一八六八年一〇月、ガンダガイのマランビジー川に現れた妖獣は、複数が目撃し、子牛くらいの大きさで、深い茶色から黒色で、長く曲がった首を持ち、ブタのような首、長い鼻、大きな眼を持つそうです。ただ別の人によれば、それはもっと小さく、カモノハシのようでした。一八七〇年一一月、ヴィクトリアのほぼ中央部で見つかった妖獣は、ある人によれば、長さ六〇センチ、黒色で、尾の方に向かって細くなり、頭はブルドッグのようでした。別の人は、長い毛に覆われていて、腹には黄色の斑点があると言い、さらに別の人は、それは鳥で、ヒレがついていると証言しています。鱗に覆われているとの話もあります。一八七一年一月、六キロ離れていても唸り声が聞こえる、見たこともない生物がいるという情報です。かなり迷って、ここに分類しましたが、情報不足です。最後は、一八七二年三月、タスマニアのワイドアウェイクという人の投稿記事なのですが、先住民の神話のような生物で、馬のような頭をした、三〇〇キロ以上の重さがある生物を捕えたとの内容です。しかし、場所を特定できません。こうした例を見ると、いずれの記事も長さが短くて、詳しい情報も不足しています。数的にはバニヤップに関する記事が少なくなるわけではありませんが、先住民の物語に登場するような奇怪な生物としてのバニヤップは、ほとんど見られなくなりました(222)。

それに反して、（c）に分類される一八七〇年の『イヴニング・ニューズ』は、ずいぶん詳細な状況描写を行っています。四月二四日の洪水のとき、ニューサウスウェールズのダボウの町から五キロも離れていないところに住む二人の男性のセレクター（51節のユーメララ川を覚えてますか）が、マクウォーリ川でバニヤップを目撃します。ゾウやサイが鳴くような声がしたので、小屋から川の方を見てみると、巨大な怪物が大きなユーカリの木にしがみついているのが見えました。頭はゾウに似ていましたが、牙は眼の間と鼻先にはえています。また、一つだけ見えた眼は火の玉のようです。体はクロコダイルと同じで鱗に覆われていて、前脚が長く、爪はベンガルトラの一〇倍くらいありました。そのうえ、尾が水をたたく音は、あたかも小さなナイアガラ瀑布のようでした。川の水かさが増し、バニヤップは木の上に登って行きますが、ついに木が倒れて、木とともに川に流されました。翌朝、その現場に行ってみると、川の堤が大きく崩れていて、そこにあった二本のユーカリが絡み合って流されていました。これが昨夜のバニヤップの正体だったというオチです(223)。

新聞は、バニヤップの目撃情報を真剣に扱う（事実として）のを明らかに躊躇していますが、こうしたオチのある話には紙面を比較的大きく割くようになります。実際、この記事は少なくとも一三紙に掲載されています。これに対して、上記（b）の一八六八年のバニヤップ記事の掲載は一〇紙、七〇年の記事の掲載は九紙です。『ベンディゴ・アドヴァタイザー』によると、

オーストラリアのバニヤップは、アメリカの大ウミヘビのように、世間がいくぶん退屈し、時事ニュースがかなり少なくなって面白くなくなった時に、さらに、そこには特有の配慮が働いていて、地方のジャーナリストが喜んで記事にするヘビに咬まれる事件が起こらない時を見計らって、親切にも姿を現す(224)。

皮肉な見方ですが、当たらずとも遠からずでしょうか。

80　ハーゲナウアー

（c）から、後にけっこう引用される例を紹介しておきます。一八七一年九月、ヴィクトリア東部の海岸線に沿って続くナインティーマイル・ビーチで、先住民への布教を行っていたハーゲナウアーが、黒人たちの助けを借りて巨大なアシカ類を捕獲しました。黒人たちはこれを最初はバニヤップ、つまり本物の「デビル・デビル」だと思って、近づこうとはしませんでした。別の記事は、これを「真のバニヤップ」と表現し、色は薄茶色で、白い斑点があり、体長は二・四メートル、メルボルンに送られて展示される予定だと伝えています。ハーゲナウアーは、アボリジナルの人びとが恐れるバニヤップを捕獲し、それが迷信だと示すと同時に、メルボルンへ送ることで布教資金を得ようとしたのだと思われます(225)。

もう一例は、一八七二年三月、マランビジー川に面するニューサウスウェールズのナランデラの北約二五キロのミジョン・ラグーンで、蒸気船が出す音と同じくらい大きな声で鳴く生物が目撃されました。それはレトリーバーの半分くらいの大きさで、体は黒く輝き、八センチくらいの深い毛に覆われていました。頭部の毛があまりに長かったために、眼は確認できませんでした。このバニヤップには、生け捕りで五〇ポンド、死体で二〇ポンドの賞金がかけられています。二〇紙以上がこの記事を転載しました(226)。

81　ダイナマイトで爆破

私はもう、仲間由紀恵風に言うと、バニヤップのことは「スリッとまるっとお見通しだ」というわけで、世紀末までよく似た状況が続くのは確認済み。そこで、上のような史料の全面ローラー踏み潰し作戦は、エブリシング退屈ですから、ここからは次の変化が起こるまで、興味深いバニヤップの例をいくつか示すだけにします（論文用に退屈なものを残しておくという作戦B）。新作戦は、小型ローラー・アミダばばあ作戦です。

クランガは、南オーストラリアのヨーク半島の付け根辺りにある町です。『ノーザン・アーガス』は、一八八三年一月二三日、町から二マイル離れたブロートン川で、親子のバニヤップが目撃されたと報じています。ある人は、形はカバのようだが、大きさは羊くらいで、鱗に覆われていたようだと述べ、別の人は銃で撃ったけれども、弾は背中をかすめただけで、皮の厚さのために命中しなかったと述べました（猿の経立か？）。さらに別の新聞が、このバニヤップを捕えようと、多数の紳士たちが集まり、ダイナマイトを使うつもりだと報じます。しかし、第一次ダイナマイト作戦は完全な失敗に終わりました。『ノーザン・アーガス』には二月二日にも、フーテンと名乗る人の長い記事が掲載されますが、バニヤップ騒動記の顚末を語ったあとで、予算をいじる議員こそがバニヤップに化けているというオチで締めくくっています。また、『サウス・オーストラリアン・レジスター』はクレアの町の銀行員がバニヤップ狩りに出かけた話をおもしろおかしく報道。最後には、バニヤップを見に行くにはどうすればいいかという解説付きです(227)。

二月二〇日、『サウス・オーストラリアン・アドヴァタイザー』に常時投稿する人物が、八人でクランガにバニヤップ探しに行き、アシカのような生物を目撃したという記事が現れます。目撃した人によっては、牧羊犬や尾のない犬に似ているとのことです。同日、『ノーザン・アーガス』はアデレイドから一五〇本のダイナマイトを取り寄せた人物が、二一日にバニヤップが目撃されている沼を大規模に爆破する旨の予告記事を掲載しました。約一五〇人の見物人が見守るなか、第二次ダイナマイト作戦が実行されましたが、各種の残骸が浮かんできただけで、再び失敗に終わりました。それでもバニヤップ狩りとその宣伝は少し続きます。クランガの住人の一人は、バニヤップが見つからなかったとしても、クランガが有名になっただけでもよかったと感想を述べています(228)。

一八八三年だけでも六〇近くの記事がクランガのバニヤップに言及しています。ダイナマイト作戦のせいでもありますが、長い記事のほとんどはバニヤップではなくて、この騒動に関わった人間を滑稽に描いたものでした。

「忘れかけた時にひとり、現れた思たらまた消えて」。

82　元祖バニヤップ

一八八三年四月、メルボルンの北西約一〇〇キロにあるゴン・ゴンで、すべてのバニヤップの元祖が発見されました。体長は約一・二メートル、四本足で水かきを持ち、いくぶんブタに似た鼻をしていました。羽が全身を覆っており、尾の部分では一五～一八センチ、頭に近づくほどこれが細く短くなり、肩から頭の部分になると濃い青色の一種の綿毛に変わります。体の下部は魚のような鱗に覆われていて、尾は二つに分かれて反り返り、それぞれ二〇センチと一〇センチの幅がありました。眼は緑色で、水陸両生の動物のようです。この異様な生物は、銃撃を受け、銃床に掴みかかろうとした時に、ブタのような悲鳴をあげると同時に、息の根を止められました。その毛皮は慎重に保存されたと報道されています(229)。

元祖バニヤップの射殺がビックニュースになるかと思いきや、この三〇行足らずの記事が七つの新聞にそのまま転載されるだけに終わりました。続報もありません。本物のバニヤップ、あるいは新種の動物のバニヤップに関心があるなら、かつて頭蓋骨が見つかった時のような大騒動が起こってもいいようなものですが、その気配もありません。バカボンと同じ元祖なのに。怪物的なバニヤップの発見は、おもしろおかしい記事の対象にはなっても、すでに真剣にその真偽を問う対象ではなくなっています。個人的にはその毛皮を見てみたいものです。ちなみに、ゴン・ゴンとは、古代中国の人面蛇身の邪悪な水神の名と同じです。

これとは別に同じく一八八三年に、『ガンダガイ・タイムズ』は次のように報じています。八月にガンダガイの南に位置するテュームトにあるブラングル・クリークの岸辺に、頭のない奇妙な動物が打ち上げられました。体長は一・七メートル、短く硬い毛で覆われていてブタかアシカのような感じでしたが、後部のでっぱりは内側に向かっていて、巨大なイセエビの尾のようでした。この近辺では、これまでにもバニヤップが現れていました。続報によると、この生物は解体され、骨と皮などが保存され、シドニーの博物館に鑑定のために送られたようです。五紙がこの記事を引用していますが、この動物の骨や皮がどうなったかは、またもや不明、何かのトリックでしょうか(230)。

83　バー氏のシルクハットほど太い

一八九〇年、メルボルンの北約一六〇キロにあるユーロウアから一五キロほど離れた、フェイスフル・クリークでバニヤップが目撃されました。頭はきわめて醜悪なブルドッグに似ていて、爬虫類だとすれば全長約九メートルという人もいました。すぐさまユーロウアからハンターたちの一団がその捕獲に向かいます。数人のハンターがこれを目撃し、四・五メートルほどのニシキヘビだとか、その太さは太腿くらい、あるいはバー氏のシルクハットくらいだと述べました。腹は黄色で、上部は茶色ともいわれています。『ユーロウア・アドヴァタイザー』はアシカではないかと推測しています。

これに対し、メルボルンの日刊紙『アーガス』は、「バー氏のシルクハットくらい」という情報は門外漢にはちんぷんかんぷんだけれども、一見したところユーロウアでは、これが大きさの共通単位となっているから、普通のシルクハットとは較べものにならないほど大きいに違いない。したがってバニヤップは巨大な怪物に違いなかろうと、明らかに冗談半分に伝えています。さらに、メルボルンからの遠征組と写真家を含め四〇人くらいが捕獲作戦に加わったにもかかわらず、ルイス・キャロルのスナーク探しのように、過去のバニヤップ探しと同じように失敗に終わったと伝えました。同様にメルボルンの『オーストラレイジアン』も、メルボルンからの遠征隊の指揮をとったミーキン氏に言及し、捕まえたバニヤップを動物園に寄付するという段取りを整えて出発した点に触れて、その公共心と自己犠牲を称えつつ、普通の世俗的な考え方からすれば、そういうことはバニヤップを捕えてからにすればよいものだと皮肉っています。『アーガス』が取り上げたこともあって、約三〇の関連記事があり、バニヤップ自体はどんなバニヤップかよくわかりませんが、広く報道されました(231)。

84　モハ・モハ

バニヤップと見なされた動物のなかで、唯一学名(?)を持つ生物がいます。一八九一年四月、学校の先生で、植物などの研究家のS・ラヴルが、現在は世界遺産になっているフレイザー島の北端の岬、ケイプ・サンディで亀魚怪物を発見します。彼女はその内容を書いた手紙をロンドンの雑誌に送り、シドニーのオーストラリア博物館にも報告しました。浜辺に横たわる怪物の全長は一一メートル以上で、三分の二は魚、三分の一は

是永麻貴作　モハ・モハ

カメのような生物です。口は大きくさけ、歯が列状に並んでいました。中央部には幅二・四メートル、高さ一・五メートルくらいの甲羅（もしくはドーム）があり、尾は三・六メートルくらいでした。また、表面は石板のような灰色で輝いていました。ラヴルは半時間ほど怪物をまじかに観察し、正確なスケッチを残しています。頭と首は緑白色、白い点が首にあり、眼の周りと顎のあたりにはリング状の模様が見えました。魚の部分は楔形で、親指くらいの大きさの白い鱗には銀色の影がついていました。先住民はこれをモハ・モハと呼びます。彼らによれば、モハ・モハはクロコダイルのような脚を持ち、一八九〇年には、そのキャンプを襲撃したそうです(232)。

モハ・モハがバニヤップの一種か微妙ですが、怪物に関する年配の独身女性教師の証言と、それを補強する先住民の証言は疑いの目で見られました。ラヴルのモハ・モハに関する手紙が掲載された雑誌によれば、「黒人の証言に重きを置くことはできない。すべての

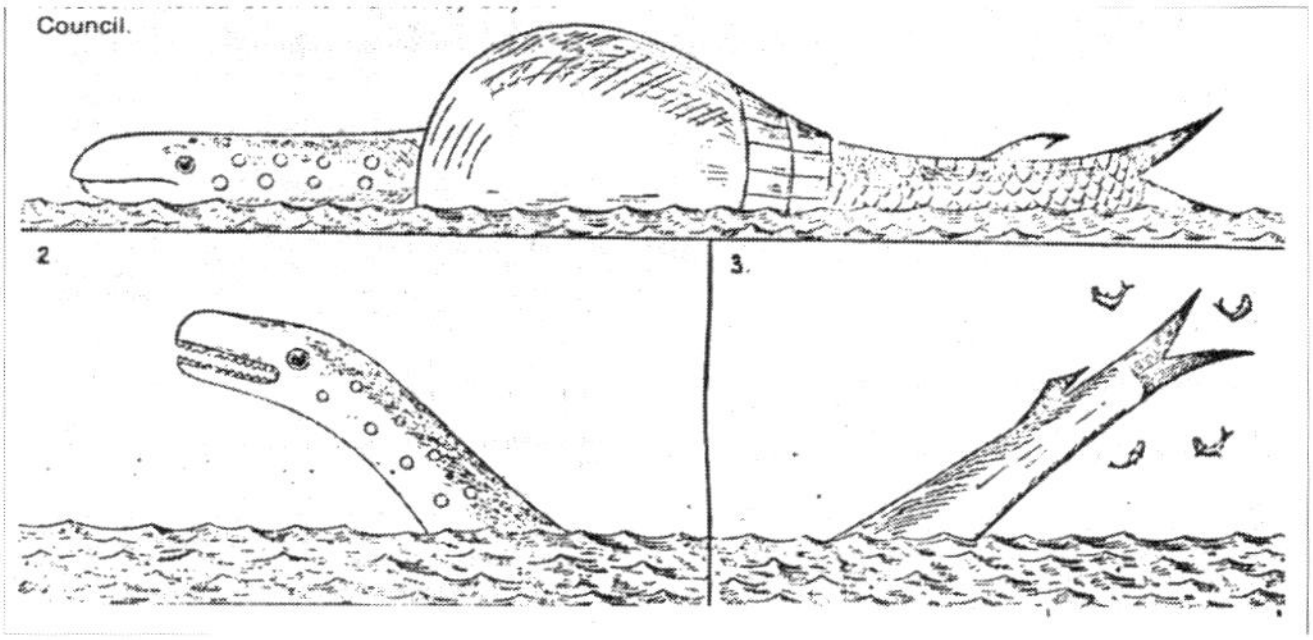

ラヴルによるモハ・モハのスケッチ
(*The Great Barrier Reef of Australia*, 1893より)

有色人種は誇張と虚言の傾向が大いにあるから」、怪物は事実とは思われないのでした。女性への偏見については、キャサリン・ストウのところで述べましたが、これが婚期を逃した独身女性の場合にはなおさら強まりました。同時代の文献で、ラヴルは一貫してミス・ラヴルと呼ばれています。それ自体は事実ですが、問題は彼女の名前が特定できないことです。イニシャルはSですが、セリーナとする後の文献もあれば、シャーリーとする文献もあります。「ミス」、つまり未婚というアイデンティティが強調されるあまりに、個人としてのアイデンティティがぼやかされてしまっています。ロンドンの自然史博物館の学芸員、ウィリアム・サヴィル＝ケントは、皮肉たっぷりにモハ・モハのカメスープの冗談を言ったあとで、新種の怪物にChelosauria Lovelliという学名を付けることを提案しました。それはミス・ラヴルのカメトカゲという意味です。ただし、ケントはそれに続けて、ラヴルの提供した情報を正確に伝えています。さらに女教師だということへの偏見も加わります。それについては、堀内真由美（「言われて飛び出て」と振ってくる女性）の『大英帝国の女教師』（白澤社、二〇〇八年）をお読みください(233)。

明らかに怪物的な、つまり二つの種が混じったような動物の目撃に対する、辛辣で、しかも皮肉めいた批判的な反応は、妖獣としてのバニヤップの目撃者たちが、マスメディアと接触するのをためらわせたと思われます。とりわけ、教養や社会的地位があり、新聞が一目置くような人びとにとっては、そうだったでしょう。他方で、教養とは無縁の人びとの証言は、ことのほかからかい半分で取り上げられます。すでに見たダボウの農夫たちのように。ロンドンの雑誌に掲載されたおかげで、モハ・モハは記録に残っていますが、同時代のオーストラリアの新聞はまったく関心を示していません。ただし、現代日本の「世界ふしぎ発見」は関心を示していますが。

旧友

85　親愛なる旧友バニヤップ

この後、バニヤップの発見や目撃がなくなるわけではありませんが、あったとしても、引き続き、何らかの正体がある、つまりアシカやクロコダイルが原因だという前提で報道は行われました。しかも目撃だけを中心とする記事は珍しくなり、それに代わって、次のような感じの記事が現れます。

一八八二年九月、『ポート・アデレイド・ニューズ』は「バニヤップ」という記事を掲載します。六〇年以降について紹介したバニヤップ目撃記事のどれよりも長いのが特徴です。その筆者はカモノハシのようなオーストラリアの動物が、ヨーロッパでは信用されなかった例を引き合いに出しながら、「誰かがゾウくらいのネズミが発見されたと言ったとしても、あるいはその逆であっても、話が嘘だという十分な証拠がない限りは、その人のことを疑いたくない」と述べ、バニヤップにまつわる話を掘り起こしていきます。

『スケッチャー』に掲載された先住民がバニヤップの物語を白人の子供に聞かせている絵に始まり、アデレイド大学の講義で、バニヤップ神話＝海牛説が唱えられたことを紹介します。しかし、この説はヴィクトリアには適切ではないと述べて、ヴィクトリアの検討に移ります。そこで登場するのは、皆様もご存じの「野生の白人」バックリーの目撃譚です。さらに一八五三年くらいのある紳士による北部での目撃談、この筆者の知り合いによるヴィクトリアでの目撃談に続いて、六八年くらいにアナ・ブランチ（洪水のときに生まれるダーリング川に並行して流れる大河）で一・八メートル未満の生き物を見た話、マリー・ダーリング川の合流点にあるウェントワースの町の近くで一・八メートルくらいの不思議な生き物を見た話が語られます。そして、最後が本人の目撃談です。五五年一一月に、ゴールドラッシュでアデレイドの近くのバーカー山（ミンカ鳥の巣窟）からヴィクトリアの金鉱に向かう途中、水中で戯れる「本物のバニヤップ」に出会ったという話です。その生物は、頭は馬くらいの大きさで、眼は離れており、耳は短く、空中に水しぶきをあげて遊んでいました。また、色は赤茶色から黄褐色でした。先住民によれば、これは「ティリップ」Tirip という生き物で、先住民たちはこの生き物を水の中では襲わないが、陸上では殺すという話でした(234)。

この頃から、白人の経験を中心に、先住民の伝説を交えながら、入植者の昔のバニヤップ目撃譚を連ねて語るというスタイルが現れます。現在の目撃譚や自分の経験はその後にちょろっと付け足されるだけ、というのがよくあるパターンです。新しいバニヤップの目撃は、ある意味で話のきっかけや枕に過ぎず、主な目的はバニヤップの昔話になっていきます。なつかしい開拓物語の一部として、バニヤップは語られます。バニヤップの存在自体はもはや議論すべき対象ではなく、かつて人びとが話題にしたということが、人びととの意識のなかで歴史化します。72節で触れたプレイドのバニヤップは、こうした変化を背景にして生まれたの

「バニヤップの物語」
(*The Australian Sketcher Supplement*, 22 Jul 1882 より)

でしょう。ここであげた例は、ずいぶん早い事例ですが、二〇世紀に入るとこのような記事が増加します。それにともなって多くの忘れ去られていた目撃譚が復活します。モハ・モハは、目撃された九〇年代には新聞三紙が取り上げているだけですが、二〇世紀に入ると二〇以上の記事で扱われています(235)。

それを間接的に示しているのが、「私たちの旧友バニヤップ」という表現です。一八七九年に初めて登場し、その後はこれに類する表現が時おり用いられるようになります。なにげない言葉ですが、バニヤップのオーストラリア文化における地位の変化を象徴しています。バニヤップは開拓時代をともに生きてきた友人として、カンガルーやエミューなどの実在の生物と同じように、オーストラリア文化や景観の一部に融合していきます。架空の動物がリアリティを持つようになるのは、先住民や遠野の世界と少し似ていますね。それと比例するかのように、バニヤップは恐怖の対象という側面を失いました(236)。

86　タンタヌーラのトラ

一八九八年、『ワガ・ワガ・アドヴァタイザー』は次のように述べています。

我われの良き旧友のバニヤップでさえ近頃は姿を見せない。なるほどタンタヌーラのトラや他のはぐれ野獣はいるけれども、親愛なる古きバニヤップは、かつては遅れたり、疲れ果てたりした旅人の肝をよく冷やしていたものだが、今や報道されることはない(237)。

続いて、一昔前のマランビジー川流域がバニヤップの宝庫だったことを回顧して、一八七二年のミジョン・クリーク、翌年のレイク・カウエルのバニヤップなど、かつてのバニヤップの描写が多彩で、魅力的だったことを語り、わくわくし、身も凍るようなバニヤップの話を投稿するよう読者に促しています。

バニヤップが喪失した恐怖の力は、二〇世紀には、その一部を大型のネコ科動物や、ヤフーやヤウイーと呼ばれる野人、つまりイエティやビッグ・フットのような**もの**が受け継ぎます。二〇世紀になると世界的に、動物的な妖怪や怪物は力を失っていきます。タヌキやキツネに化かされる人は近頃とんと見かけません。その結果、人間が恐怖感や真実味を感じられる**もの**として残ったのは（宇宙は別ですが）、人間を基にする怪物や幽霊でした。オーストラリアもこの例外ではなく、ヤフーやヤウイーは隅の方で生き残っていますが、バニヤップは恐怖の力をほぼすべて失いました(238)。

対照的に、オーストラリアの田舎では、一九世紀末から、家畜や人間を襲う大型のネコ科動物をひどく恐れるという例が見られます。そのなかで最も有名なのが南オーストラリア南端部のマウント・ガンビアに近いタンタヌーラのトラです。一〇〇年以上前の出来事ですが、近くのハイウェイを通りかかると、今でも「タンタヌーラのトラの町はこちら」という観光用の案内があるほど、「トラ」は有名です。南オーストラリア図書館によると、一八八四年にサーカスから逃げたトラがタンタヌーラの近辺に棲息し、家畜を襲っているという噂が立ち、タンタヌーラのトラと呼ばれるようになりました。九三年にトラを殺すためにハンターたちが招集されましたが、この時は捕殺に失敗。九五年になって、家畜を襲うトラを射殺してみると、難破船から逃げたと思われるヨーロッパ狼でした。実はトラでも、ネコ科でさえなかったのですが、この後も大型のネコ科の動物が出没するという噂がオーストラリアの各地で聞かれるようになります(239)。

87　劇的要素に欠ける

一九〇二年一一月一五日、シドニーの『ワールド・ニューズ』は次のように伝えています。

我われの旧友のバニヤップが、明らかな時事ネタ不足に促されて、いつもの神秘的な様子で片田舎を再び訪れた。先週、各地からバニヤップの話が伝わってきたが、どれ一つとしてありふれた夏場のヘビ話に勝るものはない。……これまでのところ、今回の訪問では、陽が暮れて乾いた川床を彷徨っている旅人に対して、弱弱しく空疎な感じで「現れた」だけのように思われる。……バニヤップが泳いでいる人びとを「追いかけた」と報道されている例もあるが、誰一人追いつかれた様子がないので、演技には劇的要素が欠けている。かつて咆哮の時代には、彼はもっと我われをわくわくさせてくれた。……バニヤップは魚から鳥までさまざまな姿をして、またあらゆる大きさ、ラクダの大きさでも現れたものだった。水から出てきて、孤独な旅人に闘いを挑むことも珍しくはなかった。翌朝、旅人は闘いで受けた傷を証拠として示すことができたのだ。しかし、今やバニヤップはこうした社交的なマナーをすべて失い、目的もなく、くそ面白くもない方法で、ただ現れて消えるだけの、愛想のない生き物に堕落しつつあるように見える。こうした状態が続けば、旅行家の大ウミヘビの話と同じように、バニヤップの話に誰も見向きもしなくなるだろう(240)。

バニヤップの話題が、新聞や週刊誌で少なくなったのではありませんし、記事が短くなったのでもありません。しかし、新しいバニヤップに魅力がなくなったので、古いバニヤップの多彩な話が盛り込まれるようになったのかもしれません。バニヤップに関する入植者による昔話が多く盛り込まれることで、記事は格段に長くなります。その一方で、バニヤップを組み込んだフィクションが頻繁に描かれるようになり、現実の動物のカンガルーやエミューやカモノハシなどと同じように、バニヤップは、オーストラリア的な景観の一部に融合します。

88　百獣の王バニヤップ

ウォルター・H・ボンという作家がいます。アフリカのザンジバルで生活した経験があり、最初はヒョウやカバを題材にした短篇やオーストラリアを舞台にした大人向けの作品を書いていましたが、一八九八年から、子供向けにバニヤップが登場する作品を書き始めます。バニヤップを最も頻繁に題材として用いた作家の一人ですが、忘れ去られた作家でもあります。

『シドニー・メイル』で発表した「ボス・バニヤップ」、それがバニヤップに関する最初の作品です。ボス・

1900年頃，ニューサウスウェールズのグラフトンで，キング・トミーに与えられた王のプレイト　総督などが先住民の貢献に対する褒美などとして与えたが，入植者は逆にこれをあざけりの対象にした（National Library of Australia 所蔵）

バニヤップは、「すべての動物の長ですが、誰ひとりその姿を見た者はいません」。多くの人びとはその存在を認めません。この物語には、バニヤップについて多くを知っているけれども、考えるだけに集中して何もしない先住民の王と、食物集めや料理からすべてをしなければならない女王が登場します。王のビリーは、首に真鍮のプレイト、総督たちが文明化したアボリジナルの指導者たちに与えた、王のプレイトと呼ばれるものを付けています。二人の宮殿はガンヤと呼ばれる木の皮で作った粗末な家で、六人の子供はほったらかしです。その結果、子供たちは動物たちをいじめ、傷つけていました。そこにペットのワラビーを探して森に迷い込んだ白人の少女ミニーが加わります。ある日、ボス・バニヤップは、いじめられている動物たちのために、子供たちを捕えて、厳しい罰を与えようとしました。しかし、ミニーに懇願されて、もう二度と同じ過ちを犯さないことを誓わ

20世紀初頭，クィーンズランド南東部にあったディービング・クリーク・ミッションの学校の訓練風景　混血の先住民の子供たちは，ミッションや政府の居留地の宿舎に収容され，読み書きなど基本的な教育を受けて，その後家事手伝いや肉体労働者として雇われていった（National Library of Australia 所蔵）

せて、子供たちを解放します。

ある意味で、アボリジナルの家族に対する偏見を詰め込んだような童話です。いばるだけで何もしない父親、ひどい扱いを受ける女性、子供にまともに教育をすることができない両親。これらはアボリジナルの子供を両親から強制的に引き離し、盗まれた子供たちという問題を引き起こす基になった認識です。アボリジナルの子供を収容施設に入れて隔離する政策は、この時期に始まり、第二次世界大戦後まで続きます(241)。

一九〇二年にボンは、同じく『シドニー・メイル』に「トライアンテウリピード」を発表します。トライアンテウリピードは、絶滅した三本足の生き物で、深い沼に棲み、すべての動物にとって恐怖の対象でした。バニヤップでさえ、この生き物を少し恐れていました。トライアンテウリピードは沼に近づく動物を殺して食べて、それを問いただしに来たバニヤップにも近づけば食べてしまう

トライアンテウリピードと動物たち
（*The Sydney Mail,* 6 Sep 1902 より）

ぞと脅します。バニヤップは動物たちの集会を開いて協議しました。自分たちの王を脅したことに動物たちは激怒し、これを殺すことに決めますが、みんな怖がって沼に行こうとはしません。そこでネイティヴ・キャット（猫のような感じの有袋類）の提案で、動物たちは連邦を作ることにしました。バニヤップは彼を大統領に任命し、作戦を練ります。作戦通り事は運びました。まずカモノハシが水中で攻撃し、トライアンテウリピードを沼から追い出し、続いてハリモグラが茂みに誘導し三本の足を絡みつかせたところで、カラスが眼をつぶします。最後にネイティヴ・キャットが首を咬み切って、止めを刺しました(242)。

一九〇一年一月一日に、オーストラリアのすべての植民地が統合し、オーストラリア連邦が成立しました。それが物語の背景にあります。この作品から、バニヤップはオーストラリアの実在するすべての動物と空想上の動物の王となり、君臨するようになります。ただし、バニヤップ王は、沼に棲むのではなく、陸に暮

フリタワムによって運ばれるバニヤップ王
（*The Sydney Mail,* 12 Dec 1906より）

らし、ふだんは寝ています。「本物の」バニヤップは殺されたトライアンテウリピードのほうによく似ています。そう考えると、本物のバニヤップが殺されて、偽物の物語的バニヤップ王が君臨するようになったのかもしれません。

バニヤップ王は、事件が起こるたびに侍従のオオピドゥープ（すべてのカエルの祖先）に起こされます。ウォンガウィリリュー（緑色の鳥のような生き物）、テュニユニアンテペック（中国から来る動物を貪り食う怪物）、フリタワム（すべてのヘビの父）、ゴアンサスパイク（長い角の生えたトカゲのような生き物）、グーグルオグル（カエルのようなずる賢い生き物）、ブーメランガタン（アジアから来た猿のような生き物で回転する）、スワロウモウル（毒をもたらしたヘビ）、子音ばかりで日本語化できないHlpmtl（巨大なアリジゴクのような生き物）、ロカシェル（木の樹液を吸う巨大なセミ）などが現れては、厄介な事件を引き起こし、その都度、ボス・バニヤップが魔術を使って解決します。

ボンは先住民のバニヤップ・ハンターを扱った作品も残していますが、そこに本物のバニヤップは現れません。バニヤップがいると信じる先住民たちの一種のドタバタ劇のような作品です。ボンは最も活発なバニヤップ作家だったかもしれませんが、「本物」のバニヤップ殺しだとも言えます(243)。

89　白人の神話

「ボス・バニヤップ」の登場とともに、ボンの他にも多くのバニヤップ物語が新聞に掲載されるようになります。一八九八年「バニヤップ・ビル」「バニヤップとムウウループ」、一八九九年「ジョン・コンウェイのバニヤップ」「スケッチ、ザ・バニヤップ」「トビー・メイはどのようにバニヤップを捕えたか」「バニヤップの沼」、一九〇〇年「ビナロングのバニヤップ」、一九〇一年「ザ・バニヤップ」「ウインジカリービーの思い出」、一九〇二年「ブッシュでの釣り」「バニヤップもしくはバンシー」などが、バニヤップをテーマにした作品です。この頃から、増減はありますが、少なくとも第二次世界大戦までは、同種の作品が作られ続けます(244)。

すでに触れましたが、「本物の」バニヤップに関する「記事」がますます過去のバニヤップの出現を繰り返しなぞるようになると、つまり過去にかくかくしかじかの出来事があったという（ただし事実は確認できない）記事が主流になると、バニヤップを扱うフィクション作品と新聞記事の境界はずいぶんあいまいになります。フィクションのほうも、事実と思しき昔のバニヤップに関する話、先住民の伝説についても語りますので、もはや両者をはっきりと分けることはできません。

例えば、「バニヤップ・ビル」は物語ですが、冷水で体が麻痺して、水中で息ができなくなったのがバニ

ミンカ鳥にも似た日照り鳥
オオピドゥープがなぜバニヤップに仕えるようになったかを語る話に登場
（*The Sydney Mail*, 17 Jan 1906より）

ヤップを見た原因ではないかという説を示していて、まじめな新聞の解説記事に酷似していますし、同じく一八九八年のチャリカム・バニヤップの記事は、神話のメモリアルとしての価値を説いていて、ニュースではありません。よく見られるバニヤップだと思ったら犬だったという記事や、ダボウでバニヤップを見たという報道に関連して、「どういう酒を飲んでいたのか？」とクリスマスに釣りをしようとしている人たちが聞きたがっていると結ぶ記事など、オチのある記事はもはや物語と同じです。また、一九〇二年にバニヤップがマランビジー川で目撃されると、新しい目撃情報の報道は「いつものような展開で」と、おざなりなのに対して、先住民の伝説や三七年前の目撃譚が詳しく語られるなど、ニュースというよりも歴史解説のようになります。さらにこれに続いて、別の人間も四〇年前の目撃譚を新聞に投稿しています。余談ですが、シドニー『トゥルース』は、このバニヤップを見た証人が「非のうちどころがない誠実な」人だという報道に、「普通のうそつきがバニヤップをこれまでに見たことがないのはどうしてか」と疑問を呈しています(245)。

二〇世紀前半、バニヤップの目撃記事、先住民の伝説、白人の古い目撃譚、フィクションなど、ジャンルの境界など無視するかのように、各種のバニヤップの話が入り乱れて、満開になります。白人のバニヤップ神話の誕生です。各種の物語や地域の紹介などにも、バニヤップはさりげなく姿を現し、オーストラリアの景観の一部として、入植者の歴史的記憶になっていきます。こうして先住民の神話の白人への継受が完成します。一九三三年、『オーストラレイジアン』は、「地域によって違いがいくぶんかあるにもかかわらず、バニヤップの物語はオーストラリアではどこでも（信じがたいことだが、オーストラリア百科辞典はタスマニアでもと言っている）あまりに似かよっているので、すべての神話が自然史に共通の事実の基盤を持っていると仮定するのが適切だ」と述べていますが、自然史に基盤があるのではなく、オーストラリアの白人社会に共通の基盤があったのです。まだまだ関連する膨大な文献がありますが、その検討はこの本では、これ以上、ドクターフーいやXにならって、「いたしません」。オーストラリアの地方では入植者が広くバニヤップについて語ってきたというのも、この時代が作り上げた神話かもしれません(246)。

90　大英帝国の大ウミヘビ

そうはいうものの、ちょっとだけ違う展開も。テイラーは、タスマニアのバニヤップ記事はとりわけ一九三二年から急増すると述べていますが、それは違います。バニヤップの記事が最初に増加するのは一九二九年です。そして、この年に始まるタスマニアの一連のバニヤップ騒動が、バニヤップ目撃譚がまとまって多数現れる最後の機会になります。

一九二九年二月二五日、『マーキュリー』がグレイト・レイクで、クリッチェリー・パーカーがアシカを目撃したと報道します。他紙に記事が転載される一方で、『マーキュリー』は関連記事を二月に二本、三月にはタスマニア博物館長の批判的な意見を含めて七本掲載します。単一の新聞が一つのバニヤップの目撃、それもアシカの目撃をここまでしつこく追うのは異例です。一九三〇年には、シドニーの新聞がタイベリアス湖でもバニヤップ、すなわちアシカが目撃されたと報道しました(247)。

なぜこの時期にバニヤップが復活したのでしょうか。パーカーは、一九三〇年にタスマニアの釣りに関する本を出版し、そこにはバニヤップの詳しい解説が載っていたそうです。本の宣伝が一つの理由かもしれません。また、この頃、すでに景気後退期にあったオーストラリアに大恐慌が襲います。怪物の出現は観光産業の回復に有益だったのかもしれません。実際、すでに見たようにパーカーはタスマニアの観光宣伝にも携わります(248)。

大ウミヘビ。これも別の意味で大事です。オーストラリアの新聞は、一九三〇年五月から、ずいぶん古い話ですが、一九一七年にアイスランドの近海で、イギリスの軍艦が六メートルの首を持つ大ウミヘビに砲撃したという『ネイチャー』の記事を盛んに引用し始めます。すると六月にはシドニーの南方で九メートルの大ウミヘビが目撃され、その報道でさらに過熱。そのうえ三〇メートル近くという新たな目撃情報が続きます。また、ロンドンの新聞も、イギリスの新聞にとっては「大ウミヘビの季節というわけではない」にもかかわらず、シドニーの怪物の記事を活発に掲載しました。驚いたことに、クィーンズランドのモハ・モハも注目を浴びました。一九三一年には、西オーストラリアのパースにもこれが伝染します。パーカーは帝国を旅する旅行家でしたが、大ウミヘビというの怪物のニュースは、帝国のメディア空間で広まりました。タスマニアのバニヤップの復活が、イギリスの過去の大ウミヘビの記事を誘発し、それがシドニーでの目撃につながり、さらにロンドンで活発に報道されました。その余波でタスマニアのバニヤップの報道は影が薄くなりますが、新聞が大ウミヘビに飽きると、再びバニヤップに関心が向かいます。大ウミヘビの記事は、トローヴの検索によると一九三〇年と三二年を較べると、方法にもよりますが一〇分の一から五分の一程度に減ります。再びバニヤップの出番が回ってきます(249)。

91　ネス湖の怪物バニヤップ

大ウミヘビの報道が下火になった一九三二年、タスマニアのバニヤップが復活します。早くも二月にはグレイト・レイクのバニヤップの新しい目撃情報が伝わります。当然それに続くのは、それよりもはるかに長い、過去の事例の回顧と検討の記事や学者の説明文です。四月に新しい目撃情報が追加され、徐々に佳境に近づきます。六月には史上最大といわれるマスが釣り上げられて、新展開。バニヤップ＝マス説が浮上しました。しかし、バニヤップはマスだという、あるいはバニヤップが複数いるという、あまりパッとしない形でこの年は終了しました(250)。

一九三三年、オーストラリアでは、「本物」のバニヤップの目撃がないにもかかわらず、タスマニアを中心にバニヤップばなしで盛り上がりました。実は、この間に怪物たちは帝国に活動の場を移していました。四月二八日、スコットランドのネス湖で怪物が目撃されたという情報が伝わります。この時、オーストラリアでは、まったくと言っていいほど、ネス湖の怪物は報道されませんでしたが、一〇月になると多数の目撃者が現れ、オーストラリアの新聞はロッホ・ネスの怪物のニュースでもちきりになります。体長九メートル、自動車のヘッドライトのような眼をした怪物登場。一二月、ロンドンの新聞に怪物の写真が掲載されると、オーストラリアの報道は爆発します（旧友バニヤップの写真はこれまで一枚も撮られたことがありません）。ロンドンの『タイムズ』が報道し、イギリスの庶民院が取り上げると、最初は静観していた『エイジ』や『シドニー・モーニング・ヘラルド』などの有力紙も記事にし、ネス湖の怪物のニュースはオーストラリアの隅々にまで広まりました。時を同じくして、別の怪物が現れます。カナダのヴァンクーヴァー。馬のような頭を持つ、全長一二メートルの大ウミヘビの出現です。ヴァンクーヴァーの大ウミヘビはすでに数年前から目撃されていましたが、ネス湖の怪物に刺激されて再出現。しかも、年が明けようとするころには長さが二倍の二四メートルに延びます。これに触発されてか、シチリア島にも大ウミヘビが現れました(251)。

こうなると古株のバニヤップも黙っていられません。すでに新聞紙上ではバニヤップへの言及がありましたが、タスマニアのグレイト・レイクにバニヤップがまたも出現。しかし、ネス湖の怪物のように写真もなく、ヴァンクーヴァーのように大きくもない、普通のアシカでは歯が立つはずもありません。バニヤップの写真を撮った者に懸賞金を出すという新聞広告があったにもかかわらず、老兵はただ消え去るのみ。逆にネス湖の方はといえば、新年に新しい怪物の写真が撮影され、一九三四年は三三年以上に盛り上がります。商売上手。大恐慌の痛手を受けていたネス湖の観光産業はこれで大いに潤いました。一九三一年に、歴史的遺産や景観を保護するために、スコットランドではイングランドとは別のナショナル・トラストが設立されています。その背景には、民族的伝統文化を尊重しようとするロマン主義的傾向の強まりもありました。ネス湖の怪物の（再）発見は、こうした側面とも関係していたと思われます。ちなみにバニヤップですが、最後の一役が残っていました。一九三三年にはすでにネス湖の怪物を「ネス湖のバニヤップ」と呼ぶ記事が登場しますが、三四年には、この「スコットランド」のバニヤップが、アシカ類の仲間ではないかという主張が行われ、次のような記事が現れます。

非公式の帝国通商大使として、バニヤップが、つまり、しらふの目がかつて向けられたことがないオーストラリアの神秘の野獣が、生まれ故郷のアカシアの沼を捨てて、スコットランドのロッホの冷たい水に移ったという報道がなされている。

ネス湖の怪物がバニヤップと同じだという説が、スコットランドのある動物学者によって唱えられます。しかし、それはルイス・キャロルの空想の動物スナークがブージャムだという説と同じで、説明にはなっていないかもしれません(252)。

実際に、怪物たちは帝国の非公式の高等弁務官だったのかもしれません。二〇世紀に入るとイギリスの移民は、アメリカ合衆国よりも帝国内の白人自治植民地に向かうようになり、イギリスと自治植民地の関係が深まります。第一次世界大戦後には帝国定住計画により、移民のいっそうの拡大が図られました。そのうえ一九三二年のオタワ会議において、イギリス帝国のブロック経済化が強化されています。緊密化した帝国の結びつきをさらに強めたのが、怪物弁務官たちです。

一九二九年にタスマニアにバニヤップが登場すると、大英帝国海軍の大ウミヘビの報道が行われ、シドニーでの大ウミヘビの目撃につながります。それはロンドンでも大いに報道されました。大ウミヘビが下火になるのと時を同じくして、タスマニアのバニヤップが再登場。その光を奪ったのがネス湖の怪物です。さらに膨大な報道は、各地の怪物報道を誘発しました。そうです。ヴァンク、ヴァーの大ウミヘビ。しかし、この大ウミヘビは、実は古参の外交官で一九二七年にも登場しており、怪物高等弁務官の交流は、ここから始まるのかもしれません。バニヤップの最後の本格的な活躍の舞台は、帝国の文化・メディア空間だったことは記憶しておいてよいでしょう。

神話

92　水犬

アボリジナルの人びとの間に伝承され続けているバニヤップについて。

マリー川やダーリング川は、先住民にとって食料の貴重な供給源でした。それは先住民人口の多くが河川の流域に生活していたことからもわかります。河川や沼などに棲息する魚やザリガニや貝、水鳥や爬虫類は、安定した食料として必要でした。しかし、こうした場所には、恐ろしいバニヤップや水犬がいました。

先住民女性の漁労に関する本では、子供たちが危険な場所に近づかないように、あるいは夜になって水辺で遊ばないようにと、バニヤップや水犬が待ち構えているという話が広く語られていたと指摘されています。また、シドニー近辺のダラグ民族の血を受け継ぐケン・アプトンは、八歳の頃に長老たちから、沼の最も深く、冷たく、暗い場所にバニヤップが棲んでいる。それは油断して沼の端の深い場所まで行ってしまう子供をじっと待ち構えていて、一旦捕まえると地下の巣に引き込み永久に放さない、と聞かされました。

二〇世紀後半に入ってもバニヤップや水犬の話は受け継がれていきます。アボリジナルが作った大規模な漁業の仕掛けで有名な、ニューサウスウェールズ北部のブレウォリナのミッションで育ったローラ・デニスは、もし陽が落ちる前に家に戻らなければ、川辺に水犬が現れる。それは一種の悪霊で、気をつけるようにいわれていたので、日が暮れたら決して外に居なかったと語っています。同じくニューサウスウェールズ内陸の町バークの、アルマ・ジーン・サリヴァンは、一〇歳のときに水犬を目撃しました。ガンダガイのメアリ・ウイリアムズも、「今でも、私と夫が魚を獲っていて、日が暮れてくると、日没前には水から出る」と述べていますが、バニヤップや水犬への信仰が現在も生きていることを示しています(253)。

ガンダガイの南方に位置するブラングルのミッションで育った女性たちは、地域の川で洗濯をしたり、体を洗ったり、魚を獲ったり、泳いで遊んだ思い出を語っています。そこにもバニヤップが登場します。フィリス・フリーマンは、水が渦を巻いている所や泥沼のような危険な場所に子供が行かないように、バニヤップの話が使われていたと述べています。タミー・ティドマーシュは、何にでも姿を変えられる水の精霊の話や、バニヤップがいるので暗くなると川に行けなかったことを語っています。また、前述のメアリは、父親がいつも子供たちをバニヤップで怖がらせていたけれども、「日が暮れるまでは川にいても、お前たちはオーケーだ」とよく言っていた。ただし、バニヤップ・ホールのある二本のポプラの間には行かせてもらえなかったと回想しています。マリー川河口付近に住むナリンジェリーの人びとも、人類学者のダイアン・ベルに、ムルヤウォンク、つまりバニヤップについて語っています。それは、子供たちが川や湖に一人で行かないように、危険な場所や日が暮れたらそこに近づかないようにするための一種の教訓的な物語でした(254)。

さて、バニヤップについては飽きるほど語りましたが、水犬っていったい何でしょう。クラークは触れていませんね。水犬は、ニューサウスウェールズ平原部の大集団、ウィラジュリの人びとによれば、赤い眼とがった耳を持つ水辺の生き物で、見るたびに大きくなるそうです。姿はバニヤップに似ています。実際、バニヤップと同じだという先住民の証言もあり、両者に関する語りの構造はとてもよく似ているといわれます。アボリジナルの芸術家、バジャー・ベイツは、ダーリング川に面するウィルカンヤの町の近辺に現れた水犬について語っています。彼によれば、ウィルカンヤの町の近くに水犬が陸に上がる場所がありました。ベイツ自身はその姿を見たことはないが、水犬がたてた水しぶきを見たそうです。ベイツの祖母は、水犬に出会ったとき、子供を養うために魚を獲らせてほしいと語りかけたといいます。ベイツはナティ Ngatyi についても語っています。ナティは、水に関わる世界を創造した虹ヘビに相当するドリーミングの精霊です。ナティは、離れた川から沼、沼から沼へと地下の水路を通って移動します。ナティの棲む沼は、枯れることのない沼で、干ばつのときには人も動物もこれが頼りです。したがって、人は沼と地下の水路を大切にしなければなりません。ナティは今もこの地域にいます。ナティはあるとき蒸気船と艀を沈めようとしたことがあり、その結果、艀は沈没。蒸気船は陸に乗り上げたといいます。また、警察官がナティを目撃したとき、銃を発射しました。そのときナティは、水犬に変わりました。ナティは、サリーちゃんほどの魔力はないみたいですが、「ひみつのアッコちゃん」のように変身はできたようです。ただし、ナティは今も雨を降らせ、虹を架ける精霊でもあり、それはドリーミングの時代から変わりません(255)。

虹ヘビが水犬に変わる。ドリーミングの創造主の一つの虹ヘビが、水犬になって各地の沼に棲み、人間と同じ空間を共有している。この物語はどう解釈すればいいのでしょうか。しかも、水犬はバニヤップにも似ています。「テクマクマヤコン、テクマクマヤコン、ナティになあーれ」。とできれば解決ですが。

93　水の交わるところ

ベルは、バニヤップのような神秘的生き物とドリーミングの精霊を、はっきりと分けることに疑問を呈しています。バニヤップのような妖獣も、ドリーミングの精霊と同じ時代を生き、創造の過程に関わっていることもあると。子供への安全を守るための警告の物語としてのバニヤップは、先住民本来のバニヤップに関わる物語の一部でしかないというベルの主張には、耳を傾けるべき点が大いにあると思います。ベルは、次のようなデイジー・ランキンによるムルヤウォンク、つまりバニヤップの話を紹介しています。

子供たちがマリー川の河口近くのグールワの浜で遊んでいるとき、サメが首長のたった一人の子供を奪いました。首長は怠惰で、妻は忙しく働き、子供に気を配っていませんでした。首長は、子供を探して他のクランの領域を侵しました。女性の島の境界を越えたことで、他のクランの戦士たちが首長を殺しに来ます。首長と妻は身を守るために、強力な魔術を使って変身し、ムルヤウォンクになりました。二人はラウカンのビッグ・ヒルで出会ったので、ここは聖なる土地になりました。女のムルヤウォンクは、海の水を吸い込み、それを吐き出してマリー川を海に開いて海水と淡水が混ざるようにしました。この話は、ナルンデリがマリー川を下り、現在のような川を作る以前の時代に関するものです。ナルンデリは、虹ヘビのような創世の精霊でこの地域の地形や動物を生み出しました。女のムルヤウォンクは子供が消えた辺りでいつも見かけられました。彼女のぞっとするような叫び声は女性や子供たちを恐怖で震え上がらせます。他の家族はこれをムルダーピー（ムルダウビー）と呼びます。ベルは、グールワの辺りに集まる大量の海藻が水面に浮かぶ現象

レイク・アレクサンドリーナのペリカン
マリー川河口付近は多数のペリカンの棲息地で，ペリカンは代表的なナティの一つ
著者撮影

とムルヤウォンクの関連も指摘しています。

続いて、ジョージ・トレヴォロウによるナティの話です。上流のナティは虹ヘビのような創世の精霊でしたが、今回のナティはトーテムに相当します。ナティは人を守り、人はナティを尊ぶ義務を負っています。マリー川やさまざまな淡水と海の水が交わるところ。そこがナリンジェリーにとっては聖なる水の場所です。すべてのナティはここで生まれます。水は南東の方から下を通ってここに注ぎ、表面を流れる水もここに来ます。ここで人間と動物と魚と植物が霊的に結びつき一つになります。ナティはそれらのものから糧を得ています。しかし、今やこうした混合は見られません(256)。

ナティはさまざまな動物を意味し、水の交わる場所、とりわけ淡水と海水の交わる場所がすべての生命の根源だとされています。デイジーが語る女のムルヤウォンクは、まさにその根源を生み出しました。地下を流れる水、それが多くの沼を結び、生命の源だという考え方はアボリジナルの話に共通しています。これは多くの川が頻繁に起こる干ばつのときには点在する一連の沼に姿を変え、地下の伏流水に届く深い沼だけが水を湛えているという事実に照応しています。地下の水に連なる沼、川でも地下の水がわき出る場所は、水の精霊たちの棲む場所で、多くの生物が集まる生命の根源でもあります。8節で紹介したバンイー・バンイーは、沼が干上がってもカリアのように白骨化しませんでした。地下の水路を通って移動したに違いありません。バニヤップや水犬やナティは、水の精霊としてこうした場所に棲み、そこは聖なる場所あるいは魔所として、アボリジナルの人びとがふだん近づくことはありませんでした。

94 バニヤップは悪霊か？

バニヤップとは、さまざまな地域の湖沼や川に棲む、水陸両生の悪霊だとされています。しかし、バニヤップは本当に単なる悪霊なのでしょうか。水犬はバニヤップと重なっています。創造者のナティも、船を転覆させ、人を殺します。おそらく聖域を侵したからでしょうが、バニヤップもふつうはその領域に入ってきた者を襲うだけで、みだりに人を襲うのではありません。バニヤップの棲む深い沼は、ふだんは多種多様な生物の宝庫で日照りになれば命をつなぐ最後の頼みの綱になります。それはナティの棲む沼と同じです。それではなぜ、ナティは創世の精霊として尊ばれ、バニヤップは悪霊として恐れられるのでしょうか。そういうふうに定義したからと言えば、身も蓋もありませんが、バニヤップを含む水の精霊たちには、単純な理解では割り切れない部分があります。

この点に関して、ギップスランドにあるミータングのアボリジナルの興味深い話があります。カーナイの人びとは、ナティ、つまり悪霊についてよく語ります。洪水、火災、死などのすべての禍の元がナティのせいだとされます。また、バニヤップは、ジロングのと同じような姿で描写されており、月夜にだけ現れ、邪悪な霊力を持つと信じられていました。部族の魔術師たちは、バニヤップがどこにいるかを知っていました。シドニー南方のイラワラの先住民にとって、グルナティ Gurungaty、つまりバニヤップは深い淵に棲み、よそ者の黒人を溺れさせて食べますが、部族の仲間を傷つけることはありません。ふだんグルナティは水のそばの木に登って見張っていて、見知らぬ者が近づくと、水に潜って何の気配も生じさせずに待ち構えて、その者が水を飲み始めるやいなや捕えるといいます。ここでは、バニヤップが守護者です。先ほど触れたブレウォリナでは、川にある漁業の仕掛けの一つの岩に悪霊が棲むと言い伝えられていて、よそ者の黒人が仕掛けに近づくと、事故を起こすか、病気を引き起こすそうです。これも守護者です。

2節に登場したベヴァリジによれば、普通の人間ならば見るだけで死んでしまうコニカトニー、つまりバニヤップですが、祈禱師はコニカトニーの友人で、川の底にある棲みかを時おり訪れては歓待されていると称していました。また、コニカトニーの矛盾する役割、つまり暗闇が支配する間、他の野蛮な部族の者や魔術師がキャンプにやって来て、命の源の腎臓の脂肪を奪い取っていかないように見張る役をしている点にも触れています。さらに、コニカトニーは祈禱師に邪悪な魔術の発生源も告げてくれます。

フランク・ポヴァはウィラジュリの人びとの話を集めています。ある人がミリガナと呼ばれる場所について語っています。ミリは犬、ガナは場所のことで、併せて水犬のいる場所を指し、聖地の一つになっています。水犬は、魔術師のような大きな眼をしていて、最初は小さいのですが、見るたびに大きくなり、子牛くらいの大きさにまで膨張します。暗くなってきて、犬の声が聞こえたらすぐに帰らなくてはなりません。なぜなら、水犬が現れて、人をさらいに来るからです。ポヴァによると、バニヤップには多くの名前があり、各地の川や沼に棲んでいます。しかし、「バニヤップについての物語の多くは神聖で、それゆえ秘密でもあります。多くの人はこのテーマについて無理に聞かれるのを好みません」。したがって、ポヴァが集めた物語は、一般に語られているバニヤップの話です。バニヤップが子牛のような姿をしていて、牛のように鳴くというのは、入植者のバニヤップと共通です。「最初は大きなゴムタイヤが浮かんでくると思うでしょう。最初に虹が見えて、それからバニヤップが現れます」という話があります。虹ヘビと同じように水を支配する精霊の片鱗が、虹が最初に現れるところに見受けられます。さて別の話です。あるとき一人の男が釣りをしていると、糸が流れと反対に流されていきます。ワウィー Waawii、つまりバニヤップが釣りを止めて家に帰るようにと警告していると感じ、ワウィーが話しかけていると思ったそうです。また、話が変わります。かつて父親と叔父がいっしょに、何かわからない奇妙な魚を捕えたとき、クィーンズランドから来た伝統的な部族の女性、ロージー・フィリップスにそれが何か聞きました。ロージーは気が狂ったようになり、それは赤ん坊のワウィーで、すぐに元に戻すようにと叫んだそうです。二人は言われた通りにし、父親はその後、「バニヤップが棲んでいるから、そこに泳ぎに行ってはいけない」といつも言うようになりました。

バニヤップに関する多くの話は語られていません。ドリーミングに関係するようなバニヤップの特徴については、私たちは明らかに無知です。一方、多くは断片的ではありますが、バニヤップが生き物にとって最も重要な水場の主として、すべて生命の再生とかかわり、創世の神話ともつながりがあることが感じられます。これはどのように理解すればよいのでしょうか(257)。

95 図解

図1を用いて、バニヤップの物語と虹ヘビの物語を較べることで、悪霊となったバニヤップの問題を考えたいと思います。縦軸は物語の性質のうち閉鎖性のレベルを示し、下から上に平俗で公開されているものから神聖で秘密なものへと、閉鎖性のレベルが上がります。横軸は普遍性のレベルを示し、左から右に特殊でローカルな物語から普遍的で広域の物語へと、普遍性のレベルが上がります。図1のAの部分はバニヤップの物語、Bの部分は虹ヘビが代表するドリーミングの精霊の物語です。濃い色の部分は現在知られている物語の領域、白抜きになっている部分は、昔は存在したが、現在は失われたか、公開されていない物語の領域です。

虹ヘビの話は、マリー・ダーリング川流域全体を覆うような広大な地域を対象に展開され、多くのアボリジナルの集団が共有する物語です。そのうえ、各地のアボリジナル集団が、それぞれの地域の特性を織り込んだ、ローカル化された物語も存在しています。しかもこの物語には、子供たちに語り聞かせるような世界の創世の物語から、イニシエーションを経た大人の男女だけが知る秘密の物語、さらに魔術師と呼ばれる特殊な人や長老だけが知る神聖で神秘的な物語まで、多種多様な形態の話があります。植民地化の影響で、人口が激減しても、一般的に広く知られている子供たちに聞かせるようなオープンな物語は、その多くが比較的容易に受け継がれたと考えられるでしょう。また、ローカルなテーマを盛り込んだ特殊な話も、平俗で公開されているものはある程度残ったと思われます。さすがに虹ヘビの物語であっても、ほんの一握りの人間しか知らない神聖で神秘的な物語の多くは消えたと思われますが、広大な地域に分布していたおかげで、一

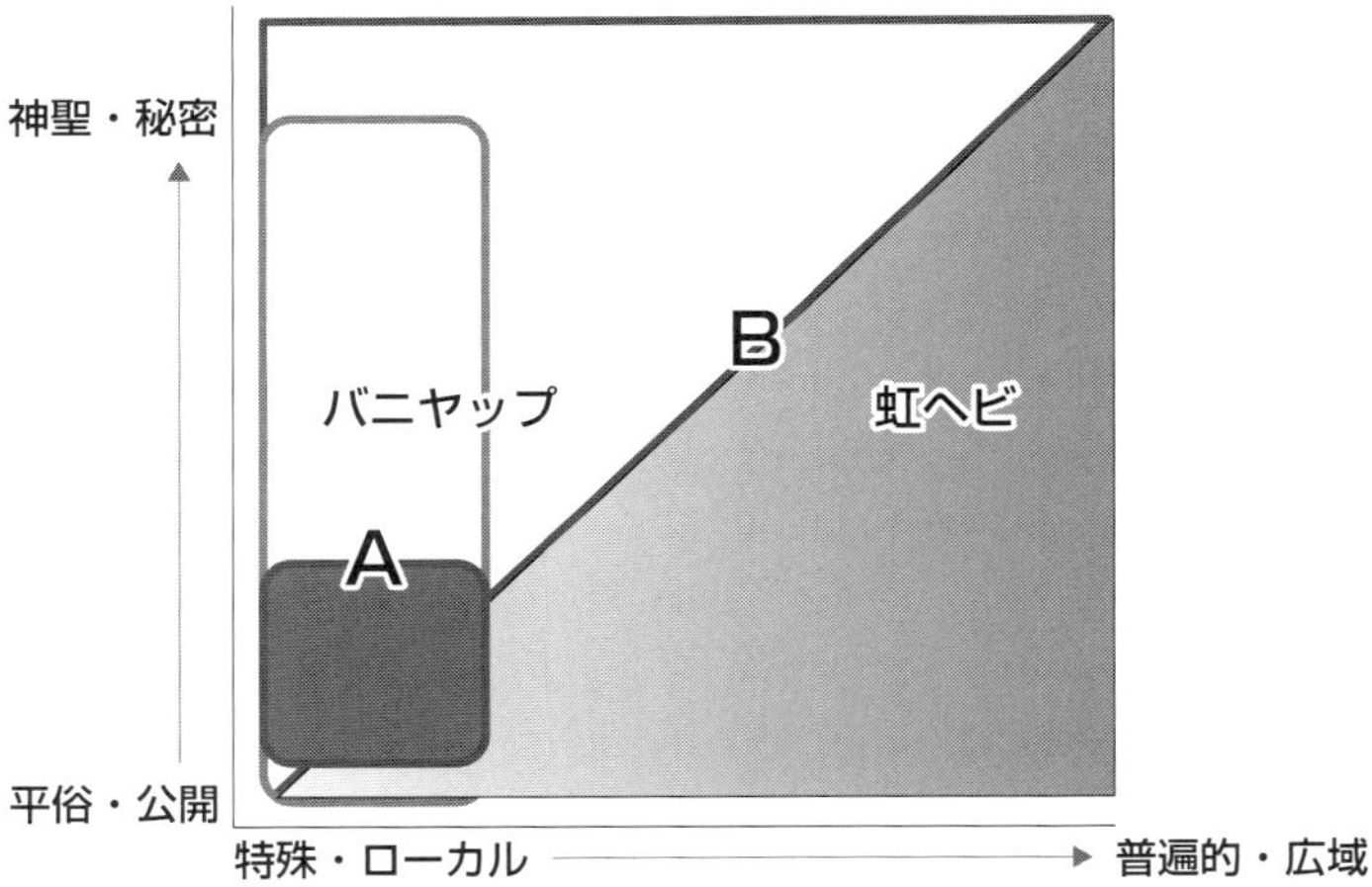

図１　バニヤップ物語の位置

部の神聖な神話は残り、創世のドリーミングの物語として高く評価されてきたのでしょう。虹ヘビの物語はすべてのラインナップが揃った、強力なドリーミングです(258)。

バニヤップは、虹ヘビと同じく水の精霊ですが、地域限定キャラです。バニヤップは、湖沼や川の淵に棲み、そこからふつう動きません。バニヤップ・ホールという地名が各地に見られるゆえんです。図1で見ると、横軸の左端の部分に限定されます。ただしバニヤップに関しても虹ヘビと同じく、子供たちに語る物語から、大人の男女だけが知る物語、さらに神聖で神秘的な物語まで、多種多様な形態があったはずです。しかし、物語がローカルなレベルに限られていたので、入植による人口の激減と多数の集団の消滅によって、最初から担い手が少なく、公開されることもなかった神聖で神秘的な、ドリーミングにつながる物語はほとんど消滅したと思われます。しかも、バニヤップ・オーストラリアは、最も入植が早く始まり、先住民社会の破壊が急速に進行した場所なので、バニヤップのドリーミングが残る可能性はいっそう小さくなりました。その結果は、子供たちに大人が語って聞かせる、オープンで教訓的なバニヤップ物語だけが各地に残った。つまり、淵に棲む危険な悪霊としてのバニヤップだけが広く伝わってきたのだと思われます。

96　空間

遠野には魔所と呼ばれるところがあったことを覚えておいででしょうか。それに続いて、伝統的共同体が安全な空間と危険な空間に世界を分割しているという議論を紹介しました。バニヤップの棲む領域はさしずめ魔所や危険な空間に当たるのでしょうが、文化的な空間の分割に関してはもう少し考えておく必要があります。

先住民文学に登場したパーシー・マンブラは、魔術の力を持った長老、ビリー・ポダムについて語っています。ビリーは先ほど触れたブラングルにいた部族の一員で、「バニヤップを持っていました」。バニヤップの力によって、いくら使っても一枚の銀貨が手元からなくなることがなかったといいます。ちなみに『遠野物語捨遺』にも、幽霊からもらったお金がなくならないという話があります。バニヤップはビリーを地下の道を通って、どこにでも連れて行くことができました。ビリーが魔術によって死ぬと、バニヤップは沼へ戻って行きました。その後、バニヤップはマンブラの家族のところに現れます。父親が部族の言葉で彼の家族は大丈夫だ、ここで暴れないでくれとなだめると、バニヤップは塩の水域に戻って行きました。バニヤップを見ることができるのは限られた人間だけです(259)。祈禱師や魔術師のような特別の力を授けられた人間は、バニヤップがいる場所を知り、バニヤップを見たり、バニヤップの領域に立ち入ったり、バニヤップの力を

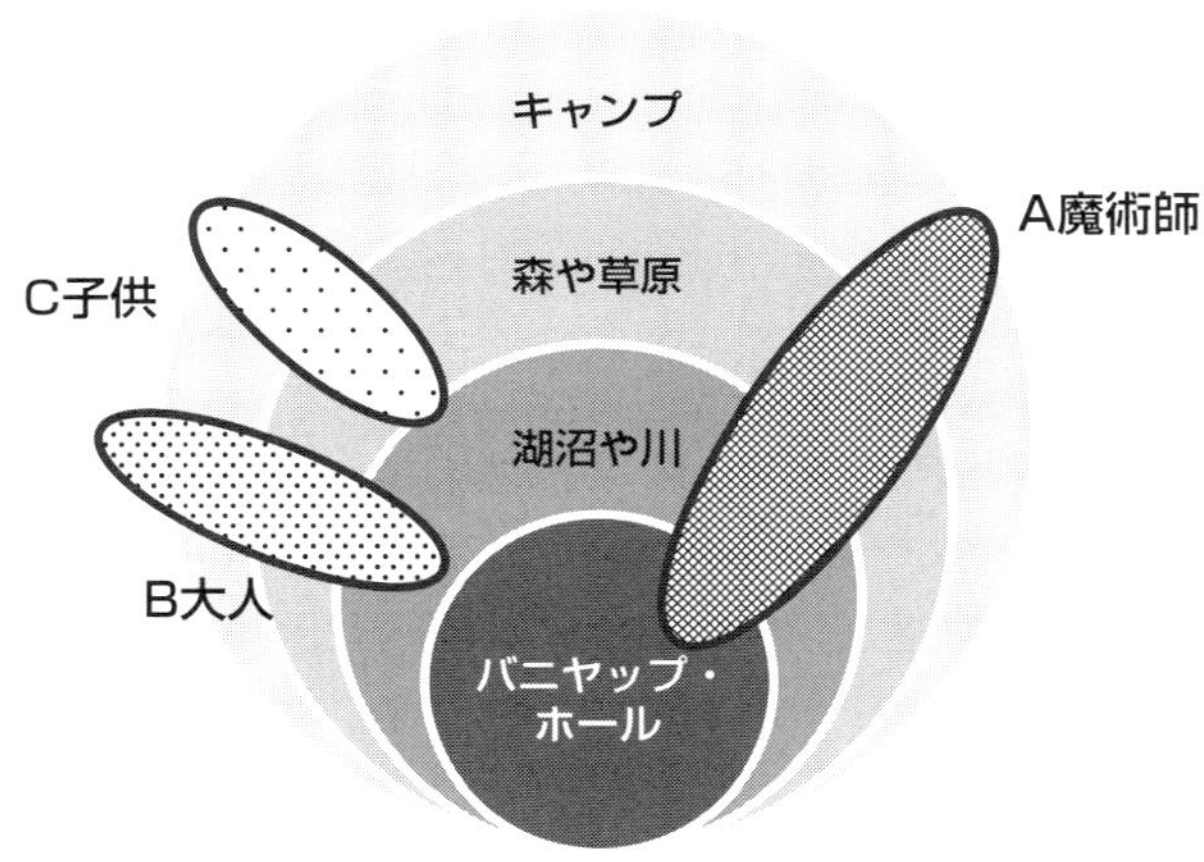

図2　空間分割

利用したりすることができました。淵は多くの生物が集まる場所で、日照りになっても伏流水によって最後まで水が絶えないところです。祈禱師や魔術師あるいは賢者や長老と呼ばれる人たちは、こうした領域に必要になれば入ることができたのだと思われます。多くの物語はそういう状況を示唆しています。その関係を維持してきたのが、私たちがほとんど目にすることができない神聖で秘密のバニヤップのドリーミングなのでしょう。バニヤップは長老支配の維持と食料の保全の二重の役割を持つ精霊だったのでしょう。

バニヤップの領域、バニヤップ・ホールとしばしば呼ばれる場所は、一般の人びとにとっては、聖なる場所というよりもバニヤップが禍をもたらす魔所だったと言えるでしょう。成人の男女にとって、地域によって、また性別によって異なるでしょうが、湖沼や川は食物を得る大切な活動領域でしたが、バニヤップの棲む場所は魔所として閉ざされていました。その違いを図2に示しました。魔術師はAで示したように、すべての空間を自由自在に利用しますが、普通の男女にはBのように、バニヤップ・ホールは聖なる領域あるいは魔所として閉ざされています。さらにCで示した子供には、バニヤップが棲む領域の周辺にある多くの場所も危険な空間として閉ざされていました。私たちの知る悪霊バニヤップの物語の多くは、CやBの空間分割に基づいたものです。

8節のバンイー・バンイーの物語では、魔術師だけがバニヤップがどこにいるか、どういう姿をしているかを知っていました。7節のドーソンの物語では、不思議なことに復讐をしようともせずに兄弟の死体を静かに引き取りましたが、魔所を侵した報いだとすれば理解できます。先ほど紹介したワウィーの話では部族の女性ロージーだけがバニヤップの姿を知っていました。バニヤップを知る者が限られている点はマンブラの話と共通しています。また、マンブラの話と同じく、イラワラのバニヤップのグルナティは部族の守護者でしたが、そうしたバニヤップは魔術師たちだけと交流していたのでしょう。部族の聖域や境界を守る聖なるバニヤップがいたに違いありません。

97　語り継ぐ

アボリジナルのバニヤップに関するドリーミングの世界について、天空の星との関係や他の水の精霊や病気との関係など、もっと多くを語る必要があります。例えば、マリー川流域に棲むヌック・ウォンカという水の精霊は、禁じられた水域や不適切な時間に水に入った者に多くの病気をもたらすとされ、先住民は入った経験がない川や湖沼に入ろうとしません。しかも、この精霊に対抗するために特別の魔術師がいると、探検家のエアは述べています。こうした話に興味は尽きませんが、ここは語り継がれている話で締めくくりたいと思います。

一九四〇年頃、南オーストラリア博物館のH・K・フライがマーク・ウィルソンから聞いた話では、蒸気船の登場によって、ムルヤウォンク、つまりバニヤップがいなくなったとされていますが、すでに述べたように、この**もの**はナリンジェリーの人びとの間で今も健在です。ウィルソンが語る、父がムルヤウォンクから息子を取り戻す話は、一九世紀のミッショナリーのタプリンが記録したものと同じ筋書きですが、はるかに詳細に状況が描写されています。細部は異なりますが、この話にはいくつものヴァージョンが記録に残っており、ナリンジェリーの人びとに広く共有されています。

一九九〇年にヘンリー・ランキンが講演をしています。ランキンは、タプリンのいた旧ポイント・マクレイ・ミッション、つまりラウカンのアボリジナル・コミュニティの議長でした。講演では、ペリカンが人の死を告げた話、死者の霊が現れた話、第六感を持つという実例などについて語っています。五〇ドル札のユーナイポンはランキンの息子の名付け親で、子供が生まれる前から五人の性別を言い当て、先住民の名前を与えました。この逸話の後で、質問に答えて次のような話をしました。

これは私の父から聞いた話です。老人たちは若者によく言っていたものです。川の土手に沿って、私たちの側から下ってずっと、「太陽が沈んだら、川のそばの水に近づいてはいけない。ムルヤウォンク（バニヤップ）が、攫いに来るから」と。ある夜二人の少年が（八〜一〇歳）川の畔《ほとり》で遊んでいました。年老いた**もの**が一人を捕まえて、川の中の洞窟に連れ去りました。老人たちはみんなでもう一人の子供を探していました。なぜなら、もう一人の子供が、何が起こったかを言いに来なかったからです。というのは、この子は、夜になったら川で遊ばないように言われていたので、叱られてしまうと思った

マリー川河口のウェリントンの渡し
付近はバニヤップの巣窟だったといわれる　著者撮影

からでした。そこで彼らは川まで二人の足跡をたどり、残った子供を捕まえて、「何が起こったんだ」と聞くと、その子は「年老いたものがあの子を攫った」と言いました。老人たちは、仲間の一人の全身に死者の脂肪を塗り付けました。彼は川に潜り、ムルヤウォンクの洞窟に降りて行きます。そのとき老人たちは羽も渡しました。ムルヤウォンクの洞窟に上がったとき、彼は羽を振り、歌を唄って、ムルヤウォンクを眠らせました。それから少年を見つけて、いっしょに連れて戻りました。そして少年は、もう二度と川のそちら側には行かなかったということです。これが私の父が話してくれた物語の一つです。

もう一つのムルヤウォンクについての話は、蒸気船が三艘の艀《はしけ》を曳いていたときのことです。川を下って、ウェリントンの辺りを過ぎたとき、蒸気船が川の真ん中で止まりました。外輪はまだ動いていましたが、船は川の真ん中で立ち往生。点検すると、年老いたものが艀をつかんでいるのが見えました。船長はこれを見ると銃を握って、ムルヤウォンクを撃とうとしました。老人たちは、「してはいけない。もし撃てば、きっと死ぬ。してはいけない。ひどい死に方をするぞ」と言いました。しかし、船長は耳を傾けずに、年老いた**もの**を射殺しました。するべきなのは、艀を切り離して、積み荷の大麦といっしょにムルヤウォンクに艀を渡し、川底まで持って行かせることでした。船長がグールワまで来たとき、彼は本当に、本当に重い病気になり、いわゆる疱瘡が体じゅうにできました。老人たちはずっと泣き続け、二週間で、船長は死にました。船長は、「してはいけない」という老人たちの忠告を聞きませんでした。この二つの物語は私の父がムルヤウォンクについて語ってくれたものです。今でも信じています。崖の近くに行くと、渦が巻いているのが見えます。それがだんだん濁ってきます。それがムルヤウォンクです。ですから川には近づいてはいけません。私は、彼らが川に居ること、私が死ぬまでそこに居続けるだろうと信じています。

質問に答えて、

ですからバニヤップ（ムルヤウォンク）は今も私たちのドリーミングの中にいます。彼は今日でもまだそこにいます。空をジェット機が飛ぶように、川には今もあの**もの**がいるのです(260)。

タプリンが聞いた話は今も健在です（⇩49頁参照）。また、艀の話は、ナティの話と類似しています。今でもバニヤップ・オーストラリアの各地でアボリジナルの物語は生き続けています。ユーナイポンは、ランキン以上にバニヤップの話をよく知っていたはずです。なぜ、自身の民話集にそれを採録しなかったのでしょうか。ユーナイポンの知っていた話は、ドリーミングに関わる神聖で秘密の話だったのかもしれません。

「僕は決め顔でそう言った」。

閉幕

98 ミスショット・忍

「儂には必要ない節じゃが、うぬらのような間抜けには必要じゃ。それと儂の都合もあったかのう。かかっ、怪異に出現の理由を求める方が無粋というものじゃがのう」。

一八世紀末から一九世紀前半の入植者の心性については状況証拠しかありませんが、バニヤップの存在についてはそれさえありません。白人のバニヤップは新聞記事となった一八四五年に始まるとしか言いようがありません。先住民のバニヤップには、一七八九年以前は、おそらく普通の物語から聖なる神秘のドリーミングまで完全なラインナップが揃っていましたが、天然痘の猛威によって人口が激減し、死者の悪霊がさまよい、白人という先祖の霊が押し寄せた結果、そこに大きな欠落が生じました。先住民社会では、バニヤップ・オーストラリアの大部分で、普通の社会生活が崩壊し、精神世界も様変わりしたと思われます。バニヤップのドリーミングの大部分は消滅したでしょう。先住民が白人を祖先だと見なしてくれたおかげで、入植者が先住民を野蛮で人食い人種だと見なしていたにもかかわらず、入植は比較的順調に進みましたが、先住民の話をまともに聞こうとする入植者はいませんでした。

ジロングにおけるバニヤップの発見と新聞による報道がすべてを変えます。オーストラリア南東部の湖沼や川にバニヤップが棲むという話が、瞬く間に広がり、各地で目撃が相次ぐようになりました。しかし、鳥とワニの合体獣のような怪物バニヤップの目撃は、その頭蓋骨が偽物だという判定を受けると、急速に信頼を失ってしまいます。バニヤップという言葉は、詐欺師、偽りのものを示す形容詞として使われ、バニヤップ貴族制やバニヤップ選挙区という言葉が政治の世界で普及しました。同時に、競走馬、犬や猫、船、ホテル、牧場、町、道路、石鹸、小麦の品種、人のあだ名などにもバニヤップは用いられて、生粋のオーストラリア生まれの言葉として日常生活に定着しました。

一九世紀の後半に、バニヤップの目撃がなくなったのではありません。主にアシカのようなバニヤップを中心に、サイズも小ぶりで、新種の動物としてありそうな姿をした現実的なバニヤップの目撃が、地方を中心に続きます。都市の大新聞が時おり転載することはありましたが、たいていは皮肉なコメントが付きました。一方、地方の新聞のなかには熱心にバニヤップ報道を続けるものもありました。それと並行して、バニヤップは白人文学の一部としても生産されるようになります。地域によっては、白人によるバニヤップの伝説が語られるようになったところもあるでしょう。タスマニアは先住民文化とは断絶していたにもかかわらず、バニヤップ伝説が生まれました。

世紀末が近づくと変化が生じます。バニヤップに対する批判的眼差しは弱まり、「私たちの旧友バニヤップ」という表現が象徴するように、バニヤップは開拓時代をともに生きてきた友人として、カンガルーやエミューなどの実在の生物と同じように、オーストラリアの白人文化や景観の一部に融合していきます。オーストラリア・ナショナリズムの一翼を担うようになったのです。二〇世紀になると、バニヤップはときに新たに発見されることがありますが、ほとんどのバニヤップ記事は、これまでの各種の目撃譚とアボリジナルのバニヤップ伝説を混ぜ合わせて作られた物語になっていきます。一九世紀に目撃された後に忘れ去られた物語が復活し、繰り返し語られます。フィクションの世界ではバニヤップがオーストラリアの百獣の王となり、それが自然に受け入れられます。白人のバニヤップ神話がついに完成しました。

第一次世界大戦が終わると、帝国の結びつきやメディア空間は緊密化します。そのなかでネス湖の怪物やカナダの大ウミヘビ、オーストラリアのバニヤップの目撃が、相互作用を起こしながら拡大しました。「本物」のバニヤップはグローバルな空間で有終の美を飾りました。

アボリジナルのバニヤップ伝説は、子供への教訓話のように受け取られてきました。先住民文学の担い手も恐怖のバニヤップを強調しました。しかし、おそらくバニヤップの神話はもっと重層的で、数は多くはないかもしれませんが、現在でもドリーミングに連なるようなバニヤップの物語が受け継がれています。「誰もが誰かの続きであり、誰もが誰かに続くのじゃよ」。

九十九神

尊敬する西尾維新先生によると、「怪異に責任を求めるのは間違っている。あいつらは、ただ単に、そうあるだけなんだから。怪異にはそれにふさわしい理由がある。それだけの話だ」（『化物語』より）というこ

服部しほり作　あかしあやかしあなをかし

とです。怪異について、学者ごときが何を言っても無駄。そこで学者を相手に妖怪や怪物についてバニヤップします。とは言うものの。相手をしてもらう適当な対象がいません。主要な相手からはすでに拝借しましたので、残る『怪異学の技法』の歴史家たちを相手にしたいところです。しかし、民俗学的な研究をコケにしているわりには、とくにめぼしい理論も技法も見当たらないようです。珠玉の京極夏彦さんはすでに無理矢理に拝借しました。そこで洋物、『怪物人類学』で間に合わせときます(261)。

日本の妖怪学は、怪異と妖怪、神と妖怪の関係、妖怪の領域（闇と光、過去と現在、周縁と中心）、自然と超自然などを多面的に研究してきました。しかし、多様な実例としておおいに参考になりますが、それが日本に特化しているのは明白です。異文化との比較研究の試みはありますが、とくに参考になるとは言えません(262)。

それに対して『怪物人類学』は、最初から多様な文化に存在する怪物の比較研究を目指す点で、相撲を取りやすいと言えます。

『怪物人類学』は、怪物という存在を、フィクションとしての怪物だけでなく、共同体の集団幻想としての怪物を含めて検討する必要性を指摘しており、その構想がうまく機能しているかどうかを抜きにすれば、それがカバーする領域は広大です。それによると怪物はおおまかに言って、リアルな共同幻想（異形・異界の怪物）→フィクション→フィクションだがリアルな怪物（人間化・社会内在化）という順に進化して来ました。今どきの怪物は人間にますます近くなり、しかも同じ社会と空間を共有するようになっています。姿は人間と同じヴァンパイアが人間の世界にカフェなんか営業しながら暮らしていて、人間といっしょにテレビゲームをしているというような設定はふつうです（光と闇、中心と周縁などという区別をせせら笑う）。バニヤップのような古典妖獣には暮らしにくい社会です。

第二の特徴は、怪物の体（ボディ、身体）への注目です。これは前近代から近代への過渡期に、科学としての分類学の登場によって、ギリシア神話のような合体獣や、パタゴニアの巨人や小さいおじさんのように大きすぎたり、小さすぎたりする**もの**が、フィクション化したという歴史的なプロセスの反映も受けているのだと思われます。身体という意味では、人間や自然なものの領域のカテゴリー（動植物、景観、自然現象、人工物）の複合性が俎上に上ります。それに加えて通常の時間的カテゴリーを破った**もの**（妖狐、幽霊、ゾンビなど）、自然な身体を持つが非日常的能力を持つ**もの**（魔術師、祈禱師、忍野忍など）が検討対象として考えられるでしょう。風や光などの現象は、怪異の身体を俎上に乗せるという観点からは枠外かもしれません。人間を中心に整理すると、a人間と似た怪物（身体の一部、時間規制、能力が異なる）、b人間と他のものの複合体（エキドナ、ボーグなど）、c 人間以外の動物などの複合体（ヒドラ、バニヤップなど）、d こうしたカテゴリーには属さない怪異となります。神と邪悪性は、この分類には関係ありません。外観や姿かたちに着目して比較するのは、文化を超えた比較の手法にとっては重要です。

いずれにしても身体の異様さは、怪物の大きな特徴です。それは内面的価値と結びつきます。老人は現代日本の怪物になりつつあるのかもしれません。若い身体があらゆる場面で平常化し、老化を加齢臭、しわ、ボケで周縁化する社会では、ババアやジジイはもはやイマドキ妖怪の一種でしょう。老化がいつも心に襲い掛かります。

怪物は特定の文化の内で意味をなすと言われます。しかし、すでに見てきたように、植民地化のような状況や、複数の先住民社会が多くの精霊を共有したり、ネス湖のバニヤップのような帝国のメディア空間を舞台とする場合、怪物はそのなかで変身・変形します。複数の文化が意味を共有したり、融合したり、新しい意味を生み出したりとその変化は多様です。また、階層によって怪物はまったく違う意味を持ちますし、同じ文化を持つ共同体内でさえ、怪物の意味はその立場によって異なります。

怪物は矛盾する存在です。怪物は逆転の世界が周縁化されたものとも言えるかもしれません。欲望と恐れの対象。善と悪の化身。平常性と異様。逆転の世界です。神と妖怪との関係を二項対立的に考えるのではなく、その矛盾する性質をそのものとして受け入れ、前提としなければなりません。ブラック羽川によると、怪異は「信じられ、恐れられ、怖がられ、疎まれ、奉られ、敬われ、嫌われ、忌まれ、願われにゃくてはにゃらない」（同じく『化物語』より）。バニヤップも本来こうした存在だと考えるのは、けっして無理なことではないでしょう。また、怪物と民族的他者との緊密な関係は、白人の幽霊化に端的に現れています。願望と恐れ、生と死、自己と他者が一つになった存在です。矛盾の権化でしょうか。人間とまったく変わらぬ怪物が人間社会に生活する姿は、異文化社会が内在化し、テロが平常化した世界の反映だと誰かが言いそうです。

百　終わりは始まり

私たちの古い先住民はこれらの生物よりも賢明です。彼は水と神話のなかの居場所を守っています。もしバニヤップを見かけたら、スポーツマンでも、覗き趣味でも、生物学者でもなく、熱烈な信仰を持つ者として、心から敬わなければなりません。

おそらくユーカリの木の陰で水音を聞くだけでしょう。また、湖畔の茂みをかき分けて進むときに、水面にさざ波が立つだけかもしれません。

しかし、それはバニヤップがそこにいないという意味ではありません。お節介をしないではおられない卑俗な人間だと見なされたのかもしれませんし、あなたのことが嫌いなのかもしれません。

バニヤップを信じるのはもはや流行ではありません。信仰というのはこれまでいつも流行りの問題でした。平均的な人間にとって、経済学の理論や社会学の理論、アインシュタインによる宇宙の理論、ムッソリーニやヒトラーが唱える国家の諸理論、さらに他のいっそう奇妙なものを信じるのが流行です。しかし、人間の合理化から生じたこれらのものを信じるのが、沼から生じたバニヤップを信じるよりも理性にかなうとは言えません。

私はバニヤップの味方です。

（*The Courier-Mail*, 3 Jul 1937, p.20 by Clive Turnbull. 一か所意訳です。）(263)

索　引

Ⅰ. 人名

ア 行

カ 行

サ 行

タ・ナ行

ハ 行

マ・ヤ行

ラ 行

Ⅱ. 地名

ア行～タ行

ナ行～ラ行

Ⅲ．書名・新聞雑誌名

ア行～タ行

ナ行～マ行

IV. もの・生き物

ア 行

カ 行

サ行・タ行

ナ行～ハ行

マ行～ワ行

V．その他事項

注

	新聞史料省略一覧
Ad	*The Advocate*
Age	*The Age*
AO	*The Adelaide Observer*
Arg	*The Argus*
Asyd	*The Australian (Sydney, NSW : 1824–1848)*
Aus	*The Australasian*
BA	*The Bendigo Advertiser*
BFP	*The Bathurst Free Press*
BL	*Bell's Life in Sydney*
BS	*The Star (Ballarat)*
BW	*The Border Watch*
CC	*The Cornwall Chronicle*
CT	*Colonial Times*
Em	*The Empire*
EN	*The Evening News*
FJ	*The Freeman's Journal*
GA	*The Geelong Advertiser and Squatters' Advocate*
GH	*The Goulburn Herald*
GT	*The Gundagai Times*
HM	*The Hobarton Mercury (The Mercury)*
IAN	*The Illustrated Australian News for Home Readers*
IM	*The Illawarra Mercury*
Inq	*The Inquirer (Perth, WA : 1840–1855)*
KF	*Kilmore Free Press*
LE	*Launceston Examiner*
MAM	*The Mount Alexander Mail*
MBC, BC	*Moreton Bay Courier, The Courier, the Brisbane Courier*
MC	*The Maryborough Chronicle*
MM	*The Maitland Mercury and Hunter River General Advertiser*
MP	*Melbourne Punch*
NA	*The Northern Argus*
NMH	*Newcastle Morning Herald*
OMA	*The Ovens and Murray Advertiser*
PG	*The Portland Guardian*
PGW	*The Perth Gazette and Western Australian Journal*

RH	*The Riberine Herald*
SA	*The South Australian*
SAA	*The South Australian Advertiser*
SAG	*South Australian Gazette and Colonial Register*
SAR	*The South Australian Register*
SC	*The Sydney Chronicle*
SG	*The Sydney Gazette*
SM	*The Sydney Mail*
SMH	*The Sydney Morning Herald*
Te	*The Telegraph*
WA	*The West Australian*
WN	*The World's News*
WWA	*Wagga Wagga Advertiser*

---

(1) *Bunyip of Berkeley's Creek,* written by Jenny Wagner and illustrated by Ron Brooks, Melbourne: Longman Young Books, 1973を参照。

(2) Dening, Greg, *Performances,* Chicago: University of Chicago Press, 1996を参照。

(3) Beveridge, Peter, *The Aborigines of Victoria and Riverina,* Melbourne: M.L. Hutchinson, 1889, p.99 (https://archive.org/details/TheAboriginesOfVictoriaAndRiverina).

(4) 藤川隆男「北アメリカとオーストラリアにおける先住民の人口規模」『帝塚山大学教養学部紀要』 第31輯, 1992年, 53-83頁を参照。

(5) 藤川隆男「19世紀後半におけるアボリジナルとミッショナリー」『帝塚山大学教養学部紀要』 第41輯, 1995年, 77-103頁及び「アボリジナルと白人の法」『国立民族学博物館研究報告別冊』21号, 2000年, 175-195頁を参照。

(6) アボリジナルの美術については, ハワード・モーフィー(松山利夫訳)『アボリジニ美術』岩波書店, 2003年や松山利夫監修『オーストラリア・アボリジニの美術』読売新聞文化事業部, 2001年などを参照。

(7) 松平莉奈さんには, その後いくつかの挿絵の制作にも協力していただきました。

(8) オーストラリアにはアリゲーターはいませんので, 以下でもアリゲーターが現れますが, クロコダイルのことです。

(9) *GA*, 2 Jul 1845.

(10) 固有名詞や歴史的な事項については, オーストラリア辞典を参考にしてください。現在データベースを, 新しいサーバー(http://bun45.sakura.ne.jp/)への移行中です。

(11) Twopeny, Richard, *Town Life in Australia*, London, 1893, p.221.

(12) Holden, Robert and Nicholas Holden, *Bunyips: Australia's folklore of fear,* Canberra: National Library of Australia, 2001, p.208; *Dandenong Advertiser,* 8 Jan 1914, p.3; Denise, M.N., *Call of the Bunyip*, Bunyip: Bunyip History Committee, 1990, pp.1-2.

(13) 個々の人物の紹介は，とくに断らないかぎり主にオーストラリア辞典と *Australian Dictionary of Biography*（http://adb.anu.edu.au/）を利用しています。

(14) Dawson, James, *Australian Aborigines,* Melbourne: G. Robertson, 1881, pp.108-109.

(15) Evans, Julie, 'Katie Langloh Parker and the beginnings of ethnography in Australia' in Fiona Davis, Nell Musgrove and Judith Smart eds, *Founders, firsts and feminists,* University of Melbourne: eScholarship Research Centre, 2011; Goodall, Heather, *Invasion to Embassy,* St. Leonards, NSW: Allen & Unwin, 1996, pp.60-66.

(16) *Woggheeguy: Australian Aboriginal Legends,* Adelaide: F.W. Preece and Sons, collected and written by K. Langloh Parker and illustrated by Nora Heysen, 1930, pp.73-77.

(17) Dawson, op.cit., pp.105-106.

(18) *The Life and Adventures of William Buckley,* by John Morgan, Hobart: Archibald Macdougall, 1852; 引用箇所は，p.48, pp.108-109.

(19) 非伝統的なアボリジナル社会の研究については，日本では，松山利夫，友永雄吾，大野あきこ，窪田幸子，栗田梨津子，上橋菜穂子，鈴木清史などの研究を参照（サイニーやグーグルを使ってください）。先住民の権利をめぐる研究としては，マボウ判決やウイック判決，ハインドマーシュ島，アボリジナルの監獄での死亡などに関して多数の関連研究が行われました。この本で引用されているオーストラリアの研究者のなかにもそうした活動に関わった者も多く，ここでは詳しく触れませんが，その過程で対立的な論争や先住民との対立に巻き込まれた研究者もいます。後に登場するクラークはその一人です。

(20) 南オーストラリアのアデレイド周辺は例外です。

(21) Australia Lesson Activities: Literacy, 'Dreamtime Stories-the Rainbow Serpent'（http://www.expedition360.com/australia_lessons_literacy/2001/09/dreamtime_stories_the_rainbow.html）.

(22) Berndt, Ronald and Catherine, *The World of the First Australians,* Canberra: Aboriginal Studies Press, 1988, pp.136-137.

(23) Clarke, P. A., 'Spirit beings and the Aboriginal landscape of the Lower Murray, South Australia', *Records of the South Australian Museum* 31(2), 1999, p.149, p.151; 松山利夫「歴史としての白人像」藤川隆男編『白人とは何か？』刀水書房，2005年，136-146頁参照。

(24) Clarke, P. A., 'Spirit beings', p.151.

(25) Ibid., pp.151-154; また，Bell, Diane, *Ngarrindjeri Wurruwarrin,* North Melbourne: Spinifex Press, 1999, pp.353-356も参照。

(26) Clarke, P. A., 'Spirit beings', pp.154-157; また，Bell, op.cit., pp.318-343は，歴史的な証言を多く集めていて，そういう面では霊的存在についていっそう詳しい部分もありますが，言葉が指している対象についてクラークと異なるところがあるので，この章では主にクラークの情報を元に叙述しています。以下であげる事例についてもベルは例をあげています。さらにこの地域について詳細を知るには，クラークの博士論文で研究史を参照（Clarke, P. A., 'Contact, Conflict and Regeneration: Aboriginal Cultural Geography of the Lower Murray, South Australia', Ph.D thesis, University of Adelaide, 1994, Chapter 2）; *The Cairns Post,* 6 Feb 1931 も各種の幽霊について述べています。また，Povah, Frank, *You kids count your shadows,* Wollar, NSW: F.Povah, 1990はNSWの平原部の霊的存在を多数集めています。

(27) Taplin, George, 'The Narrinyeri' in J.D. Woods ed, *The Native Tribes of South Australia,* Adelaide: E.S. Wiggs, 1874 [1879], p.62（https://archive.org/stream/nativetribessou00taplgoog#page/n125/mode/2up）; Taplin, 'The Journals of the Reverend George Taplin, Missionary to the Ngarrindjeri People of the Lower Murray, Lakes and the Coorong, 1859-1879', PRG 186-1/3, Mortlock Library, Adelaide, Jul 2-3, 1860, Sep 16-17, 1862; Hemming, Steven, 'The Mulgewongk', *Journal: Anthropological Society of S.A.,* Vol.23, no.1, Mar 1985; Rankine, Henry, 'A talk by Henry Rankine', *Journal: Anthropological Society of S.A.,* Vol.29, no.2, Dec 1991; Clarke, P. A., 'Spirit beings', pp.156-159; Clarke, P. A., 'Indigenous Spirit and Ghost Folklore of "Settled"Australia', *Folklore,* Vol.118, no.2, 2007, pp.141-161も参照。

(28) Penney, Richard, 'The Spirit of the Murray', introduced by Robert Foster, *Journal: Anthropological Society of S.A.,* Vol.29, no.1, Dec 1991, pp.1462-1463; Dawson, op.cit., p.49.

(29) Clarke, P. A., 'Spirit beings', pp.159-162; Angas, G.F., *Savage Life and Scenes in Australia and New Zealand,* Vol.1, London: Smith, Elder, 1847, p.94（https://archive.org/stream/savagelifescenes01anga#page/n7/mode/2up）.

(30) 松山利夫『ブラックフェラウェイ』御茶の水書房，2006年，29頁，34頁;

Clarke, P. A., 'Contact, Conflict', pp.118–119, pp.125–126; Clarke, P. A., 'Indigenous Spirit', pp.141–161を参照。

(31) 『遠野物語』に関しては，柳田國男『遠野物語』名著復刻全集日本近代文学館，1968年を参照しました。また，以下であげた事例には，柳田國男「遠野物語拾遺」『柳田國男全集』第2巻，筑摩書房，1997年の例も含まれています。

(32) 小松和彦『妖怪学新考』小学館，1994年，30–32頁及び中村禎里『狸とその世界』朝日選書401，1990年，87頁; ただし柳田と小松の違いをことさら強調するのは不適切かもしれません。例えば，柳田も「河童駒引」(『柳田國男全集』第2巻，447–448頁参照)で，神様には仏様とは違い善悪の二面があると指摘しています。ただし，悪の力も世の進歩とともに衰えていくとも述べています。

(33) Angas, op.cit., p.88.

(34) 小松和彦『妖怪学新考』34–40頁。

(35) 藤川隆男『人種差別の世界史』刀水書房，2011年，50頁，53–59頁参照（本の宣伝に入れてみました）。

(36) 岡崎勝世「リンネの人間論：ホモ・サピエンスと穴居人(ホモ・トログロデュッテス)」『埼玉大学教養学部』41(2)，2005年，12–13頁; Douthwaite, Julia, *The Wild Girl, Natural Man, and the Monster,* Chicago and London: University of Chicago Press, 2002, pp.15–18参照。

(37) McEwan, Colin, et al. eds, *Patagonia: Natural History, Prehistory, and Ethnography at the Uttermost End of the Earth,* Princeton: Princeton University Press, 2014, p.138; de Buffon, G.L.L., *Oeuvres complètes de Buffon, mises en ordre et précédées d'une notice historique par M. A. Richard,* Tome XVI, 1826, p.181, Tome IV, 1836, pp.257–259.

(38) Konishi Shino, 'Inhabited by a race of formidable giants,' *Australian Humanities Review,* no.44, 2008, pp.7–8; 原文の関連個所は，Péron, François, (continué par Louis de Freycinet), *Voyage de découvertes aux terres australes, exécuté sur les corvettes le Géographe, le Naturaliste et la goëlette le Casuarina, pendant les années 1800, 1801, 1802, 1803 et 1804,* Tome II, 1816, Paris, pp.118–119, pp.201–203: 引用箇所は原文からです(pp.118–119)。ボーダン自身の航海日誌には，「先住民はとても背が高い」と船員たちが言っていたという記述がありますが，巨人族という描写はありません(*The Journal of post Captain Nicolas Baudin,* translated from the French and with a preface by Christine Cornell, Adelaide: Libraries Board of South Australia, 1974, pp.505–506)。

(39) Konishi, op.cit., pp.12–13.

(40) 柳田國男「妖怪談義」『柳田國男全集』第20巻，筑摩書房，1999年，312-313頁；小松和彦『妖怪学新考』34-40頁。

(41) Holden, *Bunyips,* pp.30–31; Capoferro, Riccardo, *Empirical Wonder: Historicizing the Fantastic, 1660–1760,* New York: Peter Lang, 2010, pp.94–96.

(42) Holden, *Bunyips,* pp.30–31; Clarke, Charles, 'An Account of the Very Tall Men, Seen Near the Streights of Magellan, in the Year 1764', *Proceedings of the Royal Society of London, Philosophical Transactions of the Royal Society,* Vol.57, 1767, p.77; *A Voyage Round the World, in His Majesty's Ship the Dolphin, Commanded by the Honourable Commodore Byron,* London, 1767, p.41.

(43) 航海日誌は，オーストラリア国立図書館のサイトで公開されているものを利用しました。South Seas Voyaging Account(http://southseas.nla.gov.au/index_voyaging.html)を参照; John Hawkesworth's *Account of the Voyages...in the Southern Hemisphere,* Vol.I, London, 1773, p.65, p.68.

(44) Ibid., pp.8–16, p.374, p.391; Hulme, Peter, 'Abject in Patagonia: Stories from the *Wager'* in Fernanda Peñaloza, et al. eds. *Patagonia: Myths and Realities,* Oxford: Peter Lang, 2010, pp.50–53; Edwards, Philip, *The Story of the Voyage : sea-narratives in eighteenth-century England,* Port Melbourne: Cambridge University Press, c.2004, pp.54–55.

(45) Bougainville, Louis-Antoine de, *Voyage autour du monde, édition critique par Michel Bideaux et Sonia Faessel,* Paris: Presses de l'université de Paris-Sorbonne, 2001, p.156; 英語版(2013)，p.79(https://archive.org/のサイト)も利用可能ですが，イギリスfootとフランスpiedの単位の差に注意。翻訳は単位の差を考慮に入れていない場合が多く，フランス語から英語に訳されたものは，身長が低く，逆の場合は高くなります。これが巨人の実在性をめぐる英（肯定派）仏（否定派）の論争の火に油を注いだ可能性があります。

(46) Holden, *Bunyips,* pp.39–41.

(47) NSW州立図書館のサイトで参照可能：'A Description of a wonderful large wild man, or monstrous giant, brought from Botany-Bay', SV/44, NSW State Library(http://www.acmssearch.sl.nsw.gov.au/search/itemDetailPaged.cgi?itemID=98388)。もう一つは，付属するミッチェル・ライブラリーに所蔵されていますが，ネットでは見ることができません。

(48) 香川雅信「マンガの源流としての妖怪画」兵庫県立歴史博物館・京都国際マンガミュージーアム『図説　妖怪画の系譜』河出書房新社，2009年，6頁。香川には『江戸の妖怪革命』という単著もありますが，フーコーが重す

ぎで，軽い方からの引用にしました。

(49) 見市雅俊「自然史と博物館──近世イギリスの驚異の行方」山中由里子編『〈驚異〉の文化史』名古屋大学出版会，2015年，384頁; 井野瀬久美恵監訳『ホッテントット・ヴィーナス』法政大学出版局，2012年，465頁; 野生人については，別の観点で検討することもできます。Nugent, Maria, *Botany Bay: Where Histories Meet,* Crows Nest: Allen & Unwin, pp.33–36を参照; 香川，前掲書，7頁。

(50) 松尾佳代子「ノートルダムの鐘」『アニメで読む世界史2』山川出版社，2015年，77頁，78頁，89–92頁参照。

(51) Dening, Greg, *Mr Bligh's Bad Language,* Melbourne: Cambridge University Press, 1994, pp.77–80; 藤川隆男「大洋を渡る女たち/19世紀オーストラリアへの移民」『近代ヨーロッパの探求１　移民』ミネルヴァ書房，1998，167–177頁も参照。

(52) *Pierre Bernard Milius Last Commander of the Baudin Expedition-The Journal 1800–1804,* translated and annotated by Kate Pratt, West Perth: National Library of Australia, 2013, pp.56–57; *Récit du voyage aux terres australes par Pierre Bernard Milius,* Le Havre: Société havraise d'études diverses, 1987, p.8.

(53) See C.E. Sayers ed, *Letters from Victorian Pioneers,* South Yarra: Lloyd O'Neil, 1983.

(54) Australia's flora and fauna and Charles Darwin（http://www.australia.gov.au/about-australia/australian-story/australias-flora-and-fauna-and-charles-darwin）.

(55) 藤川隆男『オーストラリア歴史の旅』朝日選書407，1990年，97–99頁; Hawkesworth, John, *Account of the Voyages in the Southern Hemisphere,* Vols. II–III, London, 1773, p.561, p.563, p.570, pp.577–578; *The Endeavour Journal of Joseph Banks, 1768–1771,* 14 and 15 Jul 1770, in South Seas Voyaging Account（http://southseas.nla.gov.au/index_voyaging.html）; 'Distinct Creation: Early European Images of Australian Animals', *The La Trobe Journal,* no.66 spring 2000, pp.4–12（http://www3.slv.vic.gov.au/latrobejournal/issue/latrobe-66/t1-g-t2.html）.

(56) Ibid., p.7, p.9.

(57) Ibid., pp.18–22; Heuvelmans, Bernard, *On the Track of Unknown Animals,* translated by Richard Garnett, London: Kegan Paul, 1995, pp.236–239; Moyal, Ann, 'The Great French Naturalist and the Platypus', *The National Library Magazine*, 1(2), Jun 2009, pp.3–7（https://www.nla.gov.au/pub/nlanews/2009/jun09/the-great-french-naturalist-and-the-platypus.pdf）.

(58) *Arg,* 21 Nov 1848.

(59) オーストラリアにおける天然痘の影響については，藤川隆男「北アメリカとオーストラリアにおける先住民の人口規模」; Butlin, N.G., *Our Original Aggression,* Sydney: Allen & Unwin, 1983; Campbell, Judy, *Invisible Invaders,* Melbourne: Melbourne University Press, 2002などを参照。

(60) Ibid., p.8; 例えば，ウィリアム・マクニール（佐々木昭夫訳）『疫病と世界史』上下，中央公論新社，2007年を参照。

(61) 「怪異・妖怪伝承データベース」は便利です。為朝，疱瘡神で検索してみてください。(http://www.nichibun.ac.jp/YoukaiDB2/search.html)

(62) Campbell, op.cit., p.1; Worgan, George B., *Journal of a First Fleet Surgeon,* A digital text, University of Sydney Library, 2003, p.16(http://adc.library.usyd.edu.au/data-2/worjour.pdf), 紙のテキストでは，p.12; Journals from the First Fleet(http://www.sl.nsw.gov.au/discover_collections/history_nation/terra_australis/journals/) 参照。

(63) Campbell,op.cit., p.88; *Historical Records of NSW,* Vol.1, pt.2, Phillip, 1783-1792, Sydney: Government Printer, 1892-1901, p.308, see also pp.294-295.

(64) Collins, David, *An Account of the English Colony in NSW,* Vol.1, Appendix VIII diseases(http://www.gutenberg.org/files/12565/12565-h/12565-h.htm).

(65) Campbell, op.cit., pp.105-107, pp.113-135; Butlin, op.cit., pp.24-25.

(66) Beveridge, op.cit., pp.17-18.

(67) Henry, Thomas, *History of NSW,* Vol.2, London: Richard Bentley, 1846, pp.245-246; Campbell, op.cit., p.230; *Ad,* 27 Jan 1933.

(68) Parker, K.L., *Euahlayi Tribe: A Study of Aboriginal Life in Australia,* London: A. Constable, 1905, p.39(http://babel.hathitrust.org/cgi/pt?id=mdp.39015012929637;view=1up;seq=69).

(69) *The Life and Adventures,* pp.25-26.

(70) Fison, Lorimer and A.W. Howitt, *Kamilaroi and Kurnai,* Canberra: Aboriginal Studies Press, 1880(1991ed), pp.247-249; Organ, M.K., *The Documentary History of Illawarra,* Aboriginal Education Unit, University of Wollongong, 1990, pp.103-107によると，すべての白人は，アランビーという魔術師，つまりかつて巨大な白人と出会いその世界に行った者とその妻の子孫だと信じられていました。

(71) O'Sullian, Delores, 'The Cherbourg Tribe: Some of the Beliefs', *Nelen Yubu,* no.24, 1985, p.11 and 'The Cherbourg Tribe: Some of the Ceremonies and Customs', *Nelen Yubu,* no.27, 1986, pp.3-5.

(72) Musharbash, Yasmine, 'Monstrous Transformations: A Case Study from

Central Australia' in *Monster Anthropology in Australasia and beyond,* New York: Palgrave, 2014, p.53.

(73) Grey, George, *Journals of Two Expeditions of Discovery in North-West and Western Australia,* Vol.2, London: Thomas W. Borges & Co, 1841(1969ed), p. 302.

(74) *PGW,* 29 Oct 1836.

(75) Berndt, *The World of the First Australians,* p.492; Willey, Keith, *When the Sky Fell down,* Sydney: Collins, 1985, pp.51-53.

(76) Green, Neville, *Broken Spears,* Perth: Focus Education Services, 1984, p.7.

(77) *Macquarie Aboriginal Words,* 1995.

(78) カーの本は日本に5セットありますが，ネットでも利用可能です。Curr, Edward, *The Australian Race,* Vol.III, Melbourne, 1887, pp.50-51, 56, 62-63, 68, 70, 74, 76, 80-83, 86, 92, 98-99, 132-134, 140-142, 148, 150-151, 179, 196-197, 214-215, 220-221, 226, 228, 232, 234-236, 240, 254, 256-257, 260-261, 266, 278-283, 288-293, 296, 308, 310, 312-314, 316, 318-323, 328-331, 336-337, 340-341, 350-351, 356-357, 360-361, 368-373, 378-383, 386-389, 392-401, 418-419, 422-427, 430-433, 444-445, 448-451, 454-459, 464-465, 480-481, 486-495, 500-503, 510-519, 528-535, 550-563, 582-583(https://archive.org/stream/cu31924026093835#page/n3/mode/2up).

(79) Meyer, Heinrich, *Vocabulary of the Language Spoken by the Aborigines,* 1843, p.60(https://digital.library.adelaide.edu.au/dspace/bitstream/2440/15074/1/Meyer_voc.pdf); Meyer, Heinrich, *Manners and Customs of the Aborigines of the Encounter Bay Tribe, South Australia,* 1848, pp.198-199(https://digital.library.adelaide.edu.au/dspace/bitstream/2440/15080/5/Meyer_Encounter%20Bay.pdf); Bell, op.cit., p.141.

(80) Flinders, Matthew, *Voyage to Terra Australis,* Vol.1, London, 1814, Ch.3 (http://gutenberg.net.au/ebooks/e00049.html#chapter1-3).

(81) Mulvaney, John, *Encountering Places,* St. Lucia: University of Queensland Press, 1989, pp.40-41; *WA,* 9 Jul 1932.

(82) 以下の４つの物語は，Maddock, Kenneth, 'Myth, history and a sense of oneself' in Jeremy Beckett ed, *Past and Present,* Canberra: Aboriginal Studies Press, 1988, pp.13-18; 松山利夫「歴史としての白人像」, 136-138頁; Rose, Deborah, *Hidden Histories,* Canberra: Aboriginal Studies Press, 1991, pp.15-19; Rose, Deborah, 'The saga of Captain Cook', *Australian Aboriginal Studies,* no.2, 1984, pp.24-39; Kolig, Erich, 'Captain Cook in the Western Kimberley', R. & C. Berndt eds, *Aborigines of the West,* Perth: University of Western Australia

Press, 1980, pp.274-282などによっています。

(83) 保苅実『ラディカル・オーラル・ヒストリー』御茶の水書房，2004年も参照。

(84) 松山利夫「歴史としての白人像」，141頁。

(85) Rose, Deborah, *Dingo Makes Us Human,* Cambridge: Cambridge University Press, 1992, pp.195-196.

(86) アボリジナルの人びと，とりわけ居留地で育った人びとにとっては，ドリーミングの時代よりも，歴史的時代の方が重要な場合が見られます。ニューサウスウェールズの居留地に住んだアボリジナルの人びとの多くは，居留地の土地はヴィクトリア女王の贈り物だと信じていました（Nugent, op.cit., p.164, p.167）。

(87) Flett, Josie, *A History of Bunyips,* Tyalgum: Free Spirit Press, 1999, p.49; Péron, François, *Voyage de découvertes aux terres australes,* Tome I, Paris, 1807, pp.66-103; Heuvelmans, op.cit., p.240; 多くの文献が参考にしているWhitley, Gilbert, 'Mystery Animals of Australia', *Australian Museum Magazine,* Vol.7, no.4, 1940, p.133には，逃げるという表現はありません。これに関して確認した日誌の著者名だけをあげておきます: Bougainville, Hyacinthe; Breton, Désiré; Brèvedent, Léon; Brüe, Joseph; Couture, Joseph Victor; Freycinet, Henri; Freycinet, Louis; Gicquel, Pierre Guillaume; Giraud, Etienne; Heirisson, François Antoine; Maurouard, Jean Marie; Ronsard, François Michel; Saint-Cricq, Jacques; Leschenault, Jean Baptiste.

(88) 'Extrait du journal de Théodore Leschenault', Archives nationales de France, série Marine, 5JJ56, p.25（http://sydney.edu.au/arts/research/baudin/pdfs/leschenault.pdf）.

(89) Healy, Tony and Paul Cropper, *Out of the Shadows: Mystery Animals of Australia,* Chippendale: Pan Macmillan, 1994, p.161.

(90) 'A copy of the complete minutes of the Philosophical Society Australasia 1821-22', *Journal and proceedings of the Royal Society of NSW,* Vol.55, 1921, Appendix.

(91) *SG,* 29 Nov 1822; 27 Mar 1823.

(92) *SG,* 20 Mar, 3 Apr 1823; *SMH,* 1 Jan 1901; *WN,* 14 Jan 1911; *EN,* 7 Aug 1875.

(93) *SG,* 23 Jul 1823.

(94) Grey, George, op.cit., p. 339.

(95) *PGW,* 29 Oct 1836.

(96) Mulvaney, John, 'The Namoi bunyip', *Australian Aboriginal Studies,* no.1,

1994, pp.36-37; Holden, *Bunyips,* pp.125-126.

(97) 1880年代の記録に，1844年もしくは45年に3メートルを超える毛で覆われた黒いバニヤップを見たという証言があります（Flett, op.cit., p.32）。ただし引用元が漠然としており，原典をたどれません。また，空想上の水の精霊に関してはエアなど（97節参照）が記録していますが，ここには含めていません。

(98) Trove を利用し，キーワードのbunyipで新聞を検索。トローヴでは，活字が不鮮明で検索にかからなかったり，抜けている新聞があったりするので，もちろんすべてのバニヤップの新聞記事が網羅されるわけではないのですが，関連記事を組織的に集める方法としては，今のところこれが最善だと思われます。

(99) *GA,* 7 Feb 1846; *Arg,* 2 Mar 1847; *Asyd,* 17 Apr 1847; *Inq,* 21 Apr 1847; 新聞の事例はTroveを利用しました。以下も同様です。

(100) *GA,* 12 Jan, 12, 17 Feb, 14 May, 27 Jul, 21, 24 Sep, 5 Nov, 10 Dec; *SMH,* 12, 21 Jan, 9, 26 Feb, 16 Jun, 2, 6, 7(2つ), 13 Jul, 20 Aug, 27 Nov, 23 Dec; *SC,* 23 Jan, 27 Feb, 24 Apr, 26 May, 4, 28 Aug; *MBC,* 6 Feb, 13 Mar, 1 May, 14 Aug, 13 Nov; *CC,* 10 Feb; *SA,* 16 Feb, 2, 5, 26 Mar, 23 Apr, 13 Jul; *Arg,* 2 Mar, 29 Jun, 14 Dec; *SAG,* 17 Apr; *Asyd,* 17, 24 Apr; *SAR,* 21 Apr, 15 Dec; *BL,* 24 Aug, 19 Jun, 24 Jul, 11 Sep, 9(2つ), 23 Oct, 13, 20 Nov; *MM,* 28 Jul, 25 Aug, 13 Oct 1847.

(101) Lloyd, E., *A Visit to the Antipodes,* London: Smith, Elder & Co., 1846, pp.136-140; Westgarth, William, *Victoria; late Australia Felix,* Edinburgh: Oliver Boyd, 1848, pp.137-138, pp.391-392; Mundy, Godfrey Charles, *Our Antipodes,* London: Richard Bentley, 1852, Vol.1, p.395, Vol.2, pp.18-19; J.C.Byrne の *Twelve Years' Wanderings*（1848）も初期の文献です。

(102) Blake, L.J. ed, *Letters of Charles Joseph La Trobe, Government of Victoria, Victoriana Series,* no.1, Melbourne: Government Printer, 1975, pp.20-24.

(103) 'Minutes of the Tasmanian Society', *the Tasmanian Journal of Natural Science,* Vol.3, no.4, 1848, pp.326-327.

(104) *George Hobler diaries* quoted in Peter Ravenscroft, *The hunt for the Bunyip,* [manuscript], MS 9754, NLA, 2003, pp.145-146; *SMH,* 21 Jan 1847.

(105) Ibid., 9 Feb; *Arg,* 29 Jun 1847.

(106) *SMH,* 6, 7 Jul 1847.

(107) Gunn, Ronald, 'On the "Bunyip" of Australia Felix', *the Tasmanian Journal of Natural Science,* Vol.3, no.2, 1847, pp.147-149; 'Minutes of the Tasmanian Society', ibid., Vol.3, no.3, p.240.

(108) Barrett, Charles, *The Bunyip and Other Mythical Monsters and Legends,* Melbourne: Reed & Harris, 1946, pp.11–12; Holden, *Bunyips,* pp.90–93; Smith, Malcolm, *Bunyips and Bigfoots: in Search of Australia's Mystery Animals,* Alexandria: Millennium Books, 1996, pp.6–7, pp.10–11なども参照。ただしすべての描写がかならずしも適切とは言えないので，少し注意を要します。

(109) *SMH,* 7 Jul 1847.

(110) *SMH,* 13 Jul 1847.

(111) *Australian Medical Journal,* Vol.2. p.6 quoted in Ravenscroft, op.cit., pp.163–165.

(112) Westgarth, op.cit., pp.391–392.

(113) *The Athenaeum,* Issue 1030 (24 Jul 1847), pp.796–797; ibid., Issue 1052 (25 Dec 1847), p.1326; Holland, Julian, 'On the Trail of a Bunyip', *Australian Natural History,* Vol.23, no.7, summer 1990–1991, pp.520–521.

(114) *BL,* 21 Oct 1848.

(115) *Arg,* 28 Jan 1848.

(116) *Arg,* 18 Jul; *GA,* 21 Jul; *MM,* 29 Jul; *SMH,* 1 Aug; *SC,* 5 Aug; *LE,* 9 Aug; *SAG,* 12 Aug; *MBC,* 19 Aug; *SAR,* 19 Aug 1848の新聞にほぼ同じ記事が転載されています。

(117) *GA,* 2 Sep; *LE,* 13 Sep; *MBC,* 11 Nov; *SA,* 24 Nov 1848.

(118) *Arg,* 10 Nov; *CC,* 2 Dec; *PG,* 14 Oct 1848.

(119) Morrison, Elizabeth, *Engines of Influence: Newspapers of Country Victoria, 1840–1890,* Melbourne: Melbourne University Press, 2005, pp.22–23.

(120) Ibid., pp.34–41.

(121) *Arg,* 6 Oct 1849.

(122) *PGW,* 10 Feb; *SMH,* 10 Aug; *MM,* 15 Aug; *BL,* 24 Nov; *MBC,* 1 Dec 1849.

(123) *Arg,* 25 Oct 1849; Ravenscroft, op.cit., pp.171–172も参照。

(124) Ibid. and *Arg,* 25 Oct 1849.

(125) *BL,* 10 Nov; *BFP,* 10 Nov; *MBC,* 17 Nov; *Arg,* 21 Nov 1849.

(126) *Arg,* 29 Nov 1850.

(127) *GA,* 11 Mar, 28 Oct 1850.

(128) *MBC,* 9 Feb; *MM,* 20 Feb; *BL,* 23 Feb; *Arg,* 28 Feb; *GH,* 2 Mar 1850.

(129) 2例ほど二重カウントが混じっています。

(130) Massola, Aldo, 'The Challicum Bunyip', *The Victorian Naturalist,* Vol.74, no.6, 1957, pp.76–83; Cooper, Duncan, *The Challicum Sketch Book 1842–53,* ed by P.L. Brown, Canberra: National Library of Australia, 1987, pp.114–118; *GA,* 1 Feb 1851.

(131) Smyth, R. Brough, *The Aborigines of Victoria,* Melbourne: Govt. Printer, 1878, pp.435–444.

(132) 法律の条文はMuseum of Australian Democracyのウェブサイト(http://foundingdocs.gov.au/resources/transcripts/vic3_doc_1851.pdf)を参照。

(133) Martin, Ged, *Bunyip Aristocracy,* Sydney: Croom Helm, 1986, pp.59–62.

(134) *SMH,* 5 Apr; *FJ,* 10 Apr; *LE,* 19 Apr; *SAR,* 8 May 1851.

(135) *Em,* 19, 22 Apr, 5 Jun, 4, 13 Aug; *Arg,* 30 Apr 1851.

(136) *SMH,* 16 Sep; *Em,* 17 Sep 1851.

(137) Mundy, op.cit., Vol.2, pp.18–19(1855年版では, pp.214–215).

(138) *SAR,* 30 Dec; *GA,* 12 Jun 1852.

(139) *Em,* 3 Jan, 9, 20 Aug 1852; マーティンはこれを，ウェントワースらをバニヤップに喩えた最初の例だとしています(Martin, op.cit., p.80)。

(140) *MBC,* 11 Sep 1852.

(141) *MM,* 16 Oct; *Em,* 3 May 1852.

(142) *AO,* 1 Jan; *SAR,* 28 Nov; *BL,* 29 Jan 1853.

(143) パブリック・ミーティングについては藤川隆男「オーストラリアのパブリック・ミーティング」『西洋史学』第156号，1990年，1-17頁を参照。

(144) *SMH,* 16 Aug; *Em,* 16 Aug 1853.

(145) Martin, op.cit., pp.80–117, p.163.

(146) *Em,* 3 Jan, 29 Apr; *CT,* 14 Jul; *Arg,* 4 Aug 1853.

(147) *BFP,* 6, 13 Aug; *SMH,* 18 Aug 1853.

(148) *Em,* 17, 20, 23 Aug; *SMH,* 23 Aug; *LE,* 28 Aug; *MM,* 3 Sep; *SMH,* 6, 9 Sep; *MBC,* 24 Sep; *Em,* 10 Dec; *BFP,* 31 Dec 1853.

(149) Samuels, Brian, 'Gawler, "The Colonial Athens", and South Australia's first local history and first public museum', *Journal of Historical Society of South Australia,* no.40, 2012, p.42.

(150) Coombe, E.H., *History of Gawler 1837–1908,* Gawler: Gawler Institute, 1910, pp.368–369.

(151) *The Bunyip or Gawler Humbug Society's Chronicle,* 5 Sep 1863.

(152) *GA,* 15 Nov; *Age,* 20 Nov; *HM,* 23 Nov 1855; See also *Arg,* 25 Sep 1854; *GA,* 19 Sep 1855.

(153) *BFP,* 7 Jan; *LE,* 7 Jan 1854.

(154) *GA,* 15 Nov; *Age,* 20 Nov; *HM,* 23 Nov 1855.

(155) *Arg,* 27 Mar; *BA,* 8, 9 Apr; *Age,* 11 Apr; *MAM,* 11 Apr; *GH,* 3 May 1856.

(156) See Flett, op.cit., pp.71–74; バニヤップの諸説については，George Burnett Barton papers quoted in Ravenscroft, op.cit., pp.254–262も参照; Westgarth,

op.cit., p.391; see also Holden, *Bunyips,* p.89.

(157) *SMH,* 30 Nov; 4, 6, 25, 30 Dec 1847; Holden, *Bunyips,* pp.88-89, pp.96-97; see Heuvelmans, op.cit., p.247.

(158) *SMH,* 24 Jun; *PG,* 21 Jul; *SAR,* 9 Sep; *AO,* 18 Oct 1856; *Arg,* 1 Aug; *BA,* 4 Aug; *The Tasmanian Daily News,* 7 Aug; *MAM,* 8 Aug; *LE,* 9 Aug; *Em,* 11 Aug; *BFP,* 23 Aug; *SAR,* 3 Dec 1856.

(159) *Arg,* 15 Dec; *Age,* 15, 27 Dec; *BA,* 16 Dec; *SAR,* 23 Dec; *Gippsland Guardian,* 26 Dec; *BL,* 27 Dec; *AO,* 27 Dec; *BS,* 27 Dec; *Em,* 27 Dec; *SMH,* 27 Dec; *MM,* 27 Dec 1856; *IM,* 5 Jan; *The Armidale Express,* 10 Jan; *PGW,* 30 Jan 1857.

(160) 柳田國男「妖怪談義」『柳田國男全集』第20巻, 298-301頁。

(161) Barrett, op.cit., p.91; *Age,* 17 May 1941.

(162) *Arg,* 14 Mar; *Age,* 14 Mar 1857. この他に, 5月までに少なくとも13の新聞に記事は転載されました; *BA,* 3 Jul 1857.

(163) Ravenscroft, op.cit., pp.64-66; Flett, op.cit., p.61.

(164) Ravenscroft, op.cit.,p.68, p.184; Troughton, Ellis, *Furred Animals of Australia,* New York: Charles Scrivner's, p.248; Flett, op.cit., p.67; Fenner, Charles, *Bunyips and billabongs,* Sydney: Angus & Robertson, 1933, p.6; Heuvelmans, op.cit., pp.242-243; Whitley, op.cit., p.134; Barrett, op.cit., pp.87-90.

(165) *SMH,* 14 Apr 1857; この他に, 5月までに少なくとも8つの新聞に記事は転載されました。

(166) *BA,* 24 Apr, 14, 25 May 1857.

(167) *SAR,* 16 Jun 1857; この他に, 5月までに少なくとも4つの新聞に記事は転載されました。

(168) *Age,* 13 Jul; *The Adelaide Times,* 27 Jul 1957.

(169) *SMH,* 7, 17 Dec; *Arg,* 12 Dec 1857; *PGW,* 1 Jan 1858.

(170) *Em,* 2 Feb 1858; この他に3つの転載記事があります。*Age,* 2 Sep 1858; この他に約30の関連記事があります(「約」, 少し手抜きですが, 旭化成建材のようにならないのはラッキーです)。

(171) *SAA,* 22 Dec; *The South Australian Weekly Chronicle,* 25 Dec 1858.

(172) *BS,* 13 May; *IM,* 5 Sep; *SAA,* 14 Sep; *Inq,* 2 Nov; *GH,* 29 Oct; *The Australian Home Companion,* 19 Nov 1859.

(173) オーストラリア年表(http://bun45.sakura ne.jp/chrono.html)でチェックしてください。

(174) *GH,* 29 Sep 1858.

(175) *SAR,* 12 Oct; *AO,* 17 Oct; *Age,* 19 Oct 1857

(176) タスマニアの先住民については，藤川隆男『オーストラリア歴史の旅』朝日選書407，1990年，48-62頁参照。

(177) Flett, op.cit., p.46; Taylor, Harvey, *The Tasmanian Bunyip: Alive and Well?*, Hobart: The author, 1994, p.14, p.17は異なる状況を示しており，1930年代に目撃のピークが来ます; ibid., pp.7-8.

(178) Ravenscroft, op.cit., pp.201-205; *HM,* 22 Aug 1872.

(179) Taylor, op.cit., pp.10-13; *HM,* 11 Apr 1885.

(180) Parker, Critchley, *Tasmania, the Jewel of the Commonwealth,* Hobart: the Government of Tasmania, 1937, p.134; Barrett, op.cit., p.24; Taylor, op.cit., p.19, pp.29-33, pp.40-47; 1890年代にすでにタスマニアのバニヤップ伝説は広まっていたようです（*The Colonist,* 26 Apr 1890）。

(181) 例えば，*SMH,* 5 Jun 1855, 8 Feb, 21 Apr, 13 Aug, 24 Sep 1856; *SMH,* 9 Jun, 11 Dec; *Arg,* 5 Aug 1857など参照。

(182) *SMH,* 14 Mar 1855; *BL,* 31 Jan; *BA,* 14 Feb 1857; *Em,* 29 Jun; *FJ,* 1 Oct 1859.

(183) *SMH,* 16 Jun 1956 quoted in Holden, *Bunyips,* p.6.

(184) Healy and Cropper, *Out of the Shadows,* p.177.

(185) Kingsley, Henry, *The Recollections of Geoffrey Hamlyn,* Hawthorn: L. O'Neil, 1970 (rep), p.283.

(186) 柳田國男「妖怪談義」『柳田國男全集』第20巻，263頁。

(187) Sorenson, E. S., *Life in the Australian Backblocks,* London: Whitcombe and Tombs Ltd., 1911, p.55 quoted in Holden, *Bunyips,* pp.59-60.

(188) McNeil, Eugenie (Delarue), *A Bunyip Close Behind Me: Recollections of the Nineties,* retold by her Daughter Eugenie (McNeil) Crawford, Penguin, 1984, p.49 quoted in Holden, *Bunyips,* p.60.

(189) Clarke, Marcus, 'Pretty Dick' in *Holiday Peak and other tales,* Melbourne: George Robertson and Co., 1873, pp.44-56; *The South Australian Chronicle,* 24 Apr 1869; オーストラリアの植民地時代のフィクションに関しては，Colonial Australian Popular Fiction (http://www.apfa.esrc.unimelb.edu.au/home.html) のサイトを活用してください。

(190) Shaw, Heron, 'The Hunting of the Bunyip' in *SAR,* 8 Jan 1891; 1890年代にはバニヤップとはあまり関係なさそうに見える新聞小説にも，バニヤップの逸話が盛り込まれるようになります。例えば，*Table Talk,* 8 Dec 1899, p.19; *MP,* 28 Dec 1899, 6sなど。

(191) Praed, Campbell, 'The Bunyip' in H.A.P. Martin ed, *Coo-ee: tales of Australian life, by Australian ladies,* London: Griffith Farran Okeden & Welsh,

1891, pp. 271-288; also available in *The Bunyip,* 25 Nov 1887 and in *The Anthology Of Colonial Australian Gothic Fiction,* pp.117-125; King, Christa Knellwolf, 'Settler Colonialism' in Renata Summo-O'Connell ed, *Imagined Australia,* Bern: Peter Lang, 2009, pp.107-121も参照。

(192) McGuanne, J.P., 'Humours and Pastimes of Early Sydney', *Journal and Proceedings of Australian Historical Society,* Vol.1, Part.3, 1901, p.35.

(193) Falk, David G., 'Mordaunt's Bunyip' in *Aus,* 22 Sep 1888; see also *AO,* 20 Dec 1890 and *BW,* 26 Jul 1927.

(194) Holden, *Bunyips,* pp.127–131; 多くの作品がAustralian Digital Collectionsで参照可能です。例えば，'Steve Brown's Bunyip' (http://adc.library.usyd.edu.au/view?docId=ozlit/xml-main-texts/barstev.xml;database=;collection=;brand=default;)を読むことができます。

(195) Weinstock, J.A. ed, *The Ashgate Encyclopedia of Literary and Cinematic Monsters,* Farnham: Ashgate, 2014, pp.66-68; Bacon, Eugen M., *The Sex Bunyip,* Malvern: Interbac, 2006.

(196) Foott, Mary, 'Butha and the Bunyip: An Australian Little Riding Hood' in *The Queenslander,* 22 Aug 1891.

(197) Pedley, Ethyl, *Dot and the Kangaroo,* Ch.8, 1899, Project Gutenberg Australia (http://gutenberg.net.au/ebooks09/0900681h.html#dotandkangaroo-09).

(198) Whitly, Reid, 'The Gold Trail' in *Chums,* London: Amalgamated Press, 1927-1928, pp.169-172 quoted in Holden, *Bunyips,* pp.137-141.

(199) Wrightson, Patricia, 'The Ice is Coming' in *A Boggle of Bunyips,* compiled by Edel Wignell, Sydney: Hodder and Stoughton, 1989ed (1981), pp.32-33: ここには多数のバニヤップ関係文献が掲載されています; Holden, *Bunyips,* p.166.

(200) Lockeyear, J.R., *Mr. Bunyip; or Mary Somerville's Ramble,* Collingwood: Henry and Dawson, 1871, pp.5-11.

(201) Rentoul, Annie R. and Ida S. Rentoul, *Mollie's Bunyip,* Melbourne: Robert Jolley, 1904.

(202) *Australia*: *The Australasian Weekly Magazine,* 13, 27 Jun; 11, 18 Jul 1907.

(203) Lindsay, Norman, T*he Magic Pudding,* New York: New York Review Books, 2004 (ori. 1918).

(204) Fleming, William Montgomery, *The Bunyip Says So: A Tale of the Australian Bush,* Melbourne: Edward A. Vidler, 1923.

(205) Whitlock, Judith, *Bunyip at the Seaside,* London: Dobson, 1962; *The Green Bunyip,* London: Dobson, 1962などを参照。

(206) Salmon, Michael, *The Monster that Ate Canberra,* Canberra: Summit Press,

1972.

(207) *The Ashgate Encyclopedia,* p.67; O'Donnell, Gus, *The Bunyip on Little Mountain,* Lane Cove: Hodder and Stoughton, 1979.

(208) *SAG,* 1 Jan; *Arg,* 18 Jan 1848; *Em,* 27 Jan; *BL,* 24 Aug; *IM,* 2 Feb; *HM,* 9 Feb 1857; *Arg,* 27 Oct; *Age* 28 Oct 1858; *SAR,* 5 Oct 1893.

(209) Holden, *Bunyips,* pp.133–136.

(210) *The Ashgate Encyclopedia,* p.67.

(211) Unaipon, David, *Legendary Tales of the Australian Aborigines,* Carlton South: Melbourne University Press, 2001, xi–xliii.

(212) *A Boggle of Bunyips,* pp.18–20, pp.39–41; Holden, *Bunyips,* pp.201–202.

(213) Ibid., pp.202–204.

(214) Ibid., pp.200–201; その詳しい分析はGelder, Ken and Jane Jacobs, *Uncanny Australia,* Carlton South: Melbourne University Press, 1998, pp.33–36を参照; Morgan, Eileen, *The Calling of the Spirits,* Canberra: Aboriginal Studies Press, 1994, pp.58–59.

(215) McLeod, P.E., et al., *Gadi Mirrabooka: Australian Aboriginal Tales from the Dreaming,* Englewood, Colorado: Libraries Unlimited, 2001, pp.93–96.

(216) *AO,* 3 Feb 1883.

(217) *Age,* 24 Sep 1860; *BS,* 19 Dec 1860; *Arg,* 4 Nov 1862; *Age,* 17 Aug; *BS,* 28 Aug 1863; *GA,* 18 May 1864; *MAM,* 1 May 1865.

(218) *GA,* 10 Mar; *Em,* 20 Sep; *Age,* 2 Oct; *Em,* 20, 27 Nov 1866.

(219) *Arg,* 19 Feb; *Age,* 20 Mar; *BC,* 13 Apr; *SMH,* 20 Apr; *SAA,* 11 May; *Arg,* 25 Dec; *Age,* 17 Oct 1867; 事例の数はトローヴの検索によります。

(220) 京極夏彦「モノ化するコト」東アジア恠異学会編『怪異学の技法』臨川書店，2003年参照。

(221) *SMH,* 25 Feb; *The Queenslander,* 4 Apr; *Arg,* 11 Jun; *The Wallaroo Times,* 17 Jun; *IAN,* 11 Jul; *Em,* 13 Oct; *BC,* 17 Oct; *GA,* 20 Oct; *Em,* 2 Dec 1868; *GT,* 6 Mar; *SAR,* 26 Oct; *MAM,* 7 Dec 1869; *MC,* 26 Mar; *Ad,* 21 May; *EN,* 25 May; *Age,* 17 Oct; *The Gippsland Times,* 15 Nov; *KF,* 1 Dec; *The Leader,* 3 Dec; *FJ,* 24 Dec 1870; *MM,* 12 Jan; *RH,* 25 Jan; *PG,* 14 Mar; *Age,* 20 Mar; *RH,* 13 Sep; *Ad,* 7 Oct 1871; *The Southern Argus,* 5 Jan; *SMH,* 26 Mar; *CC,* 29 Mar; *The Express and Telegraph,* 1 Aug; *SMH,* 24 Aug; *Em,* 10 Sep; *GA,* 24 Sep; *SM,* 5 Oct; *HM,* 29 Nov, 12 Dec 1872; *The Armidale Express,* 11 Jan; *Arg,* 13 Jan; *WWA,* 5 Mar, 2 Jul; *BC,* 18 Aug; *OMA,* 10 Sep; *WWA,* 5 Nov 1873.

(222) *BC,* 17 Oct 1868; *KF,* 1 Dec 1870; *RH,* 25 Jan 1871; *CC,* 29 Mar 1872.

(223) *EN,* 25 May 1870.

(224) *BA,* 25 Jun 1870.
(225) *The Leader,* 9 Sep; *GA,* 11 Sep 1871.
(226) *WWA,* 23 Mar 1872.
(227) *NA,* 23 Jan, 2, 20 Feb; *SAR,* 25, 29 Jan, 21 Feb 1883.
(228) *SAA,* 20 Feb; *NA,* 20, 23 Feb, 2, 16 Mar 1883.
(229) *Aus,* 7 Apr 1883.
(230) *GT,* 28 Aug, 4 Sep 1883.
(231) *The Euroa Advertiser,* 14, 21 Feb; *Arg,* 20 Feb, 1 Mar; *Aus,* 1 Mar 1890.
(232) Williams, Fred, *Princess K'Gari's Fraser Island,* Emu Park: Fred Williams, 2002ed, pp.145–147; Smith, op.cit., pp.25–29; Love, Rosaleen, *Reefscape : reflections on the Great Barrier Reef,* St Leonards: Allen & Unwin, 2000, pp.105–111.
(233) Ibid., p.106; Saville-Kent, William, *The Great Barrier Reef of Australia,* London: W.H. Allen, 1893, pp.25–29; see also *MC,* 22 Sep 1894.
(234) *Port Adelaide News,* 8 Sep 1882.
(235) トローヴで，Miss, Lovell, Mona, Sandy などを入れて検索した結果。
(236) *BW,* 22 Jan 1879.
(237) *WWA,* 1 Oct 1898.
(238) オーストラリアの野人については，Healy, Tony and Paul Cropper, *The Yowie: In Search of Australia's Bigfoot,* New York: Anomalist Books, 2006 を参照。こうした話もできたらいいのですが，今回は素通りです。
(239) *BW,* 24 Aug 1895; タンタヌーラのトラの記事は1893年以来無数にありますが，比較的情報の多いものを選んでみました。
(240) *WN,* 15 Nov 1902.
(241) *SM,* 16 Jul 1898; 失われた子供たちについては，*Bring them Home Report* (1997) (https://www.humanrights.gov.au/publications/bringing-them-home-report-1997) を参照。
(242) *SM,* 6 Sep 1902.
(243) *SM,* 6 Sep, 31 Dec 1902; 3 Feb 1904; 17 Jan, 12 Dec 1906; 6 Apr 1910; 25 Jan, 20 Sep, 22 Nov, 27 Dec 1911; 31 Jan 1912; *SM,* 28 Oct, 23 Dec 1908; 10 Feb, 24 Mar, 2 Jun, 11 Aug, 29 Sep 1909.
(244) *EN,* 9 Apr, 3 Sep 1898; *The Armidale Chronicle,* 1 Jul; *The Sydney Stock and Station Journal,* 10 Oct; *The Clarence and Richmond Examiner,* 4 Nov; *The Western Mail,* 9 Dec 1899; *MP,* 27 Dec 1900; *Wagga Wagga Express,* 20 Aug; *The Southern Mail,* 27 Aug 1901; *The Town and Country Journal,* 22 Feb; *The Clipper,* 24 Apr 1902.
(245) *EN,* 10 Sep 1898; *The Bendigo Independent,* 12 Aug 1899; *The Mudgee*

Guardian, 5 Dec 1901; *The Albury Banner,* 31 Oct; *GT,* 31 Oct, 11 Nov; *Sydney Truth,* 30 Nov 1902.

(246) *Aus,* 21 Jan 1933.

(247) *HM,* 25, 26 Feb, 2, 4, 5, 9, 16, 21 Mar 1929; *WN,* 9 Apr 1930.

(248) 1922年にブリスベン川に面する町で2人の男が偽物のバニヤップを作って，町を有名にしようとした話が新聞に掲載されています(*Te,* 4 Mar 1922)。

(249) *LE,* 21 Mar 1930; *Arg,* 10 May 1930くらいから大ウミヘビの本格的報道が始まります。シドニー周辺の大ウミヘビについては，*Te,* 13 June, 4 Jul 1930; ロンドンについては*The Week,* 13 Jul 1930; モハ・モハは，*EN*(Qld), 12 Jul 1930を参照; *WN,* 23 July 1930; *The Mirror,* 3 Jan 1931 (資源の節約のため，注は大幅に省略を続けています)。

(250) *HM,* 2 Feb, 27 Jun; *Ad,* 23 Feb, 27 Jun; *LE,* 26 Feb, 27 Apr; *Te,* 8 Jul 1932.

(251) *Ad,* 21 Jan; *LE,* 11 Feb; *Aus,* 18 Feb; *The Sunday Times,* 22 Oct; *The Daily News,* 7 Dec(大ウミヘビ記事もあり); *The Barrier Miner,* 27 Dec 1933; 大ウミヘビは*EN*(Qld), 12 Dec; *NMH,* 27 Dec 1933.

(252) *LE,* 19, 29 Dec 1933; *NMH,* 4 June; *EN*(Qld), 7 Jun; *Aus,* 27 Jan; *The Kalgoorlie Miner,* 5 Apr 1934.

(253) Roberts, Alex, *Aboriginal Women's Fishing in NSW,* Sydney: Department of Environment, 2010, p.8.

(254) *Aboriginal Women's Heritage: Bungle & Tumut,* Hurstville: Dept. of Environment and Conservation, 2004, p.18, pp.41-41, pp.45-46; Bell, op.cit., p.345.

(255) Moll, Andrea, 'Linguistic surface and deep level structures in Aboriginal English,' Freiburg, 2007, p.114(セミナーのペーパー); Bates, Badger, *Following Granny Moysey,* MS 4944, 2010, pp.10-11, pp.23-25, pp.30-31, pp.48-51.

(256) Bell, op.cit., p.344, pp.558-573.

(257) Halstead, Gay, *The Story of Metung,* Gay Halstead Publications, 1977, p.17, p.19; Organ, op.cit., p.67, p.103; Mathews, R.H., *Notes on the Aborigines of New South Wales,* Sydney, 1907, p.38; Beveridge, op.cit., pp.99–101, p.163; Povah, op.cit., pp.18–19.

(258) Simpson, Paul,'Peramangk,' 2nd ed, 2011, pp.53-55は精霊ナノの物語の多重性を示しています。

(259) Holden, *Bunyips,* pp.200-201.

(260) Eyre, John, *An account of the manners and customs of the Aborigines,* Adelaide: University of Adelaide Library, 2002(online), Ch.5; Bell, op.cit., pp.347-349; Hemming, op.cit., pp.12-15; Rankine, op.cit., pp.1488-1493.

(261) See Musharbash, Yasmine, et al. eds, *Monster Anthropology in Australasia*

and beyond, New York: Palgrave, 2014, pp.1–15.

(262) 小松和彦編『怪異・妖怪文化の伝統と創造』国際日本文化研究センター，2015年参照。

(263) クライヴ・ターンブルは，1948年に『黒い戦争』を著し，タスマニアにおける先住民虐殺の歴史を告発しました。それはW.E.H.スタナーが「オーストラリアの大いなる沈黙」という言葉で，オーストラリアが先住民に対する侵略や攻撃を無視してきたと主張する約20年前のことです。オーストラリアの本当の姿を最もよく理解していた人物だったと言えるでしょう。

※61節や64節などの執筆には，JSPS科研費25360010の助成を受けました。

《著者紹介》

藤川隆男（ふじかわ　たかお）

1959年生まれ。1987年大阪大学大学院文学研究科史学専攻博士後期課程中退。現在，大阪大学大学院文学研究科教授。オーストラリアを主な研究領域とし，ネット上のデータベース，オーストラリア辞典・年表を運営する。近年は，オーストラリアの歴史博物館の発展を主な研究対象としている。著書に『オーストラリア歴史の旅』朝日新聞社（1990），『猫に紅茶を――生活に刻まれたオーストラリアの歴史』大阪大学出版会（2007），『人種差別の世界史――白人性とは何か？』刀水書房（2011），編著に『オーストラリアの歴史――多文化社会の歴史の可能性を探る』有斐閣（2004），『白人とは何か？――ホワイトネス・スタディーズ入門』刀水書房（2005），『アニメで読む世界史』山川出版社（2011），『アニメで読む世界史 2』山川出版社（2015），共編著に『空間のイギリス史』山川出版社（2005），共訳書に『パスポートの発明――監視・シティズンシップ・国家』法政大学出版局（2008），『歴史的賠償と「記憶」の解剖』法政大学出版局（2013）などがある。自宅では百種類以上のオーストラリア原産の植物を育て，オーストラリアの6州2テリトリーで撮影した写真は1万枚を下らない

〈歴史・民族・文明〉

刀水歴史全書 91

妖獣バニヤップの歴史

オーストラリア先住民と白人侵略者のあいだで

2016年7月21日　初版1刷印刷
2016年7月29日　初版1刷発行

著　者　藤川隆男

発行者　中村文江

発行所　株式会社　刀水書房
〒101-0065　東京都千代田区西神田2-4-1　東方学会本館
TEL 03-3261-6190　FAX 03-3261-2234　振替00110-9-75805

組版　MATOI DESIGN
印刷　亜細亜印刷株式会社
製本　株式会社ブロケード

 ISBN978-4-88708-431-5　C1322

刀水歴史全書 —歴史・民族・文明—

四六上製　平均300頁　随時刊　（価格は税別）

樺山紘一
1 **カタロニアへの眼**（新装版）
歴史・社会・文化
1979,2005(新装版)　000-X　四六上製　289頁＋口絵12頁　￥2300

西洋の辺境，文明の十字路カタロニアはいかに内戦を闘い，なぜピカソら美の巨人を輩出したか。カタロニア語を習い，バルセロナに住んで調査研究した歴史家によるカタロニア文明論

R.C.リチャードソン／今井　宏訳
2 **イギリス革命論争史**
1979　001-8　四六上製　353頁　￥2200

市民革命とは何であったか？　同時代人の主張から左翼の論客，現代の冷静な視線まで，革命研究はそれぞれの時代,立場を反映する。論者の心情をも汲んで著された類書のない学説史

山崎元一
3 **インド社会と新仏教**
アンベードカルの人と思想〔付〕カースト制度と不可触民制
1979　＊002-7　四六上製　275頁　￥2200

ガンディーに対立してヒンドゥーの差別と闘い，インドに仏教を復興した不可触民出身の政治家の生涯。日本のアンベードカル研究の原典であり，インドの差別研究のほとんど最初の一冊

G.バラクロウ編／木村尚三郎解説・宮島直機訳
4 **新しいヨーロッパ像の試み**
中世における東欧と西欧
1979　003-4　四六上製　258頁　￥2330

最新の中世史・東欧史の研究成果を背景に，ヨーロッパの直面する文明的危機に警鐘を鳴らした文明史家の広ヨーロッパ論。現代のヨーロッパの統一的傾向を最も早く洞察した名著。図版127点

W.ルイス，村上直次郎編／富田虎男訳訂
5 **マクドナルド「日本回想記」**
[再訂版]　インディアンの見た幕末の日本
1979　＊005-8　四六上製　313頁　￥2200

日本をインディアンの母国と信じて密航した青年の日本観察記。混血青年を優しくあたたかく遇した幕末の日本と日本人の美質を評価。また幕末最初の英語教師として評価されて，高校英語教科書にものっている

J.スペイン／勝藤　猛・中川　弘訳
6 **シルクロードの謎の民**
パターン民族誌
1980　006-9　四六上製　306頁　￥2200

文明を拒否して部族の掟に生き，中央アジア国境地帯を自由に往来するアフガン・ゲリラの主体パターン人，かつてはイギリスを，近くはロシアを退けた反文明の遊牧民。その唯一のドキュメンタルな記録

B.A.トゥゴルコフ／加藤九祚解説・斎藤晨二訳
7 **トナカイに乗った狩人たち**
北方ツングース民族誌
1981　024-7　四六上製　253頁　￥2233

広大なシベリアのタイガを漂泊するエベンキ族の生態。衣食住，狩猟・遊牧生活から家族，氏族，原始文字，暦，シャーマン，宇宙観まで。ロシア少数民族の運命

G.サルガードー／松村　赳訳
8 **エリザベス朝の裏社会**
1985　060-3　四六上製　338頁　￥2500

シェイクスピアの戯曲や当時のパンフレット‘イカサマ読物”“浮浪者文学”による華麗な宮廷文化の時代の裏面。スリ・盗賊・ペテン師などの活躍する新興の大都会の猥雑な現実

P.F.シュガー,I.J.レデラー 編/東欧史研究会訳

9 **東欧のナショナリズム**
歴史と現在
1981 025-5 四六上製 578頁 ¥4800

東欧諸民族と諸国家の成立と現在を，19世紀の反トルコ・反ドイツ・反ロシアの具体的な史実と意識のうえに捉え，東欧紛争の現在の根源と今後の世界のナショナリズム研究に指針を与える大著

R.H.C.デーヴィス/柴田忠作訳

10 **ノルマン人** [品切]
その文明学的考察
1981 027-1 四六上製 199頁 ¥2233

ヨーロッパ中世に大きな足跡をのこしたヴァイキングの実像を文明史的に再評価し，ヨーロッパの新しい中世史を構築する第一人者の論究。ノルマン人史の概説として最適。図版70余点

中村寅一

11 **村の生活の記録** (下) [品切]
㊤上伊那の江戸時代 ㊦上伊那の明治・大正・昭和
1981 028-X 029-8 四六上製 195頁,310頁 ¥1845 ¥1800

村の中から村を描く。柳田・折口体験をへて有賀喜左衛門らとともに，民俗・歴史・社会学を総合した地域史をめざした信州伊那谷の先覚者の業績。中央に追従することなく，地域史として独立し得た数少ない例の一つ

岩本由輝

12 **きき書き六万石の職人衆**
相馬の社会史
1980 010-7 四六上製 252頁 ¥1800

相馬に生き残った100種の職人の聞き書き。歴史家と職人の心の交流から生れた明治・大正・昭和の社会史。旅職人から産婆，ほとんど他に見られない諸職が特に貴重

13 (缺番)

田中圭一

14 **天領佐渡** (1) [品切]
(1)(2)村の江戸時代史 上・下 (3)島の幕末
1985 061-1,062-X,063-8 四六上製 (1)275頁 (2) 277頁 (3) 280頁 (1)(2) ¥2000 (3)¥2330

戦国末～維新のムラと村ビトを一次史料で具体的に追求し,天領の政治と村の構造に迫り,江戸～明治の村社会と日本を発展的にとらえる。民衆の活躍する江戸時代史として評価され，新しい歴史学の方向を示す

岩本由輝

15 **もう一つの遠野物語** [追補版]
(付) 柳田國男南洋委任統治資料六点
1994 ＊130-7 四六上製 275頁 ¥2200

水野葉舟・佐々木喜善によって書かれたもう一つの「遠野物語」の発見。柳田をめぐる人間関係，「遠野物語」執筆前後の事情から山人～常民の柳田学の変容を探る。その後の柳田学批判の先端として功績は大きい

森田安一

16 **スイス** [三補版]
歴史から現代へ
1995 159-6 四六上製 304頁 ¥2200

13世紀スイス盟約者団の成立から流血の歴史をたどり，理想の平和郷スイスの現実を分析して新しい歴史学の先駆と評価され，中世史家の現代史として，中世から現代スイスまでを一望のもとにとらえる

樺山紘一・賀集セリーナ・富永茂樹・鳴海邦碩

17 **アンデス高地都市** [品切]
ラ・パスの肖像
1981 020-4 四六上製 図版多数 257頁 ¥2800

ボリビアの首都ラ・パスに展開するスペイン，インディオ両文明の相克。歴史・建築・文化人類・社会学者の学際協力による報告。図版多数。若く多才な学者たちの協力の成功例の一つといわれる

A．ノーヴ／和田春樹・中井和夫訳　［品切］
18 **スターリンからブレジネフまで**
ソヴェト現代史
1983　043-3　四六上製　315頁　￥2427

スターリン主義はいかに出現し，いかなる性格のものだったか？　冷静で大胆な大局観をもつ第一人者による現代ソ連研究の基礎文献。ソ連崩壊よりはるか前に書かれていた先覚者の業績

19 （缺番）

増井經夫
20 **中国の歴史書**
中国史学史
1984　052-2　四六上製　298頁　￥2500

内藤湖南以後誰も書かなかった中国史学史。尚書・左伝から梁啓超，清朝野史大観まで，古典と現代史学の蘊蓄を傾けて，中国の歴史意識に迫る。自由で闊達な理解で中国学の世界に新風を吹きこむ。ようやく評価が高い

G．P．ローウィック／西川　進訳
21 **日没から夜明けまで**
アメリカ黒人奴隷制の社会史
1986　064-6　四六上製　299頁　￥2400

アメリカの黒人奴隷は，夜の秘密集会を持ち，祈り，歌い，逃亡を助け，人間の誇りを失わなかった。奴隷と奴隷制の常識をくつがえす新しい社会史。人間としての彼らを再評価するとともに，社会の構造自体を見なおすべき衝撃の書

山本　新著／神川正彦・吉澤五郎編
22 **周辺文明論**
欧化と土着
1985　066-2　四六上製　305頁　￥2200

文明の伝播における様式論・価値論を根底に，ロシア・日本・インド・トルコなど非西洋の近代化＝欧化と反西洋＝土着の相克から現代の文明情況まで。日本文明学の先駆者の業績として忘れ得ない名著

小林多加士
23 **中国の文明と革命**
現代化の構造
1985　067-0　四六上製　274頁　￥2200

万元戸，多国籍企業に象徴される中国現代の意味を文化大革命をへた中国の歴史意識の変革とマルキシズムの新展開に求める新中国史論

R．タカキ／富田虎男・白井洋子訳
24 **パウ・ハナ**
ハワイ移民の社会史
1986　071-9　四六上製　293頁　￥2400

ハワイ王朝末期に，全世界から集められたプランテーション労働者が，人種差別を克服して，ハワイ文化形成にいたる道程。著者は日系３世で，少数民族・多文化主義研究の歴史家として評価が高い

原田淑人
25 **古代人の化粧と装身具**
1987　076-X　四六上製　図版180余点　227頁　￥2200

東洋考古学の創始者，中国服飾史の開拓者による古代人の人間美の集成。エジプト・地中海，インド，中央アジアから中国・日本まで，正倉院御物に及ぶ美の伝播，唯一の概説書

E．ル・ロワ・ラデュリ／井上幸治・渡邊昌美・波木居純一訳
26 **モンタイユー**（上）（下）
ピレネーの村　1294～1324
(上)1990 (下)1991　＊086-7 ＊125-3　四六上製　367頁 425頁　￥2800 ￥3301

中世南仏の一寒村の異端審問文書から，当時の農村生活を人類学的手法で描き，75年発刊以来，社会史ブームをまきおこしたアナール派第３世代の代表作。ピレネー山中寒村の，50戸，200人の村人の生活と心性の精細な描写

ダヴ・ローネン／浦野起央・信夫隆司訳 27 **自決とは何か**　［品切］ ナショナリズムからエスニック紛争へ 1988　095-6　四六上製　318頁　￥2800	自殺ではない。みずからを決定する自決。革命・反植民地・エスニック紛争など，近現代の激動を“自決 Self-determination への希求”で解く新たなる視角。人文・社会科学者の必読書
メアリ・プライア編著／三好洋子編訳 28 **結婚・受胎・労働**　［品切］ イギリス女性史1500〜1800 1989　099-9　四六上製　270頁　￥2500	イギリス女性史の画期的成果。結婚・再婚・出産・授乳，職業生活・日常生活，日記・著作。実証的な掘り起こし作業によって現れる普通の女性たちの生活の歴史
M. I. フィンレイ／柴田平三郎訳 29 **民主主義―古代と現代**　［品切］ 1991　118-9　四六上製　199頁　￥2816	古代ギリシア史の専門家が思想史として対比考察した古代・現代の民主主義。現代の形骸化した制度への正統なアカデミズムからの警鐘であり，民主主義の本質に迫る一書
木崎良平 30 **光太夫とラクスマン** 幕末日露交渉史の一側面 1992　134-0　四六上製　266頁　￥2524	ひろく史料を探索して見出した光太夫とラクスマンの実像。「鎖国三百年史観」をうち破る新しい事実の発見が，日本の夜明けを告げる。実証史学によってはじめて可能な歴史の本当の姿の発見
青木　豊 31 **和鏡の文化史** 水鑑から魔鏡まで 1992　139-1　四六上製　図版300余点　305頁　￥2500	水に顔を映す鏡の始まりから，その発達・変遷，鏡にまつわる信仰・民俗，十数年の蓄積による和鏡に関する知識体系化の試み。鏡に寄せた信仰と美の追求に人間の実像が現れる
Y. イチオカ／富田虎男・粂井輝子・篠田左多江訳 32 **一　世** 黎明期アメリカ移民の物語り 1992　141-3　四六上製　283頁　￥3301	人種差別と排日運動の嵐の中で，日本人留学生，労働者，売春婦はいかに生きたか。日系アメリカ人一世に関する初の本格的研究の始まり，その差別と苦悩と忍耐を見よ（著者は日系二世）
鄧　搏鵬／後藤均平訳 33 **越 南 義 烈 史** 抗仏独立運動の死の記録 1993　143-X　四六上製　230頁　￥3301	19世紀後半，抗仏独立闘争に殉じたベトナムの志士たちの略伝・追悼文集。反植民地・民族独立思想の原点（1918年上海で秘密出版）。東遊運動で日本に渡った留学生200人は，やがて日本を追われ，各地で母国の独立運動を展開して敗れ，つぎつぎと斃れるその記録
D. ジョルジェヴィチ, S. フィシャー・ガラティ／佐原徹哉訳 34 **バルカン近代史** ナショナリズムと革命 1994　153-7　四六上製　262頁　￥2800	かつて世界の火薬庫といわれ，現在もエスニック紛争に明け暮れるバルカンを，異民族支配への抵抗と失敗する農民蜂起の連続ととらえる。現代は，過去の紛争の延長としてあり，一朝にして解決するようなものではない
C. メクゼーパー, E. シュラウト共編／瀬原義生監訳, 赤阪俊一・佐藤専次共訳 35 **ドイツ中世の日常生活** 騎士・農民・都市民 1995　＊179-6　四六上製　205頁　￥2800	ドイツ中世史家たちのたしかな目が多くの史料から読みとる新しい日常史。普通の“中世人”の日常と心性を描くが，おのずと重厚なドイツ史学の学風を見せて興味深い

神山四郎　［比較文明学叢書１］

36 **比較文明と歴史哲学**

1995　182-0　四六上製　257頁　￥2800

歴史哲学者による比較文明案内。歴史をタテに発展とみる旧来の見方に対し，ヨコに比較する多系文明の立場を推奨。ボシュエ，ヴィコ，イブン・ハルドゥーン，トインビーと文明学の流れを簡明に

神川正彦　［比較文明学叢書２］

37 **比較文明の方法**

新しい知のパラダイムを求めて

1995　184-7　四六上製　275頁　￥2800

地球規模の歴史的大変動の中で，トインビー以降ようやく高まる歴史と現代へのパースペクティヴ，新しい知の枠組み，学の体系化の試み。ニーチェ，ヴェーバー，シュペングラーを超えてトインビー，山本新にいたり，原理と方法を論じる

B.A.トゥゴルコフ／斎藤晨二訳

38 **オーロラの民**

ユカギール民族誌

1995　183-9　四六上製　220頁　￥2800

北東シベリアの少数民族人口1000人のユカギール人の歴史と文化。多数の資料と現地調査が明らかにするトナカイと犬ぞりの生活・信仰・言語。巻末に調査報告「ユカギール人の現在」

D.W.ローマックス／林　邦夫訳

39 **レコンキスタ**

中世スペインの国土回復運動

1996　180-4　四六上製　314頁　￥3300

克明に史実を追って，800年間にわたるイスラム教徒の支配からのイベリア半島奪還とばかりはいいきれない，レコンキスタの本格的通史。ユダヤ教徒をふくめ，三者の対立あるいは協力，複雑な800年の情勢に迫る

A.R.マイヤーズ／宮島直機訳

40 **中世ヨーロッパの身分制議会**

新しいヨーロッパ像の試み（２）

1996　186-3　四六上製　214頁　￥2800

各国の総合的・比較史的研究に基づき，身分制議会をカトリック圏固有のシステムととらえ，近代の人権思想もここから導かれるとする文化史的な画期的発見，その影響に注目が集まる。図写79点

M.ローランソン，J.E.シーヴァー／白井洋子訳

41 **インディアンに囚われた白人女性の物語**

1996　195-2　四六上製　274頁　￥2800

植民地時代アメリカの実話。捕虜となり生き残った２女性の見たインディアンの心と生活。牧師夫人の手記とインディアンの養女となった少女の生涯。しばしば不幸であった両者の関係を見なおすために

木崎良平

42 **仙台漂民とレザノフ**

幕末日露交渉史の一側面No.２

1997　198-7　四六上製　261頁　￥2800

日本人最初の世界一周と日露交渉。『環海異聞』などに現れる若宮丸の遭難と漂民16人の数奇な運命。彼らを伴って通商を迫ったロシア使節レザノフ。幕末日本の実相を歴史家が初めて追求した

U.イム・ホーフ／森田安一監訳，岩井隆夫・米原小百合・佐藤るみ子・黒澤隆文・踊共二共訳

43 **スイスの歴史**

1997　207-X　四六上製　308頁　￥2800

日本初の本格的スイス通史。ドイツ語圏でベストセラーを続ける好著の完訳。独・仏・伊のことばの壁をこえてバランスよくスイス社会と文化を追求，現在の政治情況に及ぶ

E.フリート／柴嵜雅子訳

44 **ナチスの陰の子ども時代**

あるユダヤ系ドイツ詩人の回想

1998　203-7　四六上製　215頁　￥2800

ナチスの迫害を逃れ，17歳の少年が単身ウィーンからロンドンに亡命する前後の数奇な体験を中心にした回想録。著者は戦後のドイツで著名なユダヤ系詩人で，本書が本邦初訳

今谷明・大濱徹也・尾形勇・樺山紘一・木畑洋一編

45 20世紀の歴史家たち

(1)日本編(上) (2)日本編(下) (5)日本編(続) (3)世界編(上) (4)世界編(下)

1997〜2006　四六上製　平均300頁　各¥2800

歴史家は20世紀をどう生きたか，歴史学はいかに展開したか。科学としての歴史学と人間としての歴史家，その生と知とを生々しく見つめようとする。書かれる歴史家と書く歴史家，それを読む読者と三者の生きた時代

日本編(上)　1997 211-8

1 徳富蘇峰（大濱徹也）
2 白鳥庫吉（窪添慶文）
3 鳥居龍蔵（中薗英助）
4 原勝郎（樺山紘一）
5 喜田貞吉（今谷明）
6 三浦周行（今谷明）
7 幸田成友（西垣晴次）
8 柳田國男（西垣晴次）
9 伊波普猷（高良倉吉）
10 今井登志喜（樺山紘一）
11 本庄栄治郎（今谷明）
12 高群逸枝（栗原弘）
13 平泉澄（今谷明）
14 上原専祿（三木亘）
15 野呂栄太郎（神田文人）
16 宮崎市定（礪波護）
17 仁井田陞（尾形勇）
18 大塚久雄（近藤和彦）
19 高橋幸八郎（遅塚忠躬）
20 石母田正（今谷明）

日本編(下)　1999 212-6

1 久米邦武（田中彰）
2 内藤湖南（礪波護）
3 山路愛山（大濱徹也）
4 津田左右吉（大室幹雄）
5 朝河貫一（甚野尚志）
6 黒板勝美（石井進）
7 福田徳三（今谷明）
8 辻善之助（圭室文雄）
9 池内宏（武田幸男）
10 羽田亨（羽田正）
11 村岡典嗣（玉懸博之）
12 田村栄太郎（芳賀登）
13 山田盛太郎（伊藤晃）
14 大久保利謙（由井正臣）
15 濱口重國（菊池英夫）
16 村川堅太郎（長谷川博隆）
17 宮本常一（西垣晴次）
18 丸山眞男（坂本多加雄）
19 和歌森太郎（宮田登）
20 井上光貞（笹山晴生）

日本編(続)　2006 232-0

1 狩野直喜（戸川芳郎）
2 桑原隲蔵（礪波護）
3 矢野仁一（挾間直樹）
4 加藤繁（尾形勇）
5 中村孝也（中田易直）
6 宮地直一（西垣晴次）
7 和辻哲郎（樺山紘一）
8 一志茂樹（古川貞雄）
9 田中惣五郎（本間恂一）
10 西岡虎之助（西垣晴次）
11 岡正雄（大林太良）
12 羽仁五郎（斉藤孝）
13 服部之總（大濱徹也）
14 坂本太郎（笹山晴生）
15 前嶋信次（窪寺紘一）
16 中村吉治（岩本由輝）
17 竹内理三（樋口州男）
18 清水三男（網野善彦）
19 江口朴郎（木畑洋一）
20 林屋辰三郎（今谷明）

世界編(上)　1999 213-4

1 ピレンヌ（河原温）
2 マイネッケ（坂井榮八郎）
3 ゾンバルト（金森誠也）
4 メネンデス・ピダール（小林一宏）
5 梁啓超（佐藤慎一）
6 トーニー（越智武臣）
7 アレクセーエフ（加藤九祚）
8 マスペロ（池田温）
9 トインビー（芝井敬司）
10 ウィーラー（小西正捷）
11 カー（木畑洋一）
12 ウィットフォーゲル（鶴間和幸）
13 エリアス（木村靖二）
14 侯外廬（多田狷介）
15 ブローデル（浜名優美）
16 エーバーハルト（大林太良）
17 ウィリアムズ（川北稔）
18 アリエス（杉山光信）
19 楊寛（高木智見）
20 クラーク（ドン・ベイカー 藤川隆男訳）
21 ホブズボーム（水田洋）
22 マクニール（高橋均）
23 ジャンセン（三谷博）
24 ダニーロフ（奥田央）
25 フーコー（福井憲彦）
26 デイヴィス（近藤和彦）
27 サイード（杉田英明）
28 タカキ，R.（富田虎男）

世界編(下)　2001 214-2

1 スタイン（池田温）
2 ヴェーバー（伊藤貞夫）
3 バルトリド（小松久男）
4 ホイジンガ（樺山紘一）
5 ルフェーヴル（松浦義弘）
6 フェーヴル（長谷川輝夫）
7 グラネ（桐本東太）
8 ブロック（二宮宏之）
9 陳寅恪（尾形勇）
10 顧頡剛（小倉芳彦）
11 カントロヴィッチ（藤田朋久）
12 ギブ（湯川武）
13 ゴイテイン（湯川武）
14 ニーダム（草光俊雄）
15 コーサンビー（山崎利男）
16 フェアバンク（平野健一郎）
17 モミリアーノ（本村凌二）
18 ライシャワー（W.スティール）
19 陳夢家（松丸道雄）
20 フィンリー（桜井万里子）
21 イナルジク（永田雄三）
22 トムスン（近藤和彦）
23 グレーヴィチ（石井規衛）
24 ル・ロワ・ラデュリ（阿河雄二郎）
25 ヴェーラー（木村靖二）
26 イレート（池端雪浦）

戸上　一

46 **千　利　休**

ヒト・モノ・カネ

1998　＊210-6　四六上製　212頁　￥2000

高価な茶道具にまつわる美と醜の世界を視野に入れぬ従来の利休論にあきたらぬ筆者が，書き下ろした利休の実像。モノの美とそれにまつわるカネの醜に対決する筆者の気迫に注目

大濱徹也

47 **日本人と戦争**

歴史としての戦争体験

2002　220-7　四六上製　280頁　￥2400

幕末，尊皇攘夷以来，日本は10年ごとの戦争で大国への道をひた走った。やがて敗戦。大東亜戦争は正義か不正義かは鏡の表と裏にすぎないかもしれない。日本人の“戦争体験”が民族共有の記憶に到達するのはいつか？

K. B. ウルフ／林　邦夫訳

48 **コルドバの殉教者たち**

イスラム・スペインのキリスト教徒

1998　226-6　四六上製　214頁　￥2800

９世紀，イスラム時代のコルドバで，49人のキリスト教徒がイスラム教を批難して首をはねられた。かれらは極刑となって殉教者となることを企図したのである。三つの宗教の混在するスペインの不思議な事件である

U. ブレーカー／阪口修平・鈴木直志訳

49 **スイス傭兵ブレーカーの自伝**

2000　240-1　四六上製　263頁　￥2800

18世紀スイス傭兵の自伝。貧農に生まれ，20歳で騙されてプロイセン軍に売られ，軍隊生活の後，七年戦争中に逃亡。彼の生涯で最も劇的なこの時期の記述は，近代以前の軍隊生活を知る類例のない史料として注目

田中圭一

50 **日本の江戸時代**

舞台に上がった百姓たち

1999　＊233-5　四六上製　259頁　￥2400

日本の古い体質のシンボルである江戸時代封建論に真向から挑戦する江戸近代論。「検地は百姓の土地私有の確認である」ことを実証し，一揆は幕府の約束違反に対するムラの抗議だとして，日本史全体像の変革を迫る

平松幸三編　2001年度 沖縄タイムス出版文化賞受賞

51 **沖縄の反戦ばあちゃん**

松田カメ口述生活史

2001　242-8　四六上製　199頁　￥2000

沖縄に生まれ，内地で女工，結婚後サイパンへ出稼いで，戦争に巻込まれる。帰郷して米軍から返却された土地は騒音下。嘉手納基地爆音訴訟など反戦平和運動の先頭に立ったカメさんの原動力は理屈ではなく，生活体験だ

52　(欠番)

原田勝正

53 **日　本　鉄　道　史**

技術と人間

2001　275-4　四六上製　488頁　￥3300

幕末維新から現代まで，日本の鉄道130年の発展を，技術の進歩がもつ意味を社会との関わりの中に確かめながら，改めて見直したユニークな技術文化史

J. キーガン／井上堯裕訳

54 **戦争と人間の歴史**

人間はなぜ戦争をするのか？

2000　264-9　四六上製　205頁　￥2000

人間はなぜ戦争をするのか？　人間本性にその起源を探り，国家や個人と戦争の関わりを考え，現実を見つめながら「戦争はなくなる」と結論づける。原本は豊かな内容で知られるＢＢＣ放送の連続講演（1998年）

M.シェーファー／大津留厚監訳・永島とも子訳

55 **エリザベート—栄光と悲劇**

2000 265-7 四六上製 183頁 ￥2000

ハプスブルク朝の皇后“シシー”の生涯を内面から描く。美貌で頭が良く，自信にあふれ，決断力を持ちながらも孤独に苦しんでいた。従来の映画や小説では得られない“変革の時代”に生きた高貴な人間像

地中海学会編

56 **地中海の暦と祭り**

2002 230-4 四六上製 285頁 ￥2500

季節の巡行や人生・社会の成長・転変に対応する祭は暦や時間と深く連関する。その暦と祭を地中海世界の歴史と地域の広がりの中でとらえ，かつ現在の祭慣行や暦制度をも描いた，歴史から現代までの「地中海世界案内」

堀　敏一

57 **曹　　操**

三国志の真の主人公

2001 ＊283-0 四六上製 220頁 ￥2800

諸葛孔明や劉備の活躍する『三国志演義』はおもしろいが，小説であって事実ではない。中国史の第一人者が慎重に選んだ“事実は小説よりも奇”で，人間曹操と三国時代が描かれる

P.ブラウン／宮島直機訳

58 **古代末期の世界** ［改訂新版］

ローマ帝国はなぜキリスト教化したか

2002 ＊354-7 四六上製 233頁 ￥2800

古代末期を中世への移行期とするのではなく独自の文化的世界と見なす画期的な書。鬼才P.ブラウンによる「この数十年の間で最も影響力をもつ歴史書！」（書評から）

宮脇淳子

59 **モンゴルの歴史**

遊牧民の誕生からモンゴル国まで

2002 ＊244-1 四六上製 295頁 ￥2800

紀元前1000年に，中央ユーラシア草原に遊牧騎馬民が誕生してから，20世紀末年のモンゴル系民族の現状までを1冊におさめた，本邦初の通史

永井三明

60 **ヴェネツィアの歴史**

共和国の残照

2004 285-1 四六上製 270頁 ￥2800

1797年「唐突に」姿を消した共和国。ヴェネツィアの1000年を越える歴史を草創期より説き起こす。貴族から貧困層まで，人々の心の襞までわけ入り描き出される日々の生活，etc. ヴェネツィア史の第一人者による書き下ろし

H.バイアス／内山秀夫・増田修代訳

61 **敵　国　日　本**

太平洋戦争時，アメリカは日本をどう見たか？

2001 286-X 四六上製 215頁 ￥2000

パールハーバーからたった70日で執筆・出版され，アメリカで大ベストセラーとなったニューヨークタイムズ記者の日本論。天皇制・政治経済・軍隊から日本人の心理まで，アメリカは日本人以上に日本を知っていた……

伊東俊太郎　［比較文明学叢書 3］

62 **文明と自然**

対立から統合へ

2002 293-2 四六上製 256頁 ￥2400

かつて西洋の近代科学は，文明が利用する対象として自然を破壊し，自然は利用すべき資源でしかなかった。いま「自から然る」自然が，生々発展して新しい地球文明が成る。自然と文明の統合の時代である

P.V.グロブ／荒川明久・牧野正憲訳

63 **甦る古代人**

デンマークの湿地埋葬

2002 298-3 四六上製 191頁 ￥2500

デンマーク，北ドイツなど北欧の寒冷な湿地帯から出土した，生々しい古代人の遺体（約700例）をめぐる“謎”の解明。原著の写真全77点を収録した，北欧先史・古代史研究の基本図書

大濱徹也

64 **庶民のみた日清・日露戦争**

帝国への歩み

2003　316-5　四六上製　265頁　¥2200

明治維新以後10年ごとの戦争に明けくれた日本人の戦争観・時代観を根底に，著者は日本の現代を描こうとする。庶民の皮膚感覚に支えられた生々しい日本の現代史像に注目が集まる。『明治の墓標』改題

喜安　朗

65 **天皇の影をめぐるある少年の物語**

戦中戦後私史

2003　312-2　四六上製　251頁　¥2200

第二次大戦の前後を少年から青年へ成長した多くの日本人の誰もが見た敗戦から復興の光景を，今あらためて注視する少年の感性と歴史家の視線。変転する社会状況をくぐりぬけて今現われた日本論

スーザン・W.ハル／佐藤清隆・滝口晴生・菅原秀二訳

66 **女は男に従うもの？**

近世イギリス女性の日常生活

2003　315-7　四六上製　285頁　¥2800

16～17世紀，女性向けに出版されていた多くの結婚生活の手引書や宗教書など（著者は男性）を材料に，あらゆる面で制約の下に生きていた女性達の日常を描く（図版多数集録）

G.スピーニ／森田義之・松本典昭訳

67 **ミケランジェロと政治**

メディチに抵抗した《市民＝芸術家》

2003　318-1　四六上製　181頁　¥2500

フィレンツェの政治的激動期，この天才芸術家が否応なく権力交替劇に巻き込まれながらも，いかに生き抜いたか？　ルネサンス美術史研究における社会史的分析の先駆的議論。ミケランジェロとその時代の理解のために

金七紀男

68 **エンリケ航海王子**

大航海時代の先駆者とその時代

2004　322-X　四六上製　232頁　¥2500

初期大航海時代を導いたポルトガルの王子エンリケは，死後理想化されて「エンリケ伝説」が生れる。本書は，生身で等身大の王子とその時代を描く。付録に「エンリケ伝説の創出」「エンリケの肖像画をめぐる謎」の２論文も

H.バイアス／内山秀夫・増田修代訳

69 **昭和帝国の暗殺政治**

テロとクーデタの時代

2004　314-9　四六上製　341頁　¥2500

戦前，『ニューヨーク・タイムズ』の日本特派員による，日本のテロリズムとクーデタ論。記者の遭遇した5.15事件や2.26事件を，日本人独特の前近代的心象と見て，独自の日本論を展開する。『敵国日本』の姉妹篇

E.L.ミューラー／飯野正子監訳

70 **祖国のために死ぬ自由**

徴兵拒否の日系アメリカ人たち

2004　331-9　四六上製　343頁　¥3000

第二次大戦中，強制収容所に囚われた日系２世は，市民権と自由を奪われながら徴兵された。その中に，法廷で闘って自由を回復しアメリカ人として戦う道を選んだ人々がいた。60年も知られなかった日系人の闘いの記録

松浦高嶺・速水敏彦・高橋　秀

71 **学　生　反　乱**

―1969―　立教大学文学部

2005　335-1　四六上製　281頁　¥2800

1960年代末，世界中を巻きこんだ大学紛争。学生たちの要求に真摯に向合い，かつ果敢に闘った立教大学文学部の教師たち。35年後の今，闘いの歴史はいかに継承されているか？

神川正彦　［比較文明学叢書 5］

72 **比較文明文化への道**

日本文明の多元性

2005　343-2　四六上製　311頁　¥2800

日本文明は中国のみならずアイヌや琉球を含め，多くの文化的要素を吸収して成立している。その文化的要素を重視して“文明文化”を一語として日本を考える新しい視角

藤川隆男編

73 **白人とは何か？**

ホワイトネス・スタディーズ入門

2005 ＊346-2 四六上製 257頁 ￥2200

近年欧米で急速に拡大している「白人性研究」を日本で初めて本格的に紹介。差別の根源「白人」を人類学者が未開の民族を見るように研究の俎上に載せ，社会的・歴史的な存在である事を解明する多分野17人が協力

W. フライシャー／内山秀夫訳

74 **太平洋戦争にいたる道**

あるアメリカ人記者の見た日本

2006 349-1 四六上製 273頁 ￥2800

昭和初・中期の日本が世界の動乱に巻込まれていくさまを，アメリカ人記者の眼で冷静に見つめる。世界の動きを背景に，日本政府の情勢分析の幼稚とテロリズムを描いて，小社既刊『敵国日本』と対をなす必読日本論

白井洋子

75 **ベトナム戦争のアメリカ**

もう一つのアメリカ史

2006 352-1 四六上製 258頁 ￥2500

「インディアン虐殺」の延長線上にベトナム戦争を位置づけ，さらに，ベトナム戦没者記念碑「黒い壁」とそれを訪れる人々の姿の中にアメリカの歴史の新しい可能性を見る。「植民地時代の先住民研究」専門の著者だからこその視点

L. カッソン／新海邦治訳

76 **図書館の誕生**

古代オリエントからローマへ

2007 ＊356-1 四六上製 222頁 ￥2300

古代の図書館についての最初の包括的研究。紀元前３千年紀の古代オリエントの図書館の誕生から，図書館史の流れを根本的に変えた初期ビザンツ時代まで。碑文，遺跡の中の図書館の遺構，墓碑銘など多様な資料は語る

英国王立国際問題研究所／坂井達朗訳

77 **敗北しつつある大日本帝国**

日本敗戦７ヵ月前の英国王立研究所報告

2007 ＊361-5 四六上製 253頁 ￥2700

対日戦略の一環として準備された日本分析。極東の後進国日本が世界経済・政治の中に進出，ファシズムの波にのって戦争を遂行する様を冷静に判断。日本文化社会の理解は，戦中にも拘わらず的確で大英帝国の底力を見る

史学会編

78 **歴史の風**

2007 ＊369-1 四六上製 295頁 ￥2800

『史学雑誌』連載の歴史研究者によるエッセー「コラム 歴史の風」を１巻に編集。1996年の第１回「歴史学雑誌に未来から風が吹く」（樺山紘一）から昨2006年末の「日本の歴史学はどこに向かうのか」（三谷 博）まで11年間55篇を収載

青木 健

79 **ゾロアスター教史**

古代アーリア・中世ペルシア・現代インド

2008 ＊374-5 四六上製 308頁 ￥2800

本邦初の書下ろし。謎の多い古代アーリア人の宗教，サーサーン朝国教としての全盛期，ムスリム支配後のインドで復活，現代まで。世界諸宗教への影響，ペルシア語文献の解読，ソグドや中国の最新研究成果が注目される

城戸 毅

80 **百 年 戦 争**

中世末期の英仏関係

2010 ＊379-0 四六上製 373頁 ￥3000

今まで我が国にまとまった研究もなく，欧米における理解からずれていたこのテーマ。英仏関係及びフランスの領邦君主諸侯間の関係を通して，戦争の前史から結末までを描いた，本邦初の本格的百年戦争の全体像

R. オズボン／佐藤 昇訳

81 **ギリシアの古代**

歴史はどのように創られるか？

2011 ＊396-7 四六上製 261頁 ￥2800

最新の研究成果から古代ギリシア史研究の重要トピックに新しい光を当て，歴史学的な思考の方法，「歴史の創り方」を入門的に，そして刺戟的に紹介する。まずは「おなじみ」のスポーツ競技，円盤投げの一場面への疑問から始める

藤川隆男

82 人種差別の世界史

白人性とは何か?

2011 ＊398-1 四六上製 274頁 ￥2300

差別と平等が同居する近代世界の特徴を，身近な問題（ファッション他）を取り上げながら，前近代との比較を通じて検討。人種主義と啓蒙主義の問題，白人性とジェンダーや階級の問題などを，世界史的な枠組で解明かす

Ch. ビュヒ／片山淳子訳

83 もう一つのスイス史

独語圏・仏語圏の間の深い溝

2012 ＊395-0 四六上製 246頁 ￥2500

スイスは，なぜそしていかに，多民族国家・多言語国家・多文化国家になったのか，そのため生じた問題にいかに対処してきたか等々。独仏両言語圏の間の隔たりから語る，今までに無い「いわば言語から覗くスイスの歴史」

坂井榮八郎

84 ドイツの歴史百話

2012 ＊407-0 四六上製 330頁 ￥3000

「ドイツ史の語り部」を自任する著者が，半世紀を超える歴史家人生で出会った人，出会った事，出会った本，そして様ざまな歴史のエピソードなどを，百のエッセイに紡いで時代順に語ったユニークなドイツ史

田中圭一

85 良寛の実像

歴史家からのメッセージ

2013 ＊411-7 四六上製 239頁 ￥2400

捏造された「家譜」・「自筆過去帳」や無責任な小説や教訓の類いが，いかに良寛像を過らせたか！　良寛を愛し，良寛の眞実を求め，人間良寛の苦悩を追って，その実像に到達した，唯一，歴史としての良寛伝が本書である

A. ジョティシュキー／森田安一訳

86 十字軍の歴史

2013 ＊388-2 四六上製 480頁 ￥3800

カトリック対ギリシア東方正教対イスラームの抗争という，従来の東方十字軍の視点だけではなく，レコンキスタ・アルビショワ十字軍・ヴェンデ十字軍なども叙述，中世社会を壮大な絵巻として描いた十字軍の全体史

W. ベーリンガー／長谷川直子訳

87 魔女と魔女狩り

2014 ＊413-1 四六上製 480頁 ￥3500

ヨーロッパ魔女狩りの時代の総合的な概説から，現代の魔女狩りに関する最新の情報まで，初めての魔女の世界史。魔女狩りの歴史の考察から現代世界を照射する問題提起が鋭い。120頁を超える索引・文献・年表も好評

J.＝C. シュミット／小池寿子訳

88 中世の聖なるイメージと身体

キリスト教における信仰と実践

2015 ＊380-6 四六上製 430頁 ￥3800

中世キリスト教文明の中心テーマ！　目に見えない「神性」にどのように「身体」が与えられたか，豊富な具体例で解き明かす。民衆の心性を見つめて歴史人類学という新しい地平を開拓したシュミットの，更なる到達点

W. D. エアハート／白井洋子訳

89 ある反戦ベトナム帰還兵の回想

2015 ＊420-9 四六上製 480頁 ￥3500

詩人で元米国海兵隊員の著者が，ベトナム戦争の従軍体験と，帰還後に反戦平和を訴える闘士となるまでを綴った自伝的回想の記録三部作第二作目 *Passing Time* の全訳。「小説ではないがそのようにも読める」(著者まえがき)

岩崎 賢

90 アステカ王国の生贄の祭祀

血・花・笑・戦

2015 ＊423-0 四六上製 202頁 ￥2200

古代メキシコに偉大な文明を打ち立てたアステカ人の宗教的伝統の中心＝生贄の祭りのリアリティに，古代語文献，考古学・人類学史料及び厳選した図像史料を駆使して肉迫する。本邦ではほとんど他に例のない大胆な挑戦

藤川隆男

91 妖獣バニヤップの歴史
オーストラリア先住民と白人侵略者のあいだで
2016　＊431-5　四六上製　300頁＋カラー口絵８頁　￥2300

バニヤップはオーストラリア先住民に伝わる水陸両生の幻の生き物。イギリスの侵略が進むなか，白人入植者の民話としても取り入れられ，著名な童話のキャラクターとなる。この動物の記録を通して語るオーストラリア史